DAVID FIDELER

FRÜHSTÜCK MIT SENECA

EIN PHILOSOPHISCHER LEITFADEN FÜR EIN GLÜCKLICHES LEBEN

FRÜHSTÜCK MIT SENECA

EIN PHILOSOPHISCHER LEITFADEN FÜR EIN GLÜCKLICHES LEBEN

DAVID FIDELER

Bibliografische Information der Deutschen Nationalbibliothek
Die Deutsche Nationalbibliothek verzeichnet diese Publikation in der Deutschen Nationalbibliografie. Detaillierte bibliografische Daten sind im Internet über http://dnb.d-nb.de abrufbar.

Für Fragen und Anregungen
info@finanzbuchverlag.de

1. Auflage 2022

Türkenstraße 89
80799 München
Tel.: 089 651285-0
Fax: 089 652096

Die englische Originalausgabe erschien 2022 unter dem Titel *Breakfast with Seneca. A Stoic Guide to the Art of Living* bei W.W. Norton & Company, Inc., 500 Fifth Avenue, New York, NY 10110.

Übersetzung: Silvia Kinkel
Redaktion: Silke Panten
Korrektorat: Silvia Kinkel
Umschlaggestaltung: Marc-Torben Fischer
Autorenfoto S. 292: © Cat Norman
Umschlagabbildung: Shutterstock.com/Oleksandr Briagin; istockphoto.com/Ksenija Purpisa
Satz: Röser MEDIA GmbH & Co. KG
Druck: GGP Media GmbH, Pößneck
Printed in Germany

ISBN Print 978-3-95972-602-3
ISBN E-Book (PDF) 978-3-98609-139-2
ISBN E-Book (EPUB, Mobi) 978-3-98609-140-8

Weitere Informationen zum Verlag finden Sie unter
www.finanzbuchverlag.de
Beachten Sie auch unsere weiteren Verlage unter www.m-vg.de

Für meinen Sohn Benjamin –
ein bisschen Weisheit zum Hineinwachsen.

Ich arbeite im Interesse der Nachwelt. Für sie zeichne ich manches auf, was ihr zugutekommen kann.

Seneca *Briefe an Lucilius* 8.2

INHALT

VORWORT

Meine Beziehung zu Seneca und seinen Schriften änderte sich in jenem Moment, als mein Leben von einer Krise erschüttert wurde. Ich saß in meinem Büro und hatte gerade eine E-Mail von einer lieben Freundin erhalten. Gespannt öffnete ich sie, erwartete, etwas Erfreuliches vorzufinden. Aber der Text schrie mir förmlich entgegen. Nur wenige Augenblicke zuvor hatte sie geschrieben: »Ich habe gerade eine halbe Packung Beruhigungsmittel geschluckt. Ich bedaure den Schmerz, den ich dir in deinem Leben verursacht habe.«

Das war die ganze Nachricht. Mich fröstelte und ungläubig las ich den Text ein zweites Mal. Dann, mit einem Gefühl unbeschreiblicher Trauer, eilte ich zu meinem Wagen, fuhr zu ihrer Adresse und brachte sie in die Notaufnahme. Sie blieb ein paar Tage im Krankenhaus, dann wurde sie in eine psychiatrische Klinik überstellt. Sobald sie dort war, flehte sie mich an, sie dort herauszuholen. Das war der Anfang ihres Martyriums und ich war praktisch die einzige Person, die ihr helfen konnte.

Natürlich war es auch für mich ein Martyrium. Wir hatten uns einst geliebt. Und es fühlte sich buchstäblich an, als wäre der Boden unter mir weggebrochen. Sie hätte sterben können. Zum Glück tat sie das nicht. Aber für mich waren die heftigen Gefühle und die Verzweiflung, die ich spürte, überwältigend. Es fühlte sich an, als würde auch mein Leben enden: nicht physisch, aber emotional.

Glücklicherweise hatte ich einen guten Freund, der mich einmal in der Woche besuchte. Eine Zeit lang ging ich zu einem Therapeuten. Aber am meisten half mir, dass ich anfing, täglich die Schriften und Briefe von Lucius Annaeus Seneca (ca. 4 v. Chr.–65 n. Chr.) zu lesen, um mein mentales und emotionales Gleichgewicht wiederzuerlangen. Vor dieser Krise hatte ich lediglich Interesse an den Schriften von Seneca, danach wurden seine Worte für mich zu Medizin.

Möglicherweise ist es kein Zufall, dass einige von Senecas berühmtesten Schriften lange Botschaften des Trostes sind, geschrieben an besondere Freunde, darüber, wie sie ihre Erfahrungen von Trauer überwinden können. Bei mir jedenfalls hat es funktioniert. Mit der Zeit half mir Senecas kluge und ruhige Stimme, das Gefühl zurückzuerlangen, ein normales menschliches Wesen zu sein. Das brachte mich auch in Kontakt mit einem tiefgründigen Denker, der eine sehr viel tiefere und befriedigendere Vorstellung vom menschlichen Leben besaß als die, zu der uns die heutige Gesellschaft ermutigt. Ich hatte einen klugen Mentor und Begleiter gefunden, der mir einen steten Strom verlässlichen und praktischen Rates spendete: über die menschliche Befindlichkeit, die Psychologie des Menschen und darüber, wie man ein glückliches, gedeihliches Leben führt.

Außerdem entdeckte ich in Senecas Schriften, dass sich im Laufe der letzten 2000 Jahre nichts Wesentliches an der menschlichen Natur verändert hat, wodurch alles, was er sagt, zeitgemäß ist. Eitelkeit, Gier, Ehrgeiz, Streben nach Luxus und ausufernder Konsum – Eigenschaften von Roms elitärer, dekadenter Gesellschaft, die Seneca detailliert beschreibt – sind uns auch heute noch zu eigen.

Aber indem Seneca diesen negativen Eigenschaften entgegentritt, lehrt er den Leser, wie man Furcht und Angst überwindet, wie man unter jeglichen Bedingungen ein gutes Leben führt, wie man zielgerichtet lebt, Spitzenleistung erbringt und kultiviert, wie man einen Beitrag zur Gesellschaft leistet und wie man Trauer und alle Arten von Hindernissen überwindet, die den Weg kreuzen können (und das mit Sicherheit auch tun werden).

Nachdem ich Seneca zum ersten Mal gelesen hatte, kehrte ich wieder und wieder zu seinen Texten zurück. Es gibt immer etwas, an das man erinnert werden muss oder das noch eingehender zu verstehen ist. Und es gibt noch eine andere Dimension bei Senecas Texten: Er hat einen der besten literarischen Stile aller Zeiten, ummantelt seine Gedanken mit prägnanten, epigrammatischen Zeilen wie: »Nicht weil sie [die Ziele] schwierig sind, wagen wir uns nicht an sie heran, sondern weil wir uns nicht an sie heranwagen, sind sie schwierig.«[1] Ralph Waldo Emerson liebte es ebenfalls, Seneca zu lesen und imitierte sogar dessen Stil.

Anfangs las ich Seneca morgens nach dem Aufstehen, zu meinem Morgenkaffee. Dann, vor mehr als zehn Jahren, zog ich in die wunderschöne Stadt Sarajevo im Herzen von Bosnien-Herzegowina, wo ich nun mit meiner Frau und meinem Sohn lebe. Natürlich nahm ich Seneca mit auf dieses Abenteuer, und sobald ich mich hier niedergelassen hatte, entwickelte ich eine neue Gewohnheit. Nachdem ich vormittags gearbeitet hatte, spazierte ich den Hügel hinunter und las Seneca während des Mittagessens, direkt neben ein paar antiken römischen Inschriften, die im örtlichen Museum zu sehen waren.

Mittlerweile gehe ich, wann immer es mir möglich ist, zu einem Frühstück mit Seneca – daher der Titel dieses Buches. Ein für mich perfekter Tagesbeginn verläuft daher folgendermaßen: Nachdem ich meinen Sohn zur Schule gebracht und im örtlichen Fitnesscenter trainiert habe, setze ich mich an einen Tisch im Hotel Central, einem wunderschönen Gebäude aus der Österreichisch-Ungarischen Epoche. Dort hole ich meinen E-Book-Reader mit Senecas sämtlichen Briefen und anderen Schriften hervor und bestelle einen Filterkaffee mit Milch und ein Omelett. Das ist mein Lieblingsmorgenritual. Niemand ahnt, was ich da lese, ganz davon zu schweigen, dass ich fast immer denselben Autor lese. In der Regel schaffe ich einen oder zwei Briefe, bevor ich wieder nach Hause gehe.

Seneca betont, wie Philosophie und Freundschaft zusammenhängen. Wie er schrieb: »Dies verspricht die Philosophie als Erstes: Gemeinschaftssinn, Menschenfreundlichkeit und geselliges Zusammenleben.«[2] Weil Senecas Hauptwerke Briefe und Essays an verschiedene römische Freunde sind, geschrieben in einem persönlichen und unterhaltsamen Stil, durchzieht der Geist von Freundschaft seine Texte.

Seneca glaubte, dass die wahre Philosophie ein gemeinschaftliches Unterfangen sei – etwas, das wir nicht allein tun, sondern eine Reise, die wir gemeinsam mit anderen unternehmen. In erster Linie schrieb er deshalb Briefe. Aber seine Ideen gehen zurück bis zu Sokrates, für den Philosophie und Dialog eine gemeinsame Reise waren, eine Zusammenarbeit von Freunden.

Natürlich spreche ich nicht davon, was Philosophie in der heutigen akademischen Welt bedeutet, nämlich etwas völlig anderes. Aber die Philosophie in der Antike war eng verbunden mit Freundschaft (siehe Kapitel 1 »Die verlorene Kunst der Freundschaft«). Wenn es möglich wäre, diese Verbindung heutzutage wieder herzustellen, so wäre das eine erfreuliche Entwicklung.

Wegen der Details aus seinem Privatleben, die Seneca in einigen seiner Briefe mitteilt, fällt es dem Leser von heute leicht, Freundschaft für Seneca zu empfinden. Obwohl die in seinen letzten zwei oder drei Lebensjahren entstandenen Briefe der praktischen Philosophie gewidmet sind, hat Seneca seinem Freund Lucilius darin viele private Details anvertraut: wie es ist, alt zu sein, Details über seine Reisen und andere Ärgernisse, wie er beinahe bei einem Asthmaanfall gestorben wäre, und Erzählungen über das verrückte Verhalten der römischen Gesellschaft. (Seneca, der sich inmitten der wohlhabendsten und mächtigsten Menschen Roms bewegte, war einer der Hauptberater Neros, deshalb hatte er jede Art schlechten Verhaltens unmittelbar vor Augen, einschließlich politischer Attentate.)

Obwohl heutzutage starkes Interesse am Stoizismus vorherrscht, hat niemand ein Buch geschrieben, das Senecas Lehren für den Durchschnittsleser erklärt, dabei wird Seneca als »der fesselndste und eleganteste Autor des Stoizismus« bezeichnet.[3] Ich hoffe, dieses Buch wird die Lücke füllen und aus der Vogelperspektive eine Betrachtung seines Denkens liefern. (Seneca ist in seinem Denken sehr konsequent, aber seine Gedanken zu konkreten Themen sind über Hunderte von Seiten verteilt.)

Dieses Buch stillt möglicherweise die Neugierde einiger Leser auf Seneca. Aber für diejenigen, die anschließend fortfahren möchten mit Senecas Schriften, oder um ihr eigenes Frühstück mit Seneca abzuhalten, möge dieser Ratgeber als hilfreicher Begleiter bei diesem Unterfangen dienen.

David Fideler

EINLEITUNG

Ein wahrhaft lebenswertes Leben

Seneca (ca. 4 v. Chr.–65 n. Chr.) war einer der großartigsten und gelehrtesten Schriftsteller seiner Zeit. Als bedauernswerter Ratgeber des unseligen Imperators Nero wurde er auch einer der weltweit reichsten Männer. Aber dass sich heute so viele Menschen für Seneca interessieren, hat einen anderen Grund: Er schrieb über den Stoizismus, der in den vergangenen Jahren einen enormen Aufschwung erlangt hat.

Die Schule der Stoiker entstand zwar bereits etwa 300 Jahre vor Senecas Geburt in Athen, aber die Schriften der griechischen Stoiker gingen größtenteils verloren. Sie überlebten lediglich in kurzen Zitaten oder Fragmenten. Dadurch wurde Seneca zum ersten großen Schriftsteller des Stoizismus, dessen philosophische Arbeiten uns nahezu vollständig erhalten blieben. Er hatte einen der bestinformierten und neugierigsten Köpfe seiner Zeit und zeigte eine gewagte intellektuelle Freiheit und Offenheit in seinen Schriften. Genau durch diese Eigenschaften wirkt er so modern.

In diesem Buch erkläre ich so klar wie möglich Senecas zentrale Ideen und klugen Lehren. Es ist gleichzeitig eine Einführung in den Stoizismus im Allgemeinen, denn es ist unmöglich, Senecas Denken vollständig zu verstehen, ohne die Ideen des Stoizismus zu kennen, auf denen sein Denken basiert. Um Senecas Ideen näher zu erläutern und zu vertiefen, zitiere ich auch zwei spätere römische Stoiker: Epiktet (ca. 50–135 n. Chr.) und Mark Aurel (121–180 n. Chr.).

PHILOSOPHIE ALS LEBENSKUNST: STOIZISMUS UND SEINE ANHALTENDE ATTRAKTIVITÄT

> Bedenke jetzt weiter, dass der Geist sich daran gewöhnt, sich eher angenehm zu unterhalten, als zu heilen.
>
> Seneca, *Briefe an Lucilius* 117.33

Bevor wir anfangen, den Stoizismus zu erforschen, möchte ich ein verbreitetes Missverständnis aufklären. Stoizismus hat nichts damit zu tun, »sich unnahbar zu zeigen« oder »seine Gefühle in sich hineinzufressen«, was ungesund ist, wie jeder weiß. Seneca war zwar Stoiker, es ist jedoch wichtig, zu erkennen, dass sich die Bedeutung von *stoisch* im Laufe der Jahrhunderte grundlegend verändert hat: Das heutige Wort *stoisch* – mit kleinem *s* – ist losgelöst vom *Stoizismus* – mit großem S – der Antike. Während das moderne Wort *stoisch* bedeutet, »seine Gefühle zu unterdrücken«, haben die Stoiker der Antike nichts dergleichen befürwortet. Wie alle anderen hatten auch die Stoiker kein Problem mit alltäglichen, gesunden Gefühlen wie Liebe und Zuneigung. Wie der Philosoph Epiktet schrieb, sollten die Stoiker »nicht gefühllos wie eine Statue« sein. Vielmehr sollten die Stoiker eine »Therapie für die Leidenschaften« entwickeln, um extreme, heftige und negative Emotionen zu vermeiden, die die Persönlichkeit überwältigen können, so wie Wut, Furcht und Angst. Doch statt diese negativen Emotionen zu unterdrücken, war es vielmehr ihr Ziel, sie durch Verstehen zu verändern.

Einige wichtige Ideen des Stoizismus gehen zurück auf den griechischen Philosophen Sokrates (ca. 470–399 v. Chr.), von dem die berühmte Aussage stammt: »Das ungeprüfte Leben ist nicht lebenswert.« Anders ausgedrückt: »Kenne dich selbst«, denn Selbsterkenntnis ist wichtig für ein glückliches Leben. Sokrates wies zudem darauf hin, dass vergleichbar mit Leibesübungen, die gedacht sind, um unseren Körper gesund zu halten, es auch eine Methode geben muss, die dafür sorgt, dass unsere Seele gesund bleibt. Obwohl Sokrates dieser »Methode« nie einen Namen gab, steckt die unausgesprochene Folgerung darin, dass die Aufgabe der *Philosophie* und des Philosophen in der »Fürsorge für die Seele« besteht.[4]

Diese beiden Ideen – dass Wissen entscheidend ist, um glücklich zu sein und um ein gutes Leben zu führen, und dass die Philosophie eine Art Therapie für die Seele ist – waren wesentliche Grundlagen, auf denen der Stoizismus basierte. Als Schule entstand der Stoizismus etwa 300 v. Chr. in Athen, wo der Philosoph Zenon von Kition (ca. 334 – ca. 262 v. Chr.) in der bunten Säulenhalle, der Stoa Poikilē, unterrichtete – von daher der Name dieser philosophischen Schule.[5]

Wie auch andere Philosophen dieser Zeit beschäftigten sich die Stoiker intensiv mit der Frage: *Was ist nötig, um ein bestmögliches Leben zu führen?* Wenn die Menschen darauf eine Antwort fanden, davon waren die Stoiker überzeugt, dann könnten sie aufblühen und ein glückliches, besinnliches Leben führen, selbst wenn die Welt verrückt und außer Kontrolle zu sein scheint. Das machte den Stoizismus zu einer äußerst praktischen Philosophie und erklärt auch die heutige Begeisterung dafür, denn unsere heutige Zeit erscheint den Menschen auf so vielen Ebenen verrückt und außer Kontrolle: sei es gesellschaftlich, politisch, wirtschaftlich oder ökologisch.

Auch wenn die Welt außer Kontrolle schien, lehrten die Stoiker, dass wir ein sinnvolles, produktives und glückliches Leben führen können. Darüber hinaus kann unser Leben sogar in ungünstigen Situationen immer noch beschaulich und durch psychische Ausgeglichenheit geprägt bleiben. Es ist diese starke Betonung darauf, ein gutes, sinnvolles und beschauliches Leben zu führen, das den römischen Stoizismus als philosophische Schule so beliebt machte zu den Zeiten von Seneca, Epiktet und Mark Aurel, und es ist auch das, was den Stoizismus heutzutage so populär macht, in Zeiten, die nicht weniger stressig sind.

Diese Betonung darauf, ein gutes Leben zu führen, unterscheidet den Stoizismus auch von der modernen akademischen Philosophie, die aufgehört hat, sich mit praktischen menschlichen Belangen zu beschäftigen, zugunsten abstrakter, theoretischer Probleme, die für die Menschen außerhalb des philosophischen Elfenbeinturms bedeutungslos sind. Aber wie der antike Philosoph Epikur (340–270 v. Chr.) betonte:

> Leer ist die Rede jenes Philosophen, durch die kein menschliches Leiden geheilt wird. Denn wie eine Heilkunst nichts taugt, wenn sie nicht die Krankheiten aus dem Körper vertreibt, so nützt auch eine Philosophie nichts, wenn sie nicht das Leiden der Seele austreibt.[6]

Ebenso sahen die Stoiker die Philosophie als einen Weg des Heilens von »Seelenleiden«. Sie sahen darin eine Ähnlichkeit zur »medizinischen Kunst« und bezeichneten den Philosophen sogar als »Arzt für die Seele«. Die Stoiker nannten die Philosophie auch »Lebenskunst«, und Seneca sagte über seine eigenen Lehren, sie seien wie »nützliche Heilmittel«. Er empfand diese Heilmittel als hilfreich beim Behandeln seiner eigenen Befindlichkeiten und wollte sie mit anderen teilen, einschließlich zukünftigen Generationen.[7]

ACHT ZENTRALE LEHREN DES RÖMISCHEN STOIZISMUS

Wie Sie vielleicht vermuten, hatten die Stoiker zu vielen Themen unterschiedliche Vorstellungen. Dennoch gibt es etliche Kernpunkte, bei denen sich alle römischen Stoiker einig waren. Das machte sie zu Stoikern statt zu Anhängern einer anderen philosophischen Schule. Diese grundlegenden Ideen des Stoizismus werden auch in den Arbeiten Senecas reflektiert, und die meisten davon gehen zurück auf die frühesten griechischen Stoiker.

Wir werden uns in den folgenden Kapiteln eingehender mit diesen acht Kernideen des Stoizismus beschäftigen, es lohnt jedoch, sie an dieser Stelle kurz anzusprechen, um einen kleinen Vorgeschmack auf das zu geben, was folgt. (Sollten Sie sich also lieber später damit beschäftigen wollen, können Sie den nächsten Abschnitt dieser Einleitung auch gern überspringen.)

1

»Lebe im Einklang mit der Natur«, um glücklich zu sein.

Wie viele Denker vor und nach ihnen, so glaubten auch die Stoiker, dass in der Natur Rationalität existiert. Beweise dafür sehen wir in den Mustern, Prozessen und Gesetzen der Natur, die es den Naturformen erlauben, auf hervorragende Art zu arbeiten. Weil die menschlichen Wesen Teil der Natur sind, besitzen auch wir die Fähigkeit, rational und herausragend zu sein. Laut Zenon von Kition, dem Gründer des Stoizismus, wird unser Leben »reibungslos fließen«, wenn wir »im Einklang mit der Natur leben«. (Natürlich kann man sich nur schwer vorstellen, wie man glücklich leben soll, wenn man ständig gegen die Natur kämpft.) Mit der Natur im Einklang zu leben hatte für die Stoiker verschiedene Bedeutungen, eine der zentralen, wichtigsten Bedeutungen bestand jedoch darin, dass wir als menschliche Wesen danach streben sollten, unsere menschliche Rationalität und Exzellenz zu entwickeln.

2

Tugend, oder Exzellenz des Charakters, ist das einzig wahre Gut.

Diese Aussage hat mehrere Dimensionen, ich möchte an dieser Stelle aber nur eine erwähnen: Wenn es Ihnen an Tugend fehlt, werden Sie auch nicht in der Lage sein, etwas anderes auf tugendhafte Weise zu nutzen, sei es zum eigenen Wohl oder dem anderer.

Zum Beispiel betrachteten die Stoiker Geld nicht als ein Gut an sich, da es zwar für Gutes, aber auch für Schlechtes genutzt werden kann. Wenn Sie über Weisheit und Bescheidenheit verfügen, was beides Tugenden sind, ist es sehr wahrscheinlich, dass Sie Geld auf gute Weise nutzen können. Aber wenn jemand, dem es an Weisheit und Bescheidenheit mangelt, an einem Wochenende ein ganzes Monatsgehalt für Drogen und andere Laster ausgibt, würden nur wenige das als gut oder gesund ansehen – oder auch als gute Weise, Geld zu nutzen. Wie Seneca schrieb, ist »sittliche Vollkommenheit« oder Vorzüglichkeit des Charakters »selbst das einzig wahre Gut, weil ohne sie nichts anderes Gutes existiert«.[8]

Was eine Tugend wie Gerechtigkeit oder Fairness wahrhaft gut macht, ist, dass sie *immer* und beständig gut ist. Im Gegensatz dazu können andere Dinge in gutem oder schlechtem Sinne verwendet werden.

3

Manche Dinge sind uns überlassen oder unterliegen gänzlich unserer Kontrolle, andere dagegen nicht.

Für die Stoiker sind die einzigen Dinge, die vollständig unserer Kontrolle unterliegen, unsere Urteilskraft, Meinung und Entscheidungsfähigkeit, unser Wille und wie wir die Dinge interpretieren, die wir erleben.

Um emotionales Leiden zu verringern, muss sich eine Person auf das konzentrieren, was ihrer Kontrolle unterliegt, und gleichzeitig weiterhin versuchen, für sich selbst und andere ein besseres Leben und eine bessere Welt zu erschaffen. (Damit werden wir in Kapitel 6 »Wie man Widrigkeiten zähmt« und Kapitel 8 »Der Kampf mit dem Schicksal: Sich bei Armut und extremem Reichtum bewähren« eingehend beschäftigen.)

4

Wir können zwar nicht kontrollieren, was uns draußen in der Welt widerfährt, aber wir können unsere Beurteilungen kontrollieren und wie wir auf die Ereignisse des Lebens reagieren.

Das ist höchst bedeutsam für die Stoiker, denn extreme, negative Emotionen entspringen Fehlbeurteilungen oder irrtümlichen Meinungen. Aber wenn wir die fehlerhaften Interpretationen verstehen und korrigieren, indem wir die Dinge anders betrachten, können wir auch die negativen Emotionen loswerden (siehe Kapitel 3 »Besorgnis und Angst überwinden« und Kapitel 4 »Das Problem mit der Wut«).

5

Wenn etwas Negatives passiert oder wenn wir vom Pech verfolgt sind, sollten wir uns darüber nicht wundern, sondern es als Chance ansehen, eine bessere Situation zu schaffen.

Für die Stoiker ist jede Herausforderung oder jede Widrigkeit, der wir begegnen, eine Gelegenheit, unseren inneren Charakter zu testen und weiterzuentwickeln. Zu glauben, dass uns niemals Unglücke ereilen, ist realitätsfern. Stattdessen sollten wir auf unserem Lebensweg *aktiv* mit gelegentlichen Unebenheiten rechnen, die manchmal auch größer ausfallen können (siehe Kapitel 6 »Wie man Widrigkeiten zähmt«).

6

Tugend oder einen ausgezeichneten Charakter zu besitzen, ist an sich schon eine Belohnung. Aber dies resultiert in eudaimonia *oder »Glück«. Dies ist ein Zustand geistiger Gelassenheit und innerer Freude.*

Eudaimonia wird unterschiedlich übersetzt mit »Glückseligkeit«, »menschliches Wohlbefinden«, »von einem guten Geist beseelt« und »die bestmögliche Einstellung haben«. Aber für die Stoiker ist vermutlich »ein wirklich lebenswertes Leben« die zutreffendste Übersetzung (siehe Kapitel 14 »Freiheit, Gelassenheit und dauerhafte Freude«).

In einem ihrer berühmten »Paradoxe« oder paradoxen Sprichwörter sagten die Stoiker, dass eine vollkommen weise Person, ein stoischer Weiser, sogar dann *eudaimonia* besitzen würde, wenn er auf der Folterbank gequält wird. Im modernden Verständnis des Wortes »glücklich« können wir einen Menschen wohl kaum so bezeichnen, wenn er gerade gefoltert wird, wir *könnten* uns aber vorstellen, dass er *ein wirklich lebenswertes Leben* lebt, vor allem, wenn er gefoltert wird, weil er sich gegen einen bösen Tyrannen auflehnt.[9] Auf ähnliche Weise haben viele heldenhafte Menschen ihr Leben im Kampf für das Gute gelassen, um der Gesellschaft zu nutzen. Anders ausgedrückt kann das Leben des bestmöglichen Lebens mitunter Schmerz beinhalten.

7

Wahre Philosophie bedeutet »Fortschritte zu machen«.

Philosophie beinhaltet kritisches Denken, intellektuelle Analyse und den Versuch, die Welt wissenschaftlich zu verstehen. Aber für die Stoiker ist *Ethik*, die eine praktische Dimension aufweist, letztlich die wichtigste Dimension der Philosophie. Die römischen Stoiker sehen die wahre Philosophie als eine Art Weg, auf dem man Fortschritte in Richtung Tugend erzielt oder einen besseren Charakter entwickelt (siehe Kapitel 1 »Die verlorene Kunst der Freundschaft«).

8

Es ist unerlässlich, dass wir als Individuen zur Gesellschaft beitragen.

Die Stoiker waren die prosozialsten Philosophen der Antike. Sie lehrten, dass die Menschheit ein einziger Organismus ist und dass wir, als Teile dieses Organismus, zum Wohl der Gesellschaft als Ganzes beitragen müssen (siehe Kapitel 10 »Authentisch bleiben und einen Beitrag zur Gesellschaft leisten«). Bezeichnenderweise waren die Stoiker nicht nur an der Verbesserung ihres eigenen Lebens interessiert. Sie interessierten sich für die Verbesserung des Lebens der gesamten Menschheit.[10]

SENECAS LEBEN UND DIE UMWANDLUNG VON WIDRIGKEITEN

Dies ist ein Buch über Senecas Ideen und nicht über sein Leben. Natürlich hängt jedoch beides zusammen, deshalb sind ein paar Details angebracht. (Denjenigen, die mehr über Senecas Leben erfahren möchten, empfehle ich die ausgezeichnete Biografie von Emily Wilson.)[11]

Seneca wurde etwa 4 v. Chr. im heutigen Córdoba, Spanien, in eine wohlhabende, dem Stand der Equites, der römischen Ritter, angehörende Familie geboren. Sein Vater, Seneca der Ältere (54 v. Chr.–39 n. Chr.), war Lehrer für Rhetorik und Redekunst. Ein ausgezeichneter Redner zu sein, war schon im Römischen Reich für eine erfolgreiche Karriere eine unverzichtbare Fähigkeit, und Senecas Familie zeichnete sich darin aus.

Über Senecas Kindheit ist nur wenig bekannt. Aber als er fünf Jahre alt war oder nur wenig älter brachte sein Vater ihn nach Rom. Als Heranwachsender studierte Seneca dort bei verschiedenen Lehrern, einschließlich mehreren Philosophen. Leider litt er von Kindheit an unter einer chronischen Erkrankung, vermutlich eine Kombination aus Asthma und Tuberkulose. Als er etwa 25 Jahre alt war, reiste er zu seiner Tante nach Alexandria in Ägypten, in dem Versuch, die Krankheit zu bezwingen, die möglicherweise durch sein Leben in Rom schlimmer geworden war. Überraschenderweise blieb er zehn Jahre in Ägypten und kehrte erst mit etwa 35 Jahren wieder zurück nach Rom. Zu Senecas Glück verfügte die Tante über politische Beziehungen und dank ihres Einflusses konnte er dem römischen Senat beitreten, als Rom unter der Herrschaft von Caligula stand.

Im vorherigen Jahrhundert war Rom eine Republik gewesen. Aber mit dem Aufheben der Republik besaß der neu geschaffene römische Kaiser in jeder Hinsicht die absolute Macht. Das führte zu schrecklichem Missbrauch ebendieser. Die Regierungszeiten von Caligula (12–41 n. Chr.), Claudius (10 v. Chr.–54 n. Chr.) und Nero (37–68 n. Chr.), unter denen Seneca lebte, waren unvorstellbar korrupt und voller Beispiele für Mord, Vergiftungen, Attentate, sexuelle Untreue (einschließlich Berichten von Inzest), die Verbannung unschuldiger Menschen aus Rom, brutale Folter und andere schreckliche Taten, von denen viele aus einer Laune heraus geschahen. Es war wie eine Seifenoper fürs Fernsehen, die fürchterlich danebengegangen war, aber mit tödlichen Konsequenzen im echten Leben.

Als Senator unter Caligula begann Seneca, ein großes persönliches Vermögen anzuhäufen, was er bis zu seinem Lebensende fortsetzte. Diese finanziellen Belohnungen waren jedoch zweifelhafte Segen, denn als Seneca bis zur Spitze von gesellschaftlichem Status und Macht aufstieg, wurde sein Leben auch zunehmend gefährlicher.

Auf der Höhe seiner beruflichen Laufbahn, unter Kaiser Nero, schien es tatsächlich so, als würde Seneca das Römische Reich regieren – mit der Hilfe von Burrus, dem Prätorianerpräfekten. Nero war nicht mehr als ein Teenager, gerade mal 16 Jahre alt, als er Kaiser wurde. Es mangelte ihm an Erfahrung, um das weltgrößte Imperium zu regieren. Während der ersten fünf Jahre seiner Regentschaft leitete Seneca ihn an, und es lief gut für die beiden Männer und das gesamte Römische Reich. Seneca war gewählter Konsul, das höchste politische Amt, das man in Rom innehaben konnte. Aber nach diesen friedlichen fünf Jahren übernahm Nero die vollständige Kontrolle und legte eine ausgeprägte Mordlust an den Tag. Als Seneca als alter Mann seine *Briefe* schrieb, wusste er, dass sein Leben durch Nero in Gefahr war, der die Angewohnheit pflegte, Menschen zu töten, die er nicht mehr mochte. Aus diesem Grund versuchte Seneca zweimal – jedoch erfolglos –, sich von Nero zu lösen.

Als Seneca etwa 43 Jahre alt war, begannen seine Probleme bereits unter Caligula, der ihn einmal hinrichten lassen wollte aus reiner Eifersucht, weil Senecas Rede vor dem Senat seine eigene an Eloquenz überschattete. Zum Glück redete eine von Caligulas Mätressen ihm aus, Seneca töten zu lassen, weil Seneca krank war und sie dachte, er würde sowieso bald sterben.

Später, als Seneca 45 Jahre alt war, verbannte Kaiser Claudius ihn aufgrund fingierter Anschuldigungen für acht Jahre auf die Insel Korsika und beschlagnahmte die Hälfte von Senecas Vermögen. Das Exil, das auch die völlige Trennung von seiner Frau bedeutete, ereignete sich nur wenige Wochen, nachdem Senecas einziger Sohn noch im Kindesalter gestorben war.

Nachdem er acht Jahre auf Korsika verbracht hatte, wo er sehr viel geschrieben hat (weil es dort sonst nichts zu tun gab), wurde Seneca schließlich nach Rom zurückgerufen, aber nur unter der Bedingung, dass er zum Tutor des jungen Nero wurde, der damals gerade einmal elf Jahre alt war.

Trotz Senecas Bemühungen, Nero dabei zu helfen, einen guten Charakter zu entwickeln, scheiterte er mit diesem Projekt völlig. Nero hegte nicht das geringste Interesse für Philosophie oder Ethik. Er war eine Ausgeburt an Selbstsucht und gierte nach Macht auf Kosten anderer, was ihn zu einem monströsen Tyrannen machte. Am Ende hatte Nero viele aus seinem direkten Umfeld töten lassen, einschließlich seiner eigenen Mutter, seinem Bruder und seiner Frau (die er im Vergleich zu seiner Mätresse langweilig fand). Schließlich verurteilte er nach einer gescheiterten Verschwörung, ihn der Macht zu entheben, auch Seneca zum Tod, als dieser 69 Jahre alt war. In dieser Mordserie verloren viele weitere Menschen ihr Leben, einschließlich Senecas beider Brüder und seines Neffen.

Aber trotz der enormen Hürden, die heutzutage viele Menschen psychisch zerstören würden, half Senecas Philosophie ihm, die schweren Zeiten zu überstehen und die Widrigkeiten in etwas Positives zu verwandeln. Selbst als Nero Seneca zwang, als alter Mann Selbstmord zu begehen – was den verfügbaren Alternativen der Hinrichtung weitaus vorzuziehen war –, nutzte Seneca die Gelegenheit seines eigenen Todes, um für die anwesenden Freunde eine letzte Rede über die Philosophie zu halten, so wie Sokrates es tat, als man ihn zwang, den Schierlingsbecher zu leeren.

Als guter Stoiker hatte sich Seneca als Teil seiner philosophischen Ausbildung über viele Jahre auf den Tod vorbereitet und er zeigte nicht den geringsten Anflug von Furcht oder Beunruhigung, als er sein Leben aufgab. Er soll ganz sachlich gesagt haben: »Wem sei die Grausamkeit Neros nicht bekannt gewesen? Es sei Nero ja nach der Ermordung seiner Mutter und seines Bruders nichts anderes übriggeblieben, als auch seinen Erzieher und Lehrer umzubringen.«[12] Und obwohl uns Senecas letzte Worte über die Philosophie nicht erhalten sind, so kann man sich vorstellen, dass er die Worte Sokrates' über seinen Tod wiederholt: »Anytos und Meletos können mich zwar töten, schaden aber können sie mir nicht.«[13] Oder, wie wir es auch formulieren könnten: »Du kannst zwar meinen Körper töten, aber nicht meinen Charakter zerstören.«

SENECAS WELT IST UNSERE WELT

Zu den wohl überraschendsten Dingen in den Schriften Senecas gehört, wie präzise er unsere heutige Welt zu beschreiben scheint, obwohl seine Texte vor mehr als 2000 Jahren entstanden sind.

Die reichen Bürger Roms hatten Materialismus und Konsum zu einer hohen Kunst entwickelt und schwelgten in Luxus und Hedonismus. So wie wir heute in den Supermarkt gehen und mitten im Winter Orangen und Avocados kaufen können, die durch die halbe Welt zu uns transportiert wurden, hatten auch die Römer einen internationalen Handel aufgebaut, der sie mit seltenen Gütern, Lebensmitteln und Luxusartikeln aus fernen Ländern versorgte. Roms Oberschicht war besessen davon, ihren Reichtum als Zeichen des sozialen Status zur Schau zu tragen. Was wir heute unter materiellem Anpassungsdruck oder unter der Bezeichnung verstehen, »mit anderen mitzuhalten«, existierte bereits im antiken Rom. Seneca beschreibt es so:

> Wie viele Dinge aber schaffen wir uns an, weil andere sie sich angeschafft haben, weil sie bei den meisten zu finden sind? Viele unserer Schwierigkeiten lassen sich dadurch erklären, dass wir nach den Beispielen anderer leben und, anstatt unser Leben nach der Vernunft zu gestalten, durch Konventionen in die Irre geführt werden. Was wir, täten es nur weniger, nicht nachahmen wollten, dem folgen wir, sobald viele begonnen haben, es zu tun, als ob es schicklicher sei, weil es häufiger geschieht.[14]

Denken wir an die luxuriösen Strandvillen, die aus exotischem importierten Marmor gebaut wurden, einen spektakulären Meerblick hatten und mit Swimmingpools, eleganten Bädern und jedem vorstellbaren Luxus ausgestattet waren. Manche Bewohner kühlten ihre Getränke und die Swimmingpools während der heißen Sommermonate mit Schnee und Eis, beides über lange Strecken transportiert. Andere richteten extravagante Feste und Abendessen aus, die oft astronomische Summen verschlangen. Sie boten die seltensten Delikatessen aus der ganzen Welt an, die sie nach dem Essen erbrachen, nur um Platz für mehr zu schaffen. Während die Römer in früheren Zeiten bescheiden gelebt hatten, war das jetzt nicht mehr der Fall. Und schließlich wies die ausgabefreudige römische Kultur zu Senecas Zeiten dieselbe Art von Exzessen auf, die wir heute mit Hollywood-Berühmtheiten verbinden, über die wir in Boulevardblättern oder auf Promi-Klatsch-Webseiten lesen. Dazu Seneca:

> Überdies wollen die Vergnügungssüchtigen ihr Leben in aller Munde wissen, solange sie leben; denn wenn man über sie schweigt, ist ihrer Meinung nach all ihre Mühe vergeblich. Deshalb unternehmen sie nicht selten etwas, was Gerüchte in Umlauf bringt. Viele verprassen ihr Vermögen, viele halten sich eine Geliebte. Um sich in diesem Milieu einen Namen zu machen, genügt nicht nur eine luxuriöse Handlung, nein, sie muss auch aufsehenerregend sein; in einer so geschäftigen Stadt kommt man mit einer ganz gewöhnlichen Liederlichkeit nicht ins Gerede.[15]

Dass uns diese Dinge heutzutage so vertraut vorkommen, liegt daran, dass sich die menschliche Natur nicht verändert. Unsere heutige Kultur mag zwar technisch wesentlich weiter sein, aber in psychologischer Hinsicht sind wir genauso wie die Menschen zu Senecas Zeit. Wir sind komplexe Wesen, die unter Gier, Ehrgeiz, Angst, Furcht, Kummer, Wut, finanziellen Sorgen, sexuellem Verlangen und Süchten leiden – neben dem Wunsch, ein guter Mensch zu sein und die Welt zu einem besseren Ort zu machen.

Stoizismus befürwortet zwar das einfache Leben, verbietet jedoch nicht das Anhäufen von Reichtum, solange dieser Reichtum klug genutzt werden kann. Aber als einer der reichsten Männer Roms, dessen Berufskollegen zur Spitze der gesellschaftlichen Elite zählten, hatte Seneca unmittelbare Erfahrungen mit den Konsequenzen, die das Streben nach übermäßigem Luxus mit sich brachte. Sehr wahrscheinlich war es diese Erfahrung aus erster Hand, die Seneca erkennen ließ, wie leer und hohl dieses gehobene Leben doch war, sodass er sich dagegen aussprach:

> Wir bewundern Wände, die mit dünnen Marmorplatten verkleidet sind, obgleich wir die kleinen Makel kennen, die sich dahinter verbergen. Wir täuschen unsere Augen, und wenn wir Dächer vergolden lassen, was tun wir da anderes, als uns an einer Täuschung zu freuen? Wir wissen ja, dass unter jenem Gold unansehnliche Balken versteckt sind. Und nicht nur über Wände oder Decken breitet sich eine nur hautdünne Schicht der Verschönerung. Auch das Glück all der Berühmtheiten, die du erhobenen Hauptes daherkommen siehst, ist täuschender Glanz. Schau hin, und du wirst

> wissen, wie viel Erbärmlichkeit unter dieser dünnen Schutzschicht von Würde liegt.[16]

Was Seneca einzigartig macht in der Tradition der Stoiker, war sein tiefes psychologisches Verständnis. Er studierte die menschliche Verfassung, einschließlich menschlicher Ambitionen und Ängste. Er war der erste Mensch in der westlichen Welt, der die Psychologie des Konsumverhaltens eingehend erforschte. Zudem lieferte er bedeutende Beiträge zum Verständnis von Emotionen und Wut, die heute noch gültig sind. Kurz gesagt war Seneca kein akademischer Theoretiker, sondern jemand, der im echten Leben »alles gesehen« hatte: sowohl die besten als auch die schlechtesten Seiten der menschlichen Natur.[17] Er hatte Erfahrungen aus erster Hand über das, worüber er schrieb. Zudem hatte er die einzigartige Fähigkeit, die inneren psychologischen Beweggründe anderer zu verstehen. Das macht Seneca zu einem so wertvollen Ratgeber für heutige Leser, 2000 Jahre später. Am Ende ist Senecas Zeit unsere Zeit. Er ist unser Zeitgenosse und wir teilen die gleichen Sorgen.

KAPITEL 1

Die verlorene Kunst der Freundschaft

> Mich wird nie irgendeine Sache erfreuen, und mag sie noch so hervorragend und nutzbringend sein, wenn ich das Wissen darüber für mich behalten soll ... Kein Besitz eines Gutes macht Freude, wenn ich es nicht mit Freunden teilen kann.
>
> Seneca *Briefe an Lucilius* 6.4

Als Seneca in den Sechzigern war, rang sein guter Freund Lucilius mit einem großen Problem. Lucilius war ein bisschen jünger als Seneca und von Nero als Statthalter der Provinz Sizilien eingesetzt worden. Wie Seneca arbeitete auch Lucilius hart und war ehrgeizig, talentiert und erfolgreich. Er hatte eine hochrangige Laufbahn eingeschlagen und war in der gesellschaftlichen Welt zu Ruhm gelangt. Aber an irgendeinem Punkt auf diesem Erfolgsweg hatte Lucilius sein inneres Wohlbefinden vernachlässigt. Modern ausgedrückt steckte er in einer Sinnkrise.

Auf der Suche nach Rat von einem treuen Freund wandte sich Lucilius hilfesuchend an Seneca. Lucilius wollte sich zur Ruhe setzen und sehnte sich nach einem bedächtigeren und erfüllenderen Leben, aber er hatte sich auch an seinen luxuriösen Lebensstil und die öffentliche Anerkennung gewöhnt, die ihm oft zuteilwurde. Und so wie es auch heutzutage viele Menschen tun, fragte sich Lucilius, ob er genügend finanzielle Rücklagen hatte, um sich zur Ruhe zu setzen und seinen Lebensstil aufrechtzuerhalten, oder ob er noch ein paar Jahre arbeiten sollte, um mehr Ersparnisse anzusammeln. Lucilius sehnte sich danach, frei zu sein, aber er fürchtete sich auch davor, welche Konsequenzen es haben würde, wenn er seine gut bezahlte Position aufgab.

Obwohl die Fachwelt das nie erwähnt, war dies der Anlass für Senecas Briefe an Lucilius. Lucilius' Fragen, wie er seinen Lebensweg anpassen solle, lieferten Seneca einen Grund, seine wunderbaren *Briefe an Lucilius* zu schreiben, die nicht nur für Lucilius, sondern für einen größeren Kreis von Lesern geschaffen wurden. Gleichzeitig waren die *Briefe* ein klug gestalteter Einleitungskurs zu Senecas Auslegung des Stoizismus. Hinter dem ganzen Projekt stand der feste Glaube an die tiefe und transformierende Kraft von Freundschaft. In seinen *Briefen* diskutiert Seneca viele Aspekte von Freundschaft, aber die folgende Passage betont, warum Freundschaft so essenziell ist:

> Freundschaft bewirkt unter uns eine Solidarität in allen Belangen. Weder ein Glücks- noch ein Unglücksfall betrifft uns einzeln: Wir leben in einer Gemeinschaft. Auch kann niemand ein glückliches Dasein führen, der nur auf sich schaut, der alles zum eigenen Vorteil wendet: Man soll für den

> anderen leben, wenn man für sich selbst leben will. Dieser Gemeinschaftssinn, sorgfältig und gewissenhaft gepflegt, vereint die Menschheit als Ganzes und besagt, dass wir alle bestimmte Rechte gemeinsam haben. Aber er trägt auch viel zur Pflege jener innigen Verbundenheit der Freundschaft bei, von der ich sprach. Jemand nämlich, der vieles mit einem anderen Menschen gemeinsam hat, wird auch alles mit einem Freund gemeinsam haben.[18]

In seinen Briefen an Lucilius und seiner Korrespondenz formulierte Seneca seine Lebensphilosophie. Seine frühen philosophischen Werke verfasste er für verschiedene Freunde, Verwandte und Menschen, die er persönlich kannte, um ihnen dabei zu helfen, seelisch zur Ruhe zu kommen, Kummer zu überwinden oder verschiedene Herausforderungen zu bewältigen. Wie wir sehen können, basierte für Seneca die Philosophie, genauso wie die Lebenskunst, nicht auf dem Erschaffen eines abstrakten Systems für andere Intellektuelle. Es bezog vielmehr persönliche Beziehungen ein, da seiner Meinung nach die Philosophie den Menschen in der realen Welt helfen sollte.

Seneca kritisierte wiederholt die akademischen Philosophen seiner Zeit, die die Philosophie auf wenig überzeugendes logisches Denken reduzierten. Deren Vorgehensweise war in seinen Augen irrelevant für die Auseinandersetzung mit menschlichen Bedürfnissen. Seneca unterschied klar zwischen »echter Philosophie« und ihrer Alternative, die er als Wortspiel ansah, als reine Gedankenspielereien. Viele Philosophen seiner Zeit, so sagte er, fokussierten sich auf das Analysieren von Silben und Haarspalterei, statt lebendige Ideen zu erforschen, die das Leben der Menschen verbessern konnten. Er bestand darauf, dass das wahre Lernen eines für das Leben ist, nicht für die Schule.[19] Senecas philosophische Ideen waren sowohl systematisch als auch konsequent; als Autor verstand er zudem, wie wichtig es war, diese Ideen auf überzeugende und attraktive Weise zu vermitteln. Indem er die Philosophie mit literarischem Können und dramatischer Wirkung vermittelte, erweckte er sie zum Leben und machte sie unvergesslich.

Obwohl Lucilius Seneca als engen Freund ansah, war er für ihn auch philosophischer Mentor und Ratgeber, zu dem er aufschaute. Seneca nahm diese Rolle gern an. Manchmal kann ein Freund ein ausgezeichneter Ratgeber sein. Oftmals kann jemand, der einen gut kennt, eine ehrliche Rückmeldung geben, die sich unangebracht – oder gar feindselig – anfühlen würde, wenn sie von einem Fremden käme. Folglich gibt es in den *Briefen* sehr viele Stellen, an denen Seneca ziemlich heftig gegen die Art falscher Meinungen (aus Senecas Perspektive des Stoikers gesehen) angeht, die Lucilius unter Druck setzten und dazu führten, dass er dermaßen angespannt war.

Seneca kannte Lucilius gut und half ihm in der Not, genau auf jene Überzeugungen zu schauen, die seine Probleme verursachten. Dann ermutigte Seneca ihn, die Dinge aus einer anderen Perspektive zu betrachten, und half ihm, die Situation neu zu gestalten. Einige von Senecas Briefen ähneln stark heutigen Therapiesitzungen, in denen der Therapeut den Patienten auffordert, die eigenen Denkmuster zu hinterfragen. Seneca spielt in all seinen philosophischen Schriften die Rolle des Mentors, gibt vernünftige Ratschläge und liefert rationale Argumente, um auf reale Probleme einzugehen. Das tut er, indem er seinen Lesern hilft, ihre Überzeugungen zu überdenken. Für Seneca und die Stoiker ist es unmöglich, ein glücklicheres Leben zu führen, ohne die falschen Überzeugungen abzulegen oder zu zerlegen, die das mentale Leiden verursachen.[20]

INSTRUMENTE DER FREUNDSCHAFT

> Wann immer mich deine Briefe erreichen, scheint es mir, als ob ich mit dir zusammen wäre, und ich werde in solch eine Stimmung versetzt, als ob ich dir nicht schriftlich, sondern mündlich antworten könnte.
>
> Seneca, *Briefe an Lucilius* 67.2

Mit einem Freund zusammen zu sein, ist der beste Weg, die Gesellschaft des anderen zu genießen und sinnvolle Gespräche zu führen. Aber das ist nicht immer möglich. Früher war ein Brief ein Instrument, um Freundschaften aufzubauen, zu erhalten und zu stärken, den Raum der Trennung zu überbrücken. Wie Seneca an Lucilius schrieb: »Niemals nehme ich deinen Brief in Empfang, ohne dass wir sogleich beisammen sind.«[21] Briefe behielten diese Funktion bei, bis sie größtenteils durch E-Mails ersetzt wurden, was noch gar nicht lange her ist.

Meiner Meinung nach haben wir leider durch die Erfindung der E-Mail etwas Wesentliches verloren. E-Mails sind zwar schnell und effizient, sie fühlen sich aber in der Regel körperlos und unbedeutend an. Im Vergleich dazu kann ein gut geschriebener handschriftlicher Brief eine deutlich andere Erfahrung bieten, eine, die tiefgründig die Persönlichkeit und inneren Gedankengänge eines Individuums vermittelt. Während wir E-Mails schnell vergessen, kann sich ein ansprechender Brief nahrhaft anfühlen und etwas sein, das Sie an einem besonderen Ort aufbewahren.

Die Tatsache, dass Briefeschreiben aus der Mode gekommen ist, trägt meiner Überzeugung nach zumindest teilweise zur »Epidemie der Einsamkeit« bei, über die wir heute so viel lesen können. Obwohl uns Social-Media-Plattformen mit Hunderten von Menschen verbinden, fühlen sich ironischerweise etliche Menschen einsamer denn je. Ich glaube zu verstehen, woran das liegt: das Kommunikationslevel, das auf Social Media stattfindet, ist im Vergleich zu *realen* Konversationen, die wir brauchen, um als menschliche Wesen glücklich zu sein und zu gedeihen, stark vermindert. Während Briefe laufende Konversationen verkörpern können, besteht Social Media vorrangig aus *Kommentaren* – und das sind zwei völlig verschiedene Dinge.

Natürlich ist es möglich, jemandem per E-Mail einen richtigen Brief zu schreiben. Und glücklicherweise kommt das manchmal vor. Aber da die meisten E-Mails nur kurze Nachrichten sind, ermutigt uns das Medium selbst, weniger als früher zu kommunizieren, als wir Briefe noch mit der Hand schrieben. Anders ausgedrückt kommunizieren wir mit E-Mails sehr viel schneller und häufiger, aber weniger tiefgehend.

In seinen Briefen an Lucilius liefert uns Seneca ein Modell, wie eine tiefe Freundschaft aussehen könnte. Aber in unserer schnelllebigen Gebrauchskultur, die auf das Erreichen rascher Resultate und unmittelbarer Belohnung ausgerichtet ist, scheinen wir oft zu vergessen, was eine tiefe und befriedigende Freundschaft erfordert.

DIE DREI ARTEN VON FREUNDSCHAFT

Aristoteles (384–322 v. Chr.) betonte die Bedeutung von Freundschaft schon vor mehr als 2000 Jahren, als er schrieb, dass es drei verschiedene Arten von Freundschaft gibt – und dass ein glückliches Leben ohne bedeutende Freundschaften nicht möglich ist. Während man heute wohl kaum in einem Philosophieseminar an der Uni das Thema Freundschaft studiert, war es für Aristoteles so zentral, dass er ein Fünftel seines Hauptwerkes zur Ethik, die *Nikomachische Ethik,* darauf verwendete, die Natur und die Bedeutung von Freundschaft zu erforschen.

Die grundlegendste Stufe der Freundschaft, so erklärt Aristoteles, basiert auf gegenseitigem Nutzen. Diese Art von *Freundschaft um des Nutzens willen* können wir mit Kontakten vergleichen, die wir zum Beispiel bei einem beruflichen Netzwerk-Event knüpfen. Dies sind die oberflächlichsten und kurzlebigsten Freundschaften. Weil sie oftmals ichbezogen sind, lösen sie sich auf, sobald der Nutzen, den jemand bietet, nicht mehr vorhanden ist. Ich persönlich würde diese Menschen nicht *Freunde* nennen, sondern *Bekannte.* Mit den Worten Senecas: »Echte Freundschaft wird ihrer Erhabenheit beraubt, wenn jemand sie nur schließt, um einen persönlichen Gewinn daraus zu ziehen.«[22]

Die nächste Art der Freundschaft beruht auf Freude über das Zusammensein. Diese *Freundschaft um der Lust willen* besteht aus Personen, die die Gesellschaft des anderen genießen. Dazu gehört jemand, mit dem man gern etwas trinken geht, jemand, mit dem man gern ins Kino geht, oder einfach jeder, mit dem man gern Zeit verbringt.

Die tiefste Art der Freundschaft basiert für Aristoteles jedoch auf gegenseitiger Bewunderung, bei der jeder etwas im Charakter der anderen Person sieht, das er oder sie bewundert. Diese *Freundschaft um des Guten willen* basiert auf etwas Gutem oder Tugendhaften, das Sie in dem anderen erkennen. Eine solche Freundschaft erfordert Vertrauen und die Investition von Zeit, und sie kann ein Leben lang halten. Aristoteles bezeichnete diese Art der Freundschaft als »perfekt« und sie beinhaltet, Ihre Gedanken und Gefühle mit einer anderen Person zu teilen. Wie alle Freundschaften gehört dazu auch, dem anderen ehrlich alles Gute zu wünschen. Und weil es Zeitaufwand erfordert, ist die Zahl wahrer Freunde, die man haben kann, begrenzt.

Sowohl für Aristoteles als auch für Seneca kann ein Leben in der Isolation nie vollauf befriedigend sein, ohne echte Freundschaft, die auf der Liebe und dem Kennen von anderen beruht.[23] Genauso wichtig ist, dass wir auch unsere inneren Qualitäten weiterentwickeln können, wenn wir Zeit mit anderen verbringen und Gespräche führen. Freunde sind füreinander wie Spiegel, denn wenn Sie in dem anderen gute Eigenschaften sehen, die bei Ihnen nicht entwickelt sind, inspiriert Sie das, Ihren Charakter zu verbessern, um ein besserer Mensch zu werden.[24]

Das ist die verlorene Kunst der Freundschaft, die Seneca und Aristoteles praktizierten; eine Freundschaft, die nicht nur philosophisch, sondern mit ehrlicher Zuneigung erfüllt war. Basierend auf anregenden Dialogen und dem Wunsch, dass es dem anderen gut gehe, ist dies eine Art von Freundschaft, nach der heutzutage viele Menschen hungern, für die wir jedoch kaum gute Vorbilder haben. Davon bin ich überzeugt. Ganz sicher sorgen diese seltenen Freundschaften von tieferer Qualität dafür, dass wir uns innerlich bedeutsam fühlen, menschlicher und lebendiger. Diese Arten von Freundschaften verbessern nicht nur unsere Lebensqualität – sie machen uns zu besseren Menschen.

GEMEINSAM FORTSCHRITTE MACHEN

Seneca war in Hochstimmung, als er einen seiner ersten Briefe an Lucilius schrieb. Wie es in der ersten Zeile begeistert heißt: »Ich fühle, Lucilius, das ich nicht nur von Fehlern befreit, sondern verwandelt werde.«[25]

Seneca versuchte nicht nur, Lucilius als Mentor zu helfen, seinen Charakter zu verbessern. Wie diese Zeile verrät, erhoffte er dasselbe auch *für sich selbst*. Obwohl Seneca den Stoizismus seit seiner Zeit als Teenager studierte, hatte er immer noch den Eindruck, immense persönliche Fortschritte machen zu müssen.

Nachdem er Lucilius erzählt hatte, dass er eine Verwandlung erlebe, erklärte Seneca diese Erkenntnis eingehender. Er weiß, dass er vieles an sich hat, »was gesammelt, abgeschwächt oder hervorgehoben werden müsste«.[26] Diese Erkenntnis hält er für bedeutend. Es ist der Beweis für einen Geist, der sich zum Besseren gewandelt hat, denn er ist nun in der Lage, seine eigenen Fehler zu erkennen. Was Seneca spürte, war genau die Art von Verwandlung, die er auch bei Lucilius sehen wollte. Vielleicht versuchte er mit seiner Begeisterung, diese Erkenntnisse für Lucilius zu betonen und zu formulieren. Für Seneca war es die ideale Art von Freundschaft, wenn zwei Freunde einander helfen konnten, ihren Charakter zu verbessern und gemeinsam Fortschritte zu machen.

Freundschaften und bedeutungsvolle Beziehungen sind in Senecas Philosophie noch aus einem anderen Grund entscheidend (siehe Kapitel 9 »Niederträchtige Menschenmengen und was sie zusammenhält«). Das liegt daran, dass die Menschen, mit denen wir uns umgeben, großen Einfluss auf unseren Charakter haben. Gemäß Seneca sollten wir unsere Freunde sorgfältig aussuchen, denn es passiert schnell, dass man von anderen Personen schlechte Charaktereigenschaften übernimmt oder unbewusst verinnerlicht. Umgekehrt hilft es uns aber auch, gute Charaktereigenschaften zu entwickeln, wenn wir Menschen mit ebendiesen um uns haben. Diese Freundschaften helfen uns, Fortschritte zu machen.

EINEN WEG ABSTECKEN: STOIZISMUS ALS FORTSCHRITT

Seneca erkannte, dass man nur dann echte Fortschritte machen kann, wenn einem die eigenen Fehler oder Mängel bewusst werden. Diese Vorstellung wird mit Sokrates assoziiert. Er wiederum wurde von einer weisen Priesterin namens Diotima darin unterrichtet. Diotima erklärte Sokrates, dass die Götter über absolute Weisheit verfügen, deshalb streben sie nicht danach. Und die meisten Menschen wissen gar nicht, dass es ihnen an Weisheit mangelt, also streben sie ebenfalls nicht danach. Letztlich ist es nur möglich, nach Weisheit zu streben, wenn man erkennt, dass einem etwas fehlt.[27] Anders ausgedrückt: Wenn Sie Ihre Fehler nicht erkennen, wenn Sie sich nicht selbst diesbezüglich befragen oder ernsthaft Ihre Werte überprüfen, sind Sie sich dieser Dinge nicht bewusst und können wenig bis gar keine Fortschritte erzielen.

Für die römischen Stoiker wie Seneca konzentrierte sich alles darauf, Fortschritte in Richtung Weisheit und dem Entwickeln eines besseren Charakters zu machen, mit dem letztendlichen Ziel, ein stoischer Weiser oder eine weise Person zu werden. Während das absolut Sinn ergibt, war eine der seltsamsten und schädlichsten Vorstellungen der frühen griechischen Stoiker (meiner Meinung nach), dass Tugend selbst oder die Tatsache, einen guten Charakter zu haben, eine Alles-oder-nichts-Frage war. Das bedeutete, dass nur der stoische Weise tugendhaft war, während alle anderen als töricht, lasterhaft und sogar geisteskrank bezeichnet wurden. Diese Vorstellung stammte von den Kynikern, die dabei halfen, die ungewöhnliche und fragwürdige Natur des stoischen Weisen zu erklären.

Zenon von Kition, der Begründer des Stoizismus, war stark vom Leben und Werk des Sokrates beeinflusst. Aber Zenon war auch von einer anderen griechischen philosophischen Schule beeinflusst, den Kynikern. Auf der Suche nach einem radikalen Zustand der Freiheit lebten die Kyniker als Bettler in den Straßen Athens und waren berühmt für ihre extremen Sprüche und ihr Verhalten, das gesellschaftliche Konventionen offen ablehnte. (Platon soll den Kyniker Diogenes als »einen verrückt gewordenen Sokrates«[28] bezeichnet haben.) Fast alle von Zenons radikaleren Ideen gingen auf die Kyniker zurück. Genauso stammte auch die Vorstellung, dass Tugend eine Alles-oder-Nichts-Angelegenheit sei (und die Idee von dem Weisen) von den Kynikern.[29]

An der grundlegenden Vorstellung vom stoischen Weisen ist sicherlich nichts falsch. Es ist sogar ein überaus hilfreiches Konzept. Das Problem liegt vielmehr in der Vorstellung, dass Tugend eine Angelegenheit von alles oder nichts ist: Jemand kann entweder ein absolut tugendhafter Weiser sein *oder* es mangelt ihm vollständig an Tugend. Folglich war meiner Meinung nach Zenons Vorstellung einer extremen Zweiteilung zwischen einem Weisen und dem Rest der Menschheit keine hilfreiche Idee. Es verschaffte der stoischen Schule zwar sicher Aufmerksamkeit, schadete ihr aber und machte sie zum Gespött anderer Philosophen der Antike.[30]

Anders ausgedrückt würden die meisten Philosophen der Moderne die Vorstellung, dass Tugend »ganz oder gar nicht« vorhanden ist, als *falsche Dichotomie* bezeichnen, also als einen logischen Irrtum. Genauso wenig würde ein moderner Philosoph erwarten, dass jemand vollkommen tugendhaft ist; man würde stattdessen auf eine allgemeine charakterliche Eignung schauen.

In dieser Hinsicht kommen mir die späteren römischen Philosophen, wie Seneca, sehr viel realistischer vor als die Griechen vor seiner Zeit. Während die griechischen Stoiker den Weisen als von einer zurückhaltenden, emotional distanzierten Wesensart beschrieben, machte Seneca den Weisen menschlicher. Er betonte auch, dass der stoische Weise genauso wie alle anderen Menschen alltägliche menschliche Gefühle hegt. Am wichtigsten war jedoch, dass die römischen Stoiker ihre Betonung auf Menschen legten, die versuchten, Fortschritte in Richtung Tugend oder Verbesserung ihres Charakters zu machen. Das bedeutete, dass es in Bezug auf die stoische Philosophie drei Gruppen von Menschen gibt: *Weise*; *Fortschreitende* oder Menschen, die Fortschritte dahin machen, weise zu werden, und Menschen, die keine Fortschritte macht. Wir können diese dritte Gruppe als Nichtfortschreitende bezeichnen, wobei die römischen Stoiker keinen Namen für diese Gruppe hatten, sie nicht einmal genauer definierten.[31] Dennoch können wir aus Senecas Texten deutlich herauslesen, dass diese dritte Gruppe aus Menschen besteht, die unbewusst an falsche oder ungeprüfte Überzeugungen gebunden sind oder gar von ihnen versklavt sind. Für unsere Zwecke werden wir diese Gruppe als *die Nichtfragenden* bezeichnen (siehe Abbildung 1), in Anlehnung an Sokrates' Aussage: »Das ungeprüfte Leben ist nicht lebenswert.«

Ich werde nun versuchen, dieses Modell genauer auszuarbeiten, um besser zu erklären, warum die römischen Stoiker den Stoizismus als Weg ansahen und weshalb sie dachten, dass es möglich sei, durch Selbstreflexion, Praxis und Übung jeden Tag ein bisschen voranzukommen. Auch wenn es sehr unwahrscheinlich sei, dass jemand die Stufe des stoischen Weisen erreicht, so sei es dennoch möglich, versicherten sie, in dieser Richtung Fortschritte zu erzielen.

Abbildung 1: Die drei Grundarten von Menschen auf dem philosophischen Weg, laut der römischen Stoiker.

An der Spitze von Abbildung 1 finden wir die Gestalt des stoischen Weisen, ein vollkommen weiser Mensch. Ein stoischer Weiser ist unter normalen Umständen glücklich, fröhlich und gelassen und wirkt psychisch ausgeglichen. Außerdem verspürt ein Weiser keine Leidenschaften (*pathē* auf Griechisch) oder heftigen Emotionen wie extreme Wut, denn diese Art intensiver Gefühle entspringen fehlerhaften Beurteilungen. Was den stoischen Weisen freihält von negativen Emotionen, ist, dass er oder sie nur vernünftige Beurteilungen fällt, deshalb haben heftige Emotionen keine Chance, aufzukommen. (Abgesehen davon *verspürt* ein stoischer Weiser völlig alltägliche menschliche Gefühle, ein Thema, das in Kapitel 4 und 12 besprochen wird.)

Wie wir sehen können, ist der stoische Weise ein extrem seltenes philosophisches Wesen. Laut Seneca ist er gar so selten, dass ein Weiser nur wie der ägyptische Phönix einmal alle 500 Jahre auftaucht. (Deshalb habe ich auf die Spitze des Dreiecks einen kleinen Phönix gesetzt. Als Hinweis auf die Seltenheit.) Und obwohl nahezu jeder stoische Philosoph über den Weisen oder weisen Menschen spricht, behauptet kein Einziger von ihnen, ein stoischer Weiser zu sein. Innerhalb der stoischen Schule, die sich über Jahrhunderte erstreckt, war Sokrates die am häufigsten als wahrer Weiser bezeichnete Person.[32]

Wenn der Weise also nicht unmöglich, aber extrem selten ist, welchen praktischen Wert hat diese Vorstellung dann? Letztlich dient der Weise als Vorbild: Er ist ein Kompass oder Nordstern, um den Schülern etwas zu geben, das sie anstreben können und an dem sie sich orientieren können. Mit den Worten von Emily Wilson, Senecas Biografin: »Die Gestalt des perfekten stoischen Weisen ist für Seneca nicht als Abstraktion von Interesse, sondern als Werkzeug, das es seinen Lesern ermöglicht, sich gegenüber anderen besser zu verhalten.«[33]

Seneca selbst behauptete nicht von sich, ein Weiser zu sein. Er räumte ein: »Ich bin weit davon entfernt, ein erträglicher, geschweige denn ein vollkommener Mensch zu sein.«[34] Aber Seneca verweist oft auf den Weisen oder eine weise Person, weil es ein hilfreiches Werkzeug darstellte. Tatsächlich definiert Seneca in seinen Schriften die Natur des Weisen so gut, dass sich ein Schüler des Stoizismus in nahezu jeder Situation fragen kann: »Was würde ein stoischer Weiser jetzt tun?« Es mag nicht perfekt sein, aber es ist ein funktionierendes Hilfsmittel.

Auf der gegenüberliegenden und am wenigsten philosophischen Ebene meiner Pyramide entspricht der *Nichtfragende* jener Gruppe von Menschen, die Sokrates als *unwissend* beschreibt: Weil sie nicht wissen, dass es ihnen an Weisheit mangelt, werden sie auch nie danach suchen. (Schlimmer noch, einige in dieser Gruppe könnten glauben, sie seien bereits *weise*, was genauso einschränkend ist.)

In unserer heutigen Sprache würden wir vielleicht sagen, das Leben dieser Nichtfragenden ist stark geprägt durch Überzeugungen, die sie durch Sozialisation und soziale Konditionierung verinnerlicht haben und bisher nicht infrage stellen. Deshalb neigen sie dazu, Dinge für bare Münze zu nehmen, so möglicherweise auch Werbebotschaften wie: »Der Kauf dieses Produktes wird Ihren Status und Ihren Selbstwert steigern.« Aus der Perspektive der Stoiker in der Antike bringen tief verankerte falsche Überzeugungen wie diese die Menschen dazu, nach luxuriösen Vergnügungen, Reichtum, Besitztümern, Ruhm und sozialer Anerkennung zu streben. Aber in der stoischen Sichtweise sind all diese Dinge »falsche Güter«. Das *wahre Gut* ist es, einen ausgezeichneten Charakter zu haben, der es uns auch ermöglichen würde, externe Dinge auf kluge und nutzbringende Art einzusetzen. Darüber hinaus bringen die falschen, von den Nichtfragenden vertretenen Meinungen sie oft dazu, extrem negativen Emotionen wie Besorgnis, Furcht, Angst und Wut ausgesetzt zu sein.

In Anbetracht der Tatsache, dass Sie nun dieses Buch lesen, sind Sie mit ziemlicher Sicherheit ein wissbegieriger Mensch und daran interessiert, neues zu lernen. Außerdem sind Sie weder völlig unwissend (noch absolut weise), sondern gehören zu der mittleren Gruppe von Menschen, die wir *Fortschreitende* nennen. Ein Fortschreitender ist eine Person, die erkennt, dass sie noch *nicht* weise ist, und sich von daher noch verbessern und ein besserer Mensch werden kann. Für dieses Publikum hat Seneca geschrieben, und er ordnete auch Lucilius und sich selbst dieser Gruppe zu.

Fortschreitender ist eine Übersetzung des antiken griechischen Ausdrucks für einen Schüler des Stoizismus, einen *prokoptōn* oder jemanden, »der Fortschritte macht«. Da keiner der stoischen Philosophen behauptete, ein perfekter Weiser zu sein, sich jedoch tagtäglich bemühte, durch Selbstreflexion und zahlreiche Übungen Fortschritte zu machen, waren alle stoischen Philosophen Fortschreitende.

Letztlich müssen Sie als Erstes anerkennen, dass Sie nicht perfekt sind (oder dass Sie Grund zur Verbesserung haben), um als menschliches Wesen Fortschritte zu machen, und müssen – zweitens – den Wunsch zur Verbesserung verspüren. Es ist kein Zufall, dass »Fortschritt« (oder das Machen von Fortschritten in Richtung Weisheit) eine von Senecas am häufigsten verwendeten Formulierungen in seinen Briefen ist. Und, wie er abschließend feststellt: »Ein großer Teil des Fortschritts besteht darin, fortschreiten zu wollen.«[35] Denn ohne diesen Wunsch ist der Fortschritt unmöglich.

Seltsamerweise ist eine der Fragen, die die Stoiker als Schule nie tiefgehend ergründet haben: Was bringt jemanden überhaupt dazu, ein Fortschreitender zu werden? Obwohl die exakte Antwort auf diese Frage von Person zu Person variiert, ist offenbar irgendeine Art von »Weckruf« (wie wir es heute nennen würden) vonnöten. Das kann eine persönliche Krise sein, ein persönlicher Verlust, wiederholtes Scheitern oder auch die langsam wachsende Erkenntnis, dass das Leben zu kostbar ist, um es an falsche Güter zu verschwenden, die die Welt uns ständig verkaufen will. Alternativ kann dieser Weckruf auch das anhaltende Gefühl von Unzufriedenheit oder Niedergeschlagenheit sein – weil die wahren, inneren Bedürfnisse einer Person nicht durch ihre aktuellen Überzeugungen oder ihren Lebensstil erfüllt werden.

JEDEN TAG FORTSCHRITTE MACHEN

> Fordere von mir daher nicht, dass ich den Besten gleich, sondern dass ich besser als die Schlechten sei. Dies ist mir genug: täglich etwas von meinen Lastern wegzunehmen und meine Fehler zu korrigieren.
>
> Seneca, *Vom glücklichen Leben* 17.3

Der römische Stoizismus ist eine Art Weg, der sich darauf fokussiert, jeden Tag kleine inkrementelle Fortschritte zu erzielen, einen Schritt nach dem anderen. Niemand ist perfekt, und deshalb ist Stoizismus, zumindest zum Teil, eine *Übung*: Und es ist keine Übung, die Sie einfach machen; es ist vielmehr etwas, *in dem* Sie sich üben – so wie ein Musiker oder ein Sportler übt beziehungsweise trainiert – um besser in dem zu werden, was Sie tun. Jeden Tag kommt es zu neuen Situationen, die unseren Charakter auf kleine oder bedeutende Weise einem Test unterziehen, was uns fortlaufend Gelegenheiten bietet, achtsam und tugendhaft zu sein und die bestmöglichen (oder weisesten) Beurteilungen vorzunehmen.

Die *Selbstbetrachtungen* von Mark Aurel heben die Tatsache hervor, dass Stoizismus eine tägliche, schrittweise erfolgende Übung ist. Im Laufe vieler Tage reflektiert Mark in seinem privaten Tagebuch, wie man ein besseres Leben führen kann. Indem er diese Notizen für sich selbst schrieb, wiederholte er die stoischen Überzeugungen und reflektierte, wie er sie auf sein Leben anwenden konnte.[36] Das ist auch einer der Gründe, warum Seneca seine Philosophie in Briefform verfasste. Jeder Tag bringt eine neue Gelegenheit zur Selbstreflexion, und eine Briefserie ist »ein laufendes

Projekt« – genauso wie es ein laufendes Projekt ist, den eigenen Charakter zu entwickeln.

Andere stoische Übungen zeigen, dass Fortschritte inkrementell sein müssen, so wie die tägliche Überprüfung des eigenen Handelns, bevor man zu Bett geht, was von Seneca und anderen Philosophen praktiziert wurde. Bei dieser Übung untersucht der Stoiker die Fehler, die er im Laufe des Tages begangen hat, und überlegt, wie er das in Zukunft besser machen kann. Seneca berichtet, was er tut, nachdem seine Frau eingeschlafen ist: »Dann durchforste ich meinen gesamten Tag und gehe meine Taten und Worte noch einmal durch. Ich verhehle mir nichts und übergehe auch nichts. Warum sollte ich auch vor irgendeinem meiner Fehler Angst haben? Ich kann doch sagen: ›Sieh zu, dass du das nicht noch einmal tust. Dieses Mal verzeihe ich dir noch.‹«[37]

Je nach Umsetzung dieser einfachen Übung kann man unterschiedliche Fragen stellen:

- Wo habe ich mich geirrt?
- Was habe ich richtig gemacht?
- Was habe ich unerledigt gelassen?
- Was kann ich in Zukunft besser machen?

Das war nicht die einzige Art von »philosophischer Übung«, die die Stoiker praktizierten. Weitere werden im Laufe dieses Buches aufgeführt, und im Anhang findet sich unter »Praktische Übungen der Stoiker« eine kurze Liste. Aber wie wir insbesondere aus dieser Übung sehen können, war ein römischer Stoiker angehalten, das eigene Verhalten täglich Revue passieren zu lassen, um stete, inkrementelle Fortschritte zu erzielen.

SICH EINEN MOMENT WEISE FÜHLEN

Obwohl keiner der Stoiker von sich behauptete, ein vollkommener Weiser zu sein, konnte ich beim Studium der überzeugendsten Schriften römischer Stoiker – Seneca, Epiktet und Mark Aurel – nicht glauben, dass es keine *Momente* gab, in denen sie sich weise fühlten. Es gab sicher diese Momente, in denen sie absoluten Seelenfrieden verspürt haben, in Harmonie mit dem Universum waren, sich in der Lage fühlten, die besten Beurteilungen zu fällen, und eine tiefe Freude verspürten. Tatsächlich habe auch ich hier und da von diesen »weisen Momenten« gekostet, auch wenn sie nicht lange währten.

Laut der traditionellen Argumentation der Stoiker ist es wie gesagt eine Frage von alles oder nichts, ein Weiser zu sein. Aber für mich fehlt dabei etwas. Was bringt es, anzustreben, ein Weiser zu sein, wenn es nicht einmal möglich ist, gelegentlich zu kosten, wie sich dieser Zustand anfühlen könnte? Obwohl sich unser alltägliches Leben vielleicht alles andere als perfekt anfühlt, gibt es diese seltenen Momente, die wir manchmal in der Natur erleben, in denen wir einen Blick auf die ehrfurchtgebietende Schönheit und Perfektion der Welt erhaschen, trotz des Leids und Chaos, das andernorts herrschen mag.

Abgesehen davon, diese Momente zu erleben, was meiner Meinung nach jedem möglich ist, spielt es keine Rolle, ob wir zu einem vollkommenen Weisen werden. Für Seneca und die römischen Stoiker war es wichtig, dass wir stete Fortschritte machen und unseren Charakter verbessern, sodass wir ein gutes und sinnvolles Leben führen können, wie auch immer die äußeren Umstände sein mögen.

Für Seneca ist es kein isolierter Prozess, Fortschritte im Leben zu machen: Dazu gehören Dinge wie Freundschaft, Zeit mit Gleichgesinnten zu verbringen und von anderen unterstützt zu werden. Die Stoiker waren fest vom Wert der menschlichen Gemeinschaft überzeugt. Die höchste Art von Freundschaft gibt es ihnen zufolge zwischen vollkommen weisen Menschen. Aber da es keine vollkommen weisen Menschen gibt (oder sie extrem selten sind), existiert die nächstbeste Art von Freundschaft zwischen Menschen, die sich der Aufgabe verpflichtet haben, anderen auf dem Weg zu helfen, ein besserer Mensch zu werden. Obschon alle Freundschaften einen Wert haben, sind die bemerkenswertesten jene, die uns – und anderen – dabei helfen, die Welt und uns selbst besser zu verstehen.

KAPITEL 2

Die Zeit wertschätzen: Schieben Sie das Leben nicht auf

> Das Leben wird dadurch lang, indem man alle Zeiten in eine einzige zusammenfasst.
>
> Seneca, *Von der Kürze des Lebens* 15.5

Es ist ein schöner, sonniger, aber kühler Herbstmorgen, und ich habe mir für den Weg einen frisch gebrühten Filterkaffee mitgenommen. Nun sitze ich in meinem Lieblingsrestaurant und bin bereit, mir ein leckeres Frühstück zu bestellen. Ich fühle mich an diesem Morgen besonders glücklich, als ob ein freudiges Wiedersehen bevorstünde. Das liegt daran, dass ich einige Zeit mit meinem alten Freund Seneca verbringen werde, allerdings aus einem besonderen Anlass. Denn an diesem Morgen, an dem die Welt soeben erwacht ist und die Menschen gerade zur Arbeit eilen, beginne ich mit einer erneuten Lektüre von Senecas Briefen, und zwar mit dem allerersten von ihnen.

Dieser erste Brief, der weniger als zwei Seiten lang ist, ist eine Warnung davor, dass die Menschen ihre Zeit geringschätzen, geschrieben in wunderbarem literarischen Stil. Obwohl Seneca seinen Briefen keine Titel gab, könnte dieser Brief auch mit »Über das Sparen von Zeit« oder »Die Zeit in die Hand nehmen« überschrieben werden.

UNSER WERTVOLLSTER BESITZ

Seneca glaubte, dass Zeit unser wertvollster Besitz ist. Da unser Leben endlich ist, hat jeder Mensch nur eine begrenzte Menge an Zeit zur Verfügung. Viele Menschen schätzen ihre Zeit jedoch nicht, aus welchen Gründen auch immer. Sie verschwenden ihr Leben mit sinnlosen Beschäftigungen. Am Ende ihres Lebens erkennen sie schließlich, welchen Fehler sie begangen haben, und verspüren tiefes Bedauern.

In diesem ersten Brief antwortet Seneca seinem Freund Lucilius, der Seneca von seinem Wunsch geschrieben hatte, ein besseres Leben zu führen, und wissen wollte, wie er seinen inneren Fokus beibehalten kann. Dies sind die ersten Zeilen von Senecas Antwort:

Brief 1

Seneca grüßt seinen Lucilius

Handle so, mein Lucilius: Befreie dich für dich selbst und sammle und bewahre die Zeit, die dir bisher entweder genommen oder heimlich entwendet wurde oder entschlüpfte. Überzeuge dich selbst davon, dass es so ist, wie ich schreibe: Man-

> che Augenblicke werden uns entrissen, manche entzogen, und manche entgleiten uns einfach.[38]

Durch Achtlosigkeit verlieren wir laut Seneca viel Zeit und viel vom Leben. Wenn wir nicht aufpassen, entgleitet uns das Leben. Dann fragt er Lucilius: »Wen kannst du mir nennen, der irgendeinen Wert der Zeit beimisst, der den Tag würdigt, der sich bewusst wird, dass er täglich stirbt?« Und um die Dringlichkeit zu betonen, fügt Seneca hinzu: »Es ist ein Irrtum zu glauben, dass der Tod in der Zukunft liegt: Ein Großteil des Todes ist bereits unbemerkt an uns vorbeigezogen. Jeder Lebensabschnitt, der hinter uns liegt, ist bereits in den Händen des Todes.«[39]

Ich glaube nicht, dass Seneca seine Worte unfreundlich oder moralisierend meinte oder er auf das Verhalten anderer herabblickte und ihnen vorschrieb, wie sie zu leben hatten. Höchstwahrscheinlich stützte er diese Erkenntnisse auf seine eigenen Erfahrungen. Als er diesen Brief schrieb, war Seneca etwa 66 Jahre alt, und wenn die Berichte aus der antiken Welt stimmen, versuchte Nero, ihn zu vergiften. Etwa zur gleichen Zeit, als Seneca diesen Brief schrieb, blickte er in einem anderen Schriftstück mit Bedauern auf sein Leben zurück und dachte über all die Zeit nach, die er verschwendet hatte. »Das Alter wirft mir vor, meine Jahre mit nutzlosen Beschäftigungen vergeudet zu haben«, gab er freimütig zu – eine Situation, die Seneca damals zu ändern versuchte, bevor es zu spät war: »Lasst uns vorandrängen und meine Arbeit die Fehler eines vergeudeten Lebens ausbessern«.[40] Wenn wir ein wenig zwischen den Zeilen lesen, ist es verlockend, sich vorzustellen, dass Seneca an seine Dienste für Nero dachte, als er über seine vergeudeten Jahre nachdachte. Denn obwohl Senecas Dienste für Nero in finanzieller Hinsicht äußerst lukrativ waren, hatte Nero am Ende genug von Seneca und wollte ihn tot sehen. Angesichts dessen muss Seneca seine Arbeit für Nero als Zeit angesehen haben, die er verschwendet hatte, statt sie besser zu nutzen. Tatsächlich versuchte Seneca nicht lange vor der Niederschrift der Briefe, sich so weit wie möglich von Nero zu lösen. Da er sich zur Ruhe setzen wollte, unternahm Seneca zwei Versuche, einen Teil des Vermögens und der Besitztümer, die er von Nero erhalten hatte, zurückzugeben. Aber beide Male weigerte sich Nero, irgendetwas zurückzunehmen, und er weigerte sich, Seneca offiziell in den Ruhestand gehen zu lassen.

ZEITVERLUST

Seneca ermutigt Lucilius, nicht in eine ähnliche Falle zu tappen und seine Zeit zu vergeuden, sondern jede Stunde zu schätzen, denn die Zeit gehört allein uns. Er weist darauf hin, dass die Menschen zwar oft äußere Dinge schätzen, die kaum einen wirklichen Wert haben, dass sie eigenartigerweise aber häufig das Kostbarste, das ihnen wirklich gehört, nicht schätzen: die begrenzte Zeit, die unser Leben ausmacht.

Senecas erster Brief über den Wert der Zeit ist zwar kurz, aber die Bedeutung der Zeit – und wie wichtig es ist, unser Leben nicht mit sinnlosen Beschäftigungen zu vergeuden – ist ein zentrales Thema, das sich durch alle seine Schriften zieht. Es ist auch ein einzigartiger Beitrag, den er zum Stoizismus geleistet hat, denn andere Stoiker haben dieses Thema nicht behandelt. Bezeichnenderweise schrieb Seneca, als er viel jünger und auf dem Höhepunkt seiner beruflichen Karriere war, ein kleines Buch, *Von der Kürze des Lebens*, in dem es ebenfalls darum geht, die Zeit optimal zu nutzen. Es könnte sogar in der Zeit geschrieben worden sein, als er am meisten zu tun hatte, als er half, das Römische Reich zu verwalten und Nero noch ein Teenager war.

»Das Leben ist lang, wenn du es zu nutzen verstehst«, schreibt Seneca. »Es ist nicht so, dass wir nur ein kurzes Leben haben, sondern wir vergeuden viel davon. Das Leben ist lang genug und reichlich bemessen auch für die allergrößten Unternehmungen – wenn es nur insgesamt gut angelegt würde. Doch sobald es in Unachtsamkeit und dem Streben nach Luxus zerrinnt und uns schließlich der Tod ereilt, erkennen wir: Das Leben, dessen Vergehen wir gar nicht merkten, ist vergangen.[41]

Seneca zufolge vergeuden die Menschen ihr Leben auf unzählige Arten: die einen durch grenzenlose Gier, die anderen durch das Streben nach »nutzlosen Unterfangen«. Die einen durch Trunkenheit, die anderen durch Müßiggang. Die einen durch politischen Ehrgeiz, die anderen durch das Betreiben von internationalem Handel. »Wieder andere reiben sich auf in freiwilliger Knechtschaft im Dienst für undankbare Herren.« Andere verschwenden ihre Zeit: »Viele hat das Streben nach fremdem Glück oder die Sorge um das eigene völlig vereinnahmt.« Einige verlieren ihre Zeit, weil sie kein beständiges Ziel haben und sich ohne erkennbaren Grund in ein Projekt nach dem anderen stürzen. »Manche finden an nichts Gefallen, worauf sie ihren Kurs richten könnten, vielmehr werden sie matt und schläfrig von ihrem Schicksal eingeholt.«[42] Die Menschen neigen dazu, ihr materielles Eigentum und ihre finanziellen Ersparnisse sehr sorgfältig zu hüten, sagt Seneca. Doch wenn es darum geht, ihr wertvollstes Gut zu schützen, lassen sie es förmlich entgleiten.

DER KULT DER GESCHÄFTIGKEIT IN DER ANTIKE UND HEUTE

Seneca ist ziemlich skeptisch gegenüber Menschen, die sich in ständiger »Geschäftigkeit« üben und so tun, als hätten sie viele wichtige Aufgaben zu erledigen, während sie dabei nur wenig von Bedeutung erreichen. Manchmal scheint die Art und Weise, wie Menschen ihre Geschäftigkeit vermitteln, kaum mehr als eine Show zu sein. In Senecas Worten: »Betriebsamkeit allein ist kein Beweis dafür, dass jemand hart arbeitet – es zeigt lediglich die Ruhelosigkeit eines aufgeregten Gemütes.«[43] Im Gegensatz zu einer Arbeit, die mit echter geistiger Konzentration erledigt wird, ist es Zeitverschwendung, so zu tun, als ob man *beschäftigt* wäre.

Wie Seneca feststellte, halten manche »Geschäftigkeit für einen Beweis ihres Erfolgs«, während eine Person mit mehr Charakter »nicht geschäftig sei nur um des Geschäftes willen«.[44] Seneca war natürlich nicht faul. Er hielt harte Arbeit für unerlässlich. Aber er hätte sicherlich Sinn und Zweck von »Multitasking« infrage gestellt. Er hätte auch den Wert infrage gestellt, an langwierigen, ermüdenden Arbeitsbesprechungen teilzunehmen, bei denen nichts Sinnvolles erreicht wird. Wie wir Senecas Schriften entnehmen können, gab es diese Art von Dingen auch zu seiner Zeit; und wie in unserer Zeit führten sie dazu, dass die Menschen den Sinn für die wirklich wichtigen Dinge im Leben verloren.

In einer anschaulichen, satirischen Passage schreibt Seneca: »Wir müssen das Herumhetzen einschränken, das viele Menschen betreiben, indem sie durch Theater, Häuser und Marktplätze wandern.« Diese Menschen »mischen sich in die Angelegenheiten anderer ein und scheinen immer beschäftigt zu sein. Aber wenn man einen von ihnen beim Verlassen seines Hauses fragt: ›Wohin gehst du? Was hast du vor?‹, wird er antworten: ›Bei Herkules! Ich weiß es nicht! Aber ich werde einige Leute treffen und etwas tun.‹« Für Seneca war es wichtig, ein konkretes Ziel im Leben zu haben, und so stellt er fest: »Sie irren ziellos umher und suchen nach Geschäften und verfolgen nicht das, was sie zu tun beabsichtigen, sondern nur das, worüber sie stolpern.« Schließlich endet er mit diesem humorvollen Spruch: »Unbedacht und ziellos ist ihr Kommen und Gehen, wie das bei Ameisen der Fall ist, wenn sie über ein Gebüsch klettern: Geschäftig eilen sie bis auf die oberste Spitze eines Zweiges und von da zur Wurzel herab – ohne etwas auszurichten.«[45]

Als Seneca *Von der Kürze des Lebens* auf dem Höhepunkt seiner Karriere geschrieben hat, war er auch auf dem Höhepunkt seiner Geschäftigkeit. Höchstwahrscheinlich dachte er über eine bessere Art zu leben nach. Vielleicht fragte er sich, wie das Leben der Menschen um ihn herum und vielleicht auch sein eigenes Leben so sehr von dem abweichen konnte, was er für einen erfüllenden Lebensstil hielt.

Das Problem der Geschäftigkeit besteht für Seneca darin, dass sie zu einer geistigen Hauptbeschäftigung mit trivialen Dingen führt. Und wenn wir zu den »Beschäftigten« gehören, wie er sie nennt, sind wir nicht in der Lage, unsere Gedanken auf etwas Wichtigeres zu richten als auf die Aufgaben und Checklisten, die wir abhaken möchten. Ich bin mir ziemlich sicher, dass wir alle schon einmal in einer solchen Situation waren – ich auf jeden Fall –, und die meisten von uns müssen auch für ihr finanzielles Überleben arbeiten, so wie es Seneca tat. Die große Frage lautet also: Wie können wir unsere Zeit wertschätzen und ganz im gegenwärtigen Moment leben, ohne von trivialen Aufgaben und Ablenkungen überwältigt zu werden? Wie können wir vermeiden, dass wir unser inneres Selbst in der Hektik der Betriebsamkeit verlieren?

Ein entscheidender Gedanke für Seneca ist, dass wir das Leben nicht aufschieben sollten, in der Hoffnung, dass wir eines Tages in der Lage sein werden, in Rente zu gehen und das Leben zu leben, von dem wir immer geträumt haben. Viel zu viele Menschen versuchen diesen Ansatz und scheitern. Manchmal sterben die Menschen, bevor sie in Rente gehen können. In anderen Fällen haben manche Menschen, weil sie ihr ganzes Leben lang in ihrem Beruf gearbeitet haben, nie irgendwelche Interessen entwickelt, denen sie im Ruhestand nachgehen könnten. Aufgrund mangelnder Interessen außerhalb der Arbeit empfinden manche den Ruhestand als langweilig oder sterben sogar kurz nachdem sie ihr ganzes Leben lang ein und derselben Tätigkeit nachgegangen sind. Zu Senecas Zeiten waren die Dinge nicht anders. Er merkt an:

> Du wirst viele sagen hören: »›Von meinem fünfzigsten Lebensjahr an will ich mich ins Privatleben zurückziehen, das sechzigste wird mich von allen Verpflichtungen entbinden.‹ Doch wer garantiert dir, dass du so lange lebst? Wer wird es gestatten, dass alles so verläuft, wie du es dir wünschst? Schämst du dich nicht, nur die kümmerlichen Reste deines Lebens für dich zu bewahren und dir für sinnvolle geistige Beschäftigung nur die Zeit zu nehmen, die für kein anderes Geschäft mehr taugt? Es ist doch reichlich spät, erst dann mit dem Leben zu beginnen, wenn man es schon bald beenden muss!«[46]

Obwohl Seneca harte Arbeit schätzte, ist auch die Muße wichtig: Er hätte sicherlich der Idee zugestimmt, dass wir arbeiten sollten, um zu leben, und nicht leben, um zu arbeiten. Außerdem sollten wir, wenn möglich, eine sinnvolle Arbeit suchen, die einen Beitrag zur Gesellschaft leisten kann. Für Seneca sollten wir uns bei der Arbeit auf unsere wesentlichen Aufgaben konzentrieren, aber triviale Dinge vermeiden. Auf diese Weise wird ein Großteil der von ihm beschriebenen belanglosen »Geschäftigkeit« vermieden; und wenn unsere notwendigen Aufgaben erledigt sind, sollten wir uns ausruhen und unsere Gedanken auf bessere Dinge richten.

Wie jemand das richtige Gleichgewicht zwischen Arbeit und Freizeit findet, ist natürlich von Person zu Person unterschiedlich. Für Seneca besteht das eigentliche Problem darin, dass die Menschen süchtig nach Reichtum werden – oder nach dem, was sie für Reichtum *halten* –, und dies führt zu einer Denkweise, in der immer mehr gebraucht wird. Dieser Glaube führt dann zur Hektik des geschäftigen Lebens. Doch für Seneca ist derjenige, der genug hat, auch wenn es nur wenig ist, bereits reich, während diejenigen, die immer nach mehr streben, arm sind. Wenn man »genug« hat, hat man auch Zeit. Aber Menschen, die ständig auf der Jagd nach mehr Geld und Status sind, verschieben das Leben in der Gegenwart und haben nicht die Zeit, die sie brauchen, um ihr Seelenleben zu entwickeln.

ÜBERWINDUNG DER SKLAVEREI: EIN STOISCHER WEG ZUR FREIHEIT

Die meisten Leser von Seneca werden eine wichtige Tatsache übersehen, und ich habe sie erst kürzlich entdeckt: Seneca offenbart den Schlüssel zum Verständnis des gesamten Projekts hinter seinen Briefen in der allerersten Zeile seines ersten Briefes. Es ist wie eine geheime Botschaft, die im Verborgenen liegt: »Handle so, mein Lucilius: Befreie dich für dich selbst ...«

Der Schlüsselsatz ist hier »sich selbst für sich selbst befreien«, was sich im lateinischen Original auf die Befreiung von der Sklaverei bezieht. Mit anderen Worten: Senecas erste Zeile der Briefe hat diese Bedeutung: »Handle so, mein Lucilius: *Befreie dich weiter aus der Sklaverei!*«

Wenn es jemals einen guten Aspekt der Sklaverei in der antiken Welt gab, dann war es die Möglichkeit, dass ein Sklave *frei* werden konnte. Zur Zeit Senecas wurden einige Freigelassene oder ehemalige Sklaven zu äußerst erfolgreichen, wohlhabenden und hochrangigen Mitgliedern der römischen Gesellschaft.

Maßgeblich entwickelten die frühen griechischen Stoiker 300 Jahre vor Seneca die Idee, dass man nicht nur physisch, sondern auch psychisch versklavt werden kann. In einer Welt, in der körperliche Sklaverei weit verbreitet war, war die Rede von innerer Sklaverei ein äußerst mächtiger Gedanke, der auch emotional aufgeladen war. Aber die Idee funktionierte gut, weil die stoische Philosophie dem Menschen völlige Freiheit auf einer inneren Ebene versprach. Zenon betonte diese Idee in einem seiner berühmten »stoischen Paradoxa«, den rätselhaften Sprüchen, für die die Schule berühmt war. Voller dramatischer Wirkung lautete seine kryptische Maxime: »Nur weise Menschen sind frei, alle anderen sind Sklaven.«[47]

Während dieser Spruch die Aufmerksamkeit auf die stoischen Lehren lenken sollte, indem er beim Leser einen mentalen Schock auslöste, ähnlich wie heute ein Internet-Mem, implizierte er zwei verschiedene Ideen. Die erste ist, dass es möglich ist, äußerlich völlig frei, aber innerlich immer noch ein Sklave zu sein. Die zweite ist, dass der *Stoizismus als Philosophie darauf abzielt, seine Anhänger von der Sklaverei falscher Beurteilungen und Meinungen zu befreien, die zu negativen Emotionen wie Furcht, Angst, Gier, Wut und Missgunst führen.*[48] Und genau das ist auch das Vorhaben von Senecas Briefen, wie er in der ersten Zeile des ersten Briefes verrät: Es geht darum, die wahre Freiheit im Leben zu finden.

Ein Beispiel: Wenn jemand ständig wütend ist und seine Mitmenschen Tag für Tag anschnauzt, ist er psychisch von negativen Gefühlen versklavt. Aber auch hier ist Freiheit möglich. Und während die Stoiker von »psychischer Knechtschaft« sprachen, sprechen wir heute von »Sucht«, die ein verwandtes Konzept ist.

An anderer Stelle erklärt Seneca: »So ist es, Lucilius: Nur wenige hält die Knechtschaft gefangen, die Mehrzahl hält an der Knechtschaft fest.« Aber wenn sein Wunsch nach Freiheit echt ist und er seine Knechtschaft abschütteln möchte, verspricht Seneca Lucilius, dass er die Freiheit, die er sucht, finden wird, indem er den Weg der stoischen Ausbildung beschreitet.[49]

Für die Menschen in der griechischen und römischen Antike bedeutete Freiheit nicht so sehr die Freiheit, »zu tun, was man will« (ähnlich einem Freibrief); sie bedeutete die Freiheit der Selbstbeherrschung oder »Freiheit von etwas«. Es bedeutete, sich selbst zu besitzen, sich selbst zu gehören und nicht Knecht von irgendetwas zu sein.

Dieser Gedanke, dass die stoische Philosophie ein Weg ist, der aus der Knechtschaft in die Freiheit führt, wurde von dem nächsten großen römischen Stoiker nach Seneca, Epiktet, der selbst buchstäblich ein befreiter Sklave war, noch stärker hervorgehoben. (Epiktetos bedeutet auf Altgriechisch »erkaufter Mensch«.)

In seinem Unterricht schimpfte Epiktet humorvoll über seine Schüler und nannte sie »Sklaven«, obwohl sie in Wirklichkeit die Söhne reicher römischer Aristokraten waren. Wie Zenon glaubte Epiktet, dass »nur der Gebildete frei sein kann«.[50] Er sagte auch, dass ein Mensch, der sich zum Stoiker ausbilden lässt, einem Sklaven gleicht, der daran arbeitet, frei zu werden.[51] Diese anschauliche Beschreibung des Stoizismus und seiner Kraft, den Geist vom Leiden zu befreien, ist eine enorme Behauptung, an die die Stoiker wirklich glaubten.

Zu lernen, die Fülle der Zeit zu schätzen und zu erleben, ist für Seneca auch ein Weg, eine andere Art der Sklaverei zu überwinden. Es ist wahrscheinlich kein Zufall, dass sich Menschen, die ihren Bürojob verachten, heute oft als »Lohnsklaven« bezeichnen. Aber für moderne Menschen, die sich von der Zeit gefangen fühlen, bietet Seneca den ultimativen Fluchtweg.

LEBEN IN DER FÜLLE DER ZEIT

Seneca sagte: »Man braucht ein ganzes Leben, um zu lernen, wie man lebt.« Doch der beschäftigte Geist eines stetigen Workaholics nimmt nichts in der Tiefe auf. Da er sich ständig darauf konzentriert, wie er in der Zukunft einen höheren Status oder Reichtum erreichen kann, ist er nicht in der Lage, den gegenwärtigen Augenblick voll zu genießen. Das größte Hindernis für ein erfülltes Leben, schreibt Seneca, »ist die Erwartung, die uns an das Morgen bindet und uns das Heute verlieren lässt«.[52]

Das Leben ist unterteilt in Vergangenheit, Gegenwart und Zukunft. Da beschäftigte Menschen jedoch immer geschäftig waren, haben sie nur wenige glückliche Erinnerungen an die Vergangenheit. Im Vergleich dazu haben Menschen mit einem gelassenen Gemüt viele glückliche Erinnerungen. Da sie nicht immer nur arbeiteten, hatten sie mehr freie Zeit, um das Leben ausgiebig zu genießen, und niemand kann ihnen diese Erinnerungen nehmen.

Nachdem er diese Punkte erörtert hat, stellt Seneca eine verblüffende Behauptung auf:

> Von allen Menschen haben nur diejenigen, die Zeit für die Philosophie finden, wirklich Muße – nur sie leben wirklich. Denn sie wachen nicht nur über ihre eigene Lebenszeit. Sie fügen jedes Alter zu ihrem eigenen hinzu. Alle Jahre, die vor ihnen verstrichen sind, werden zu ihrem eigenen hinzugefügt.[53]

Seneca erklärt dann, dass die großen Begründer der philosophischen Schulen in der Vergangenheit den Menschen eine Lebensweise vorgaben, der sie folgen sollten, und dass sie uns viele wertvolle Schätze weitergegeben haben. Aber all diese Gaben und sogar die größten Denker vergangener Zeiten sind Dinge (und Menschen), zu denen wir dank der Macht des menschlichen Geistes immer noch Zugang haben. Dank dieser Macht müssen wir nicht in unserer eigenen Zeit gefangen bleiben. Wir können an der Arbeit vergangener Zeiten teilhaben und sogar mit Philosophen wie Sokrates und Seneca debattieren und jeden Tag von ihnen lernen. Auf diese Weise können wir uns »von dieser kurzen und flüchtigen Zeitspanne abwenden« und in eine tiefere Erfahrung der Zeit eintauchen, »die grenzenlos und ewig ist und die wir mit besseren Gemütern teilen«.[54]

Seneca glaubte, dass ein Mensch, der Zugang zu den philosophischen Denkern der Vergangenheit hat, bis zu seinem Todestag ein tiefes Glücksgefühl erfahren wird. In Senecas Worten: »Er wird Freunde haben, mit denen er die größten und kleinsten Angelegenheiten besprechen kann, mit denen er sich täglich über sich selbst beraten kann und die ihm die Wahrheit sagen, ohne ihn zu beleidigen, die ihn loben, ohne ihm zu schmeicheln, und die ihm ein Vorbild geben, an dem er seinen eigenen Charakter ausrichten kann.«[55] In einer anderen Schrift schreibt er: »Ich verbringe meine Zeit in allerbester Gesellschaft. An welchem Ort und in welchem Jahrhundert auch immer sie gelebt haben, ich beschäftige mich geistig mit ihnen.«[56]

Auf diese Weise gibt Seneca seinen Lesern eine Möglichkeit, die ganze Bandbreite der Zeit zu schätzen, sich einer umfassenderen menschlichen Gemeinschaft anzuschließen und der Sklaverei zu entkommen, nur in der Gegenwart leben zu müssen. Er schreibt:

> Das Leben eines weisen Menschen wird nicht durch dieselben Grenzen eingeschränkt, die andere einschränken. Er allein ist von den Gegebenheiten der Menschheit befreit, und alle Zeitalter dienen ihm. ... Einige Zeit vergeht? Er behält sie im Gedächtnis. Die Zeit ist gegenwärtig? Er macht von ihr Gebrauch. Die Zeit wird kommen? Er nimmt sie vorweg. Wenn er alle Zeiten zu einer einzigen zusammenfasst, wird sein Leben lang.
>
> Aber das Leben ist sehr kurz und ängstlich für diejenigen, die die Vergangenheit vergessen, die Gegenwart vernachlässigen und die Zukunft fürchten. Wenn sie das Ende ihres Lebens erreichen, erkennen die armen Teufel zu spät, dass sie lange Zeit mit Nichtstun beschäftigt waren.[57]

Mit dieser bemerkenswerten Einsicht legt Seneca nahe, dass die glücklichsten Menschen nicht nur in der Gegenwart gefangen sind.

Stattdessen können sie den ultimativen Wert der Zeit erfahren, indem sie Vergangenheit, Gegenwart und Zukunft miteinander verweben. Er betrachtet die Zeit nicht mehr als eine Art begrenzte Ressource, die uns eines Tages ausgehen könnte, wenn wir sie nicht klug nutzen. Wir gehen nun von der Knappheit dazu über, Teil einer zeitlosen menschlichen Gemeinschaft zu sein, die unerschöpflich ist.

Seneca fordert uns auf, zu entdecken, was an der menschlichen Natur zeitlos und wertvoll ist, und in diesem Prozess bessere, tiefere und weisere Menschen zu werden. Wir können nun erkennen, dass die Alternative zur »Beschäftigung« und zur Hektik der Geschäftigkeit darin besteht, zu lernen, wie man tiefer lebt. Und für uns heute bedeutet das nicht, dass wir Philosophen werden müssen. Stattdessen kann die Entwicklung eines Interesses an Kunst, Musik, Architektur, Wissenschaft oder Astronomie, Geschichte oder Literatur oder einer spirituellen Tradition, um nur einige zu nennen, jedem modernen Menschen zu einem tieferen Leben verhelfen. Durch diese Interessen können wir die Weisheit und die Errungenschaften der größten Denker der Vergangenheit in uns aufnehmen, zu denen wir immer noch Beziehungen aufbauen können. Auf diese Weise ist unser Leben nicht mehr auf die Gegenwart beschränkt, sondern wird durch eine zeitlose Gemeinschaft des menschlichen Geistes erweitert und genährt.

KAPITEL 3

Besorgnis und Angst überwinden

> Wir leiden häufiger in der Vorstellung als in der Realität.
>
> Seneca, *Briefe an Lucilius* 13.4

Jeder war schon einmal besorgt oder hatte Angst. Kurz bevor ich dieses Kapitel schrieb, war ich allein zu Hause mit meinem kleinen Sohn, der in die Grundschule geht. Meine Frau war zu einigen Konferenzen unterwegs, also war es meine Aufgabe, auf ihn aufzupassen und dafür zu sorgen, dass er pünktlich zur Schule kam. Alles in allem hatten wir eine perfekte Zeit zusammen, einige lustige Gespräche und angenehme Abendessen, und wir haben unsere Vater-Sohn-Bindung vertieft. Aber es gab ein paar Momente, als wir das Haus verließen und zur Schule gingen, in denen mich leichte Panik oder Angst überkam. Das war keineswegs irrational, sondern es waren Momente scheinbar unbegründeter Besorgnis, unter denen die meisten Menschen von Zeit zu Zeit leiden.

Meine Angst bezog sich auf die Vorstellung, dass etwas passieren könnte. Hinzu kam die Tatsache, dass ich an einem Ort lebe, an dem ich die Sprache nur ansatzweise beherrsche, was es mir erschweren könnte, Hilfe zu bekommen. Ich spreche die Landessprache gerade gut genug, um in einfachen Situationen wie bei Restaurantbesuchen zurechtzukommen. Zwar sprechen viele Menschen hier in Sarajevo Englisch, aber es gibt auch einige, die gar kein Englisch verstehen. In komplizierteren Situationen verlasse ich mich auf meine Frau, die das Übersetzen übernimmt, aber nun war sie ja nicht verfügbar.

Im Grunde fing ich an zu denken: *Was wäre, wenn? Was wäre, wenn* ich uns aus dem Haus ausgesperrt hätte, ohne Schlüssel, und niemand könnte mir helfen? (Etwas Ähnliches war ein paar Monate zuvor passiert, sodass wir das Schloss an der Haustür auswechseln mussten.) *Was wäre, wenn* ich einen Autounfall hätte und meine Frau nicht in der Nähe wäre, um zu übersetzen? (Nicht abwegig, so wie die Leute hier fahren.) *Was wäre, wenn* ich plötzlich außer Gefecht gesetzt würde und mich nicht um meinen siebenjährigen Sohn kümmern könnte, während meine Frau weg ist? *Was wäre, wenn …? Was wäre, wenn …?*

Keine dieser Sorgen war völlig irrational, und genau so setzt der Prozess ein. Die Menschen machen sich Sorgen über die Zukunft und über Dinge, die sich ihrer Kontrolle entziehen. Sie beginnen sich zu sorgen. … *Was wäre wenn?* Und wenn sie sich genügend hineingesteigert haben, machen sie sich Sorgen über die Tatsache, dass sie sich Sorgen machen.

Als Protopsychologe und Beobachter der menschlichen Natur untersuchte Seneca sorgfältig, wie Sorgen und Ängste entstehen und wie man sie mithilfe von Techniken des Stoizismus verringern oder beseitigen kann.

WARUM MENSCHEN SICH SORGEN MACHEN

Für Seneca ist die Fähigkeit, für die Zukunft zu planen, eine der erstaunlichsten Gaben, die der Mensch besitzt. Die Fähigkeit, vorauszuplanen und viele Dinge von Wert zu schaffen, hängt von der Voraussicht ab, das heißt, uns in der Vorstellung die Zukunft auszumalen.

Seneca vergleicht diesen Weitblick mit einer »göttlichen Gabe«, andererseits gibt es nichts Schlimmeres, als sich um die Zukunft *zu sorgen* (oder darum, was passieren *könnte*), was für die meisten Menschen die Hauptursache von Ängsten ist. Und wenn Menschen sich dergestalt sorgen, dann deshalb, weil sie »die Voraussicht, der größte Vorteil menschlicher Bestimmung«, in eine Quelle der Angst verwandelt haben.[58]

In seinen Schriften geht Seneca präzise darauf ein, *wie* Sorgen und Ängste entstehen und wie man diese Arten von Sorgen beseitigen oder zumindest angehen und deutlich verringern kann. Er beschreibt sogar konkrete Übungen, die seine Leser anwenden können, um ihre Sorgen, Ängste und Befürchtungen zu überwinden.

Seneca erklärt, dass zwei große Ängste, an deren Überwindung jeder arbeiten muss, die Angst vor dem Tod und die Angst vor Armut (oder der Wunsch nach Reichtum) sind. Da dies wichtige Themen sind, werden wir Senecas Handlungsempfehlungen dazu an anderer Stelle in diesem Buch untersuchen. In diesem Kapitel befassen wir uns mit der allgemeineren Frage, wie Furcht und Angst überhaupt entstehen und wie man sie entschärfen kann.

Die erste Lehre des Stoizismus entspricht dem gesunden Menschenverstand: Einige Dinge liegen »in unserer Hand« oder vollständig in unserer Kontrolle, während andere Dinge außerhalb unserer Kontrolle liegen. Bislang konnte dem niemand widersprechen. Zu erklären, wie die Stoiker diese Idee erweitern, erfordert jedoch mehr Aufwand.

Der nächste Schritt besteht nach Ansicht der Stoiker darin, zu verstehen, dass alle äußeren Dinge, die sich unserer Kontrolle entziehen und uns widerfahren, nicht wirklich »schlecht« sind, weil es sich lediglich um neutrale Tatsachen der Natur handelt. Sie werden erst zu etwas »Schlechtem« aufgrund der Urteile, die wir über sie fällen und die dann emotionale Reaktionen hervorrufen. Tatsächlich haben fast alle negativen Emotionen ihren Ursprung in Beurteilungen oder Meinungen. Heutzutage bezeichnen Psychologen dies als *kognitive Emotionstheorie*, die von den Stoikern der Antike entwickelt wurde.

Diese Überzeugung wurde von allen Stoikern geteilt, und Mark Aurel drückte sie folgendermaßen aus: »Befreie dich von deinem Urteil ›Ich wurde geschädigt‹ und das Gefühl, geschädigt worden zu sein, verschwindet. Beseitige das ›Mir wurde Schaden zugefügt‹, dann ist auch der Schaden beseitigt.«[59]

Eine andere Möglichkeit, diesen zentralen Gedanken auszudrücken, besteht darin, dass wir zwar keine Kontrolle über die äußerlichen Dinge haben, die uns widerfahren, aber wir haben die Kontrolle über unsere Reaktion. Stellen wir uns einmal folgende Situation vor, die Sie vielleicht tatsächlich schon einmal erlebt haben: Es ist ein regnerischer Tag, Sie gehen eine belebte Straße entlang und unvermittelt rast ein vorbeifahrendes Auto durch eine tiefe Pfütze und spritzt Sie nass. Die Pfützendusche war zwar unvermeidlich, aber Sie haben die Wahl, wie Sie innerlich darauf reagieren. Einerseits können Sie einfach denken: »Oh, ich wurde gerade nass gespritzt.« Andererseits können Sie auch schreien: »Du hast mir den ganzen Tag ruiniert!« Natürlich folgen auf diesen Ausbruch Wut und Fantasien, wie Sie sich an dem Fahrer rächen könnten.

Für die Stoiker ist der erste Gedanke, »Ich wurde gerade nass gespritzt«, eine objektive Feststellung von etwas, das sich unserer Kontrolle entzieht. Der zweite Gedanke »Du hast mir den ganzen Tag ruiniert« ist jedoch ein Urteil oder eine Überzeugung, die Wut und emotionales Leiden hervorruft. Wenn wir uns ärgern, denken wir normalerweise, dass wir auf Dinge in der Außenwelt reagieren, aber in Wirklichkeit reagieren wir auf etwas in uns selbst: unsere Beurteilungen, Überzeugungen oder Meinungen. Und wir reagieren emotional aufgrund der Beurteilungen, die wir ständig fällen. Für Seneca und die anderen Stoiker ist es besser, sich mit den Beurteilungen zu befassen, die uns so verärgern, als sich über Dinge in der äußeren Welt zu ärgern, die vielleicht ganz normal und zu erwarten sind – etwa, dass wir nass gespritzt werden oder dass sich andere Menschen schlecht benehmen. Auf diese Weise können wir lernen, ein ruhigeres Leben zu führen.

Seneca erkannte, dass wir Menschen eine starke Vorstellungskraft haben, die unsere Gefühle und die Art unserer Beurteilungen prägt. Wenn die Macht der Voraussicht, die eine Art Vorstellungskraft ist, missbraucht wird, entstehen Sorgen, Furcht oder Ängste, die sich von legitimen, rationalen Sorgen unterscheiden. Aus diesem Grund beziehen sich die meisten Ängste auf Dinge, die uns in der Zukunft widerfahren könnten, wie die *Was-wäre-wenn*-Geschichte, mit der ich dieses Kapitel begonnen habe. *Was wäre, wenn sie mich verlässt? Was wäre, wenn ich einen Unfall habe und nicht mehr arbeiten kann? Was wäre, wenn ich das Rentenalter erreiche und nicht genug Geld zum Leben habe?*

Das mögen völlig legitime Sorgen sein, die ernsthafte und rationale Aufmerksamkeit erfordern. Aber sie werden zu etwas anderem – zu Quellen der Angst und der inneren Unruhe –, wenn wir unsere geistige Gelassenheit verlieren. Für Seneca ist Angst eine Form der Knechtschaft, und »nichts ist kläglicher als die unerklärliche Angst darüber, wie kommende Ereignisse ausgehen«, die »unseren beunruhigten Geist plagt«.[60] Die einzige Möglichkeit, dies zu vermeiden, besteht seiner Meinung nach darin, gedanklich nicht »vorzugreifen«, sondern im gegenwärtigen Augenblick zu leben und zu erkennen, dass der gegenwärtige Augenblick vollständig und vollkommen ist, so wie er ist. Wie Seneca oft erklärt, kann man nur dann Angst vor der Zukunft haben, wenn man den gegenwärtigen Augenblick nicht als erfüllend erlebt.

Wann immer Seneca über Furcht oder Angst spricht, weist er sofort darauf hin, wie man diese Art von Sorgen überwinden kann: Anstatt gedanklich eine »Zeitreise« zu einem imaginären Zeitpunkt in der Zukunft zu unternehmen, an dem etwas Schlimmes passieren könnte, und sich jetzt darüber Sorgen zu machen, sollte man im *gegenwärtigen Augenblick leben.* Mark Aurel, der Seneca las, stimmte dem zu. Er schrieb, dass das einzige Leben, das wir wirklich haben, im gegenwärtigen Augenblick liegt.[61]

Für Seneca ist die Sorge um die Zukunft (oder das Bedauern der Vergangenheit) ein rein psychologisches Phänomen, bei dem die Menschen ihren negativen Gefühlen nachgeben. Er erklärt, dass sowohl die Vergangenheit als auch die Zukunft abwesend sind und wir keine von beiden fühlen können. Deshalb kann die einzige Quelle des Schmerzes nur die Emotion, die Meinung oder die Vorstellungskraft des Menschen sein.

Ich weiß nicht, ob Mark Twain jemals Seneca gelesen hat, aber man sagt, er habe einen ähnlichen Gedanken geäußert: »Ich bin ein alter Mann und habe viel Schreckliches erlebt, aber zum Glück ist das meiste davon nie eingetroffen.« Mit anderen Worten: Es passierte alles in der Vorstellung.

Seneca erklärt, wie man in den gegenwärtigen Augenblick zurückkehren kann. Er beschreibt auch andere Heilmittel zur Behandlung von Sorgen und Ängsten. Doch bevor wir uns diese genauer ansehen, wollen wir eingehender betrachten, wie Sorgen überhaupt entstehen.

EIN IMAGINÄRES SPIEGELKABINETT

In seinen Schriften bedient sich Seneca auf eindrucksvolle Weise der Vorstellungskraft. Er beschwört atemberaubende Szenerien herauf, um eine Stimmung zu erzeugen oder die Bühne für etwas zu bereiten, das er erklären will. Obwohl er ein rationaler Denker ist, nutzt er die Vorstellungskraft manchmal auch, um ein Bild von transzendenter Schönheit zu vermitteln, zum Beispiel bei folgendem Gedanken: »Ich wünschte, die Menschheit könnte die Philosophie in ihrer Ganzheit erblicken, sodass sie ebenso unverhüllt erscheint wie die Herrlichkeit des nächtlichen Sternenhimmels.«[62] Wie auch andere Stoiker schlägt Seneca manchmal eine imaginäre Übung oder Visualisierung vor, die für die Psyche nützlich sein kann. Eine solche Übung, die durch Mark Aurel berühmt gemacht wurde, wird heute »der Blick aus der Vogelperspektive« genannt: Es geht darum, sich vorzustellen, dass man weit über unserem Planeten schwebt und auf die Erde hinunterblickt, um zu sehen, wie klein wir sind, und zu erkennen, wie winzig unsere persönlichen Probleme im Verhältnis zum größeren Universum sind.

Wie wir gesehen haben, lobt Seneca auch die Vorstellungskraft der Weitsicht, die es uns ermöglicht, die Zukunft zu gestalten. Doch trotz dieses positiven Glaubens an das Gute der Vorstellungskraft erkennt Seneca an, dass die Vorstellung auch negative Formen annehmen kann. Sie kann dazu beitragen, dass menschliche Obsessionen entstehen, und sie kann auch Sorgen und Ängste hervorrufen, die außer Kontrolle geraten. »Selbst wenn kein Unglück sie plagt«, schreibt er, »und sie auch in Zukunft sicherlich nicht heimsuchen wird, leben die meisten Menschen im Fieber der Angst.«[63]

Wenn sich die Vorstellungskraft mit Uremotionen vermischt, kann eine Rückkopplungsschleife entstehen, in der die Vorstellungskraft die Emotionen verstärkt und die Emotionen die Vorstellungskraft verstärken. (Moderne Psychologen bezeichnen diese Erfahrung als »Angst vor der Angst« oder auch als *Meta-Sorgen* oder *Meta-Angst.*) In einer solchen Situation, in der sich die Vorstellungskraft und die Emotionen gegenseitig verstärken, kann das gesamte System außer Kontrolle geraten und zu extremer Angst, Panikattacken oder anderen psychischen Symptomen führen. In einer solchen Situation, in der die Vorstellungskraft die Angst und die Angst die Vorstellungskraft widerspiegelt, könnte man von einem imaginären Spiegelkabinett sprechen, das durch Emotionen angeheizt wird. Jeder macht irgendwann einmal die Erfahrung von Sorgen oder Ängsten, aber Menschen, die unter extremen Ängsten leiden, leben häufig an einem solchen Ort. Wie Seneca schreibt: »Jeder ist so elend, wie er zu sein glaubt.«[64]

Seneca benutzte nicht das Bild eines Spiegelkabinetts. Er benutzte stattdessen das Bild eines Labyrinths. Seneca sagt, dass das glückliche Leben hier und jetzt, im gegenwärtigen Augenblick, voll verfügbar ist. Wenn man es jedoch anderswo oder in anderen Dingen sucht, verliert man das Selbstvertrauen, das vorhanden ist, wenn man ganz präsent ist. Er vergleicht diesen Zustand mit dem Laufen durch ein Labyrinth, bei dem man das Bewusstsein für sein wahres Selbst verliert: »So geht es jenen, die durch ein Labyrinth rasen: Gerade ihre Hast führt sie in die Irre.«[65]

WIE MAN DIE SORGEN ÜBERWINDET

In Senecas Philosophie gibt es mehrere Möglichkeiten, Sorgen zu überwinden, und sie sind alle recht einfach. Aber da der Stoizismus das Üben beinhaltet und eine praktische Philosophie wie der Buddhismus ist, müssen diese Lösungen auch angewandt werden, damit sie funktionieren.

Eine der ersten und wirksamsten Methoden zur Verringerung der Sorgen besteht darin, die Beurteilungen und die Emotionen, die sie auslösen, zu beobachten, *während der Prozess abläuft* und man sich vor zukünftigen Ereignissen zu fürchten beginnt. Der Stoiker Epiktet nannte diese Praxis *prosoché*, »Achtsamkeit« oder »Aufmerksamkeit«. Sobald wir verstehen, wie Emotionen entstehen, und lernen, diesen Prozess in Echtzeit zu beobachten, und zwar genau in dem Moment, in dem wir zum ersten Mal Angst empfinden, können wir uns bewusst dafür entscheiden, Senecas Rat zu befolgen: Wir können unseren Geist von der Zukunft zurückrufen, um ganz in der Gegenwart zu leben, denn die Zukunft existiert gar nicht.

Für einen Stoiker wie Seneca ist es vernünftig, sich über zukünftige Ereignisse *Gedanken zu machen*, aber es ist ein Fehler, sich im Voraus über etwas zu *sorgen*, das vielleicht gar nicht eintritt. So schrieb er an Lucilius: »Nur so viel empfehle ich dir: Sei nicht *vor* der Zeit unglücklich. Was dich erschrickt, als stünde es drohend bevor, wird vielleicht niemals eintreffen; gewiss ist es noch nicht eingetroffen.«[66] Dies ist ein Rat, den Seneca in seinen Schriften immer wieder betont. Auch Mark Aurel unterstützte diese Ansicht, als er schrieb: »Die Zukunft soll dich nicht beunruhigen«, denn wenn sie eintrifft, wird man ihr mit der gleichen Vernunft begegnen, die man auf den gegenwärtigen Augenblick anwendet.[67]

Zweitens: Da Angst, Furcht und psychisches Leiden aus schlechten Beurteilungen, fehlerhaften Meinungen oder einem Missbrauch der Vorstellungskraft resultieren, fordert Seneca uns auf, eine wichtige stoische Übung zu machen: unsere Denkmuster weise zu analysieren, um die Quelle des Leidens zu verstehen. Denn wenn die Angst von falschen Überzeugungen herrührt, können wir durch eine rationale Analyse dieser Überzeugungen und deren Abbau auch das Leiden heilen. Wie Seneca es ausdrückt: »Rasch schließen wir uns einem Vorurteil an. Weder prüfen wir die Gedanken, die uns Angst machen, noch hinterfragen wir sie sorgfältig. Lasst uns daher die Angelegenheit sorgfältig prüfen.«[68] Die modernen kognitiven Psychologen nennen diese Art der Untersuchung *Sokratisches Gespräch*, ein weiterer Hinweis auf die antike Philosophie.

Albert Ellis, einer der Begründer der kognitiven Verhaltenstherapie, hat die Stoiker studiert. Zu Beginn der Arbeit mit einem neuen Patienten überreichte Ellis ihm stets eine Kopie dieses berühmten Spruchs der Stoiker: »Nicht die Dinge selbst beunruhigen die Menschen, sondern ihre Meinungen und Urteile über die Dinge.«[69] Das ist im Wesentlichen der zentrale Gedanke, der dem gesamten Bereich der kognitiven Therapie zugrunde liegt. Ellis verwendete ein vereinfachtes Schema, das als »ABC-Modell der Emotionen« bekannt ist und sich direkt auf den Stoizismus stützt (siehe Abbildung 2). Zuerst gibt es bei A ein aktivierendes Ereignis (*A*ctivating event). Dann kommt mit B eine Überzeugung (*B*elief), eine Meinung oder ein Urteil. Und schließlich erscheint C, die Konsequenz (Consequences), die in der Regel eine emotionale Folge der früheren Überzeugung darstellt.

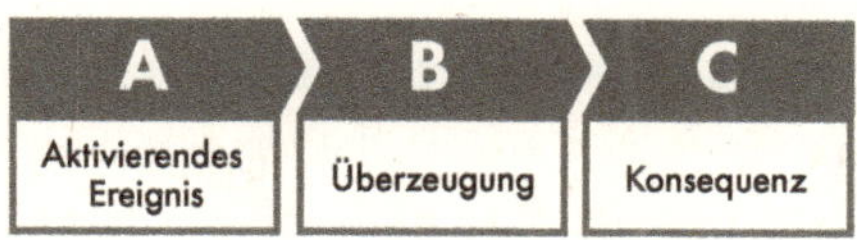

Abbildung 2: Albert Ellis' »ABC-Modell der Emotionen« basiert auf der Vorstellung der Stoiker, dass »es nicht die Dinge sind, die uns aufregen, sondern unsere Ansichten über sie«.

Wenn Sie an einem regnerischen Tag von einem Auto nass gespritzt werden und lediglich denken: »Ich wurde gerade nass gespritzt«, ist das Resultat, dass Sie sich vielleicht ein bisschen nass fühlen. Wenn Sie aber denken »Du hast mir den ganzen Tag ruiniert«, was dasselbe ist wie »Ich bin verletzt worden«, dann wäre die Folge höchstwahrscheinlich extreme Wut. Daraus können wir ersehen, dass es unsere ungeprüften, oft irrationalen Überzeugungen sind, die emotionale Reaktionen hervorrufen. Glücklicherweise können wir diese fehlerhaften Überzeugungen besser verstehen und sogar beseitigen, indem wir sie durch die Praxis des sokratischen Hinterfragens analysieren, entweder allein oder mithilfe eines Therapeuten oder Mentors.

Nahezu 20 Prozent der Menschen in den Vereinigten Staaten leiden unter Angstzuständen. In Deutschland sind es sogar 25 Prozent der Bevölkerung, die mindestens einmal in ihrem Leben unter Angststörungen leiden.[70] Viele Menschen, die sich mit dem Stoizismus befassen und stoische Achtsamkeitstechniken anwenden, berichten jedoch von einer deutlichen Verringerung negativer Emotionen wie Angst und Wut.

Es ist faszinierend zu sehen, wie die kognitive Therapie vom Stoizismus beeinflusst wurde, zumal sich einige von Senecas Briefen an Lucilius wie kurze Therapiesitzungen lesen. Seneca kannte Lucilius gut genug, um die zugrunde liegenden Überzeugungen seines Freundes zu verstehen, und es ist lehrreich, zu sehen, wie

Seneca die Annahmen seines Freundes infrage stellt. Es ist auch bemerkenswert, wie Seneca erklärt, dass andere Überzeugungen zu glücklicheren Ergebnissen führen könnten. Das entspricht genau dem Verfahren, das ein kognitiver Therapeut heutzutage anwenden würde.

Auf diese Weise war der Stoizismus ein Vorläufer der heutigen kognitiven Verhaltenstherapie, und die Begründer, wie Albert Ellis und Aaron T. Beck, stützten sich bei der Entwicklung ihrer therapeutischen Methoden unmittelbar auf die Lehren des Stoizismus. Im ersten großen Lehrbuch, das über kognitive Therapie veröffentlicht wurde, erklärte Beck unumwunden: »Die philosophischen Ursprünge der kognitiven Therapie lassen sich bis zu den stoischen Philosophen zurückverfolgen.«[71] Wie sowohl Stoizismus als auch die kognitive Verhaltenstherapie zeigen, können psychische Ängste stark reduziert werden, wenn man die verzerrten Gedanken, Überzeugungen und Einstellungen, die Leiden verursachen, versteht und hinterfragt. Es ist bezeichnend, dass für diese kognitive »Therapie der Leidenschaften«, die ihren Ursprung bei den Stoikern hat, wissenschaftlich nachgewiesen wurde, dass sie viele Arten von psychischen Störungen lösen kann. So ist beispielsweise die kognitive Verhaltenstherapie die am häufigsten untersuchte Form der Psychotherapie und gilt als »Nonplusultra« bei der Behandlung von Angsterkrankungen. In einigen Studien hat die kognitive Verhaltenstherapie 75 bis 80 Prozent der Patienten geholfen, verschiedene Arten von Ängsten, einschließlich Panikattacken, zu bekämpfen.

Ein anderer Ansatz von Seneca, der auch in der kognitiven Verhaltenstherapie angewandt wird, besteht darin, das Niveau unserer Emotionen zu mäßigen, insbesondere Emotionen, die mit der Zukunft verbunden sind. In Brief 5 schreibt Seneca: »Das Ende heftigen Verlangens wirkt auch als Heilmittel gegen die Angst.« Dann zitiert er einen Satz des stoischen Philosophen Hekaton: »›Höre auf zu hoffen, und du wirst aufhören zu fürchten.‹«[72]

Seneca erklärt, dass Hoffnung und Furcht zusammengehören, weil beide Emotionen durch unsere Vorstellung von der Zukunft ausgelöst werden. Er schreibt: »Beides entspringt einem angespannten Gemüt, besorgt in Erwartung dessen, was kommen wird. Die Hauptursache für beides ist, dass wir uns nicht auf die Gegenwart einstellen, sondern die Gedanken in die Zukunft vorauseilen lassen.«[73]

Auch wenn viele Sorgen, die wir uns über die Zukunft machen, vernünftig erscheinen, lehrte Seneca, dass wir diese Sorgen sorgfältig analysieren sollten. Auf diese Weise können wir auf eine durchdachte Art und Weise auf sie reagieren, statt auf eine Weise, die emotionales Leid verursacht. Seneca stellte zum Beispiel fest, dass die Menschen eine irrationale Angst vor dem Tod haben, obwohl der Tod ein Teil des Lebens ist. Da der Tod etwas Natürliches ist, mit dem jeder rechnen muss, ist es ein kognitiver Fehler, ihn als etwas Schreckliches zu betrachten. Der spätere Stoiker Epiktet stimmte ihm zu:

> Nicht die Dinge selbst beunruhigen die Menschen, sondern ihre Meinungen und Ansichten über die Dinge. So ist zum Beispiel der Tod nichts Furchtbares – sonst hätte er auch Sokrates so erscheinen müssen. Lediglich die *Meinung*, er sei etwas Furchtbares, das ist das Furchtbare [Hervorhebung vom Autor hinzugefügt]. Wenn wir also auf Hindernisse stoßen, beunruhigt oder gekränkt werden, wollen wir die Schuld nie einem anderen,

> sondern nur uns selbst geben, das heißt, unseren Meinungen und Urteilen.[74]

Letztlich glaubten die Stoiker zwar nicht an die Existenz eines *realen* Unglücks, aber sie wussten sehr wohl, dass sich Dinge durch die Urteile, die wir fällen, oder die Ansichten, die wir hegen, wie Unglücke *anfühlen*. Außerdem ist es, wie Seneca betonte, nicht möglich, bei bestimmten Ereignissen einen emotionalen Schock zu vermeiden. Diese Reaktionen sind natürlich, instinktiv und beruhen nicht auf Meinungen. Aber selbst in solchen Fällen ist es möglich, die psychischen Auswirkungen zu verringern und zu verhindern, dass sich diese emotionalen Schocks zu etwas Ernsterem entwickeln.

Für einige Befindlichkeiten, wie die Angst vor der Armut, empfahl Seneca spezifische Übungen, um den Einfluss der Angst zu verringern oder zu beseitigen und uns auf das Gefühl des Unglücks oder des emotionalen Leidens vorzubereiten. Wir werden uns einige dieser Übungen in anderen Teilen dieses Buches ansehen. In der Tat empfiehlt Seneca häufig, dass wir im Voraus alle möglichen Widrigkeiten bedenken, die uns treffen könnten. Auf diese Weise sind wir, wenn ein solches Missgeschick tatsächlich eintritt, geistig darauf vorbereitet, und der Schlag des Unglücks wird gemildert. Für Seneca ist die Vorwegnahme oder sogar das Üben der Möglichkeit von Ungemach in der Zukunft keine Form der Sorge oder Angst. Es ist eine Möglichkeit, ruhig und rational über Dinge nachzudenken, die passieren *könnten*, und so zukünftigen Unglücken ihre emotionale Wirkung zu nehmen, *sollten* sie eintreten. (Dies ähnelt auch einer Technik, die heutzutage von Psychologen verwendet wird.)

Es erfordert zwar Bewusstheit und Übung, aber wenn ein Gefühl der Sorge über die Zukunft auftaucht, können wir es hinterfragen, analysieren und uns bewusst dafür entscheiden, wieder im gegenwärtigen Moment zu leben. Und das Leben im gegenwärtigen Moment ist für Seneca nicht nur eine Art psychische Lösung – es ist eine der wichtigsten Voraussetzungen für ein erfülltes Leben.

SICH SELBST IM GEGENWÄRTIGEN MOMENT FINDEN

> Niemand ist nur wegen der Gegenwart unglücklich.
>
> Seneca, *Briefe an Lucilius* 5.9

> Willst du den Grund wissen, der die Menschen auf die Zukunft versessen macht? Weil sie sich selbst noch nicht gefunden haben.
>
> Seneca, *Briefe an Lucilius* 32.4

Wenn man im gegenwärtigen Augenblick lebt, hat man endlich zu sich selbst gefunden und agiert aus dem Zentrum dessen heraus, der man wirklich ist, dem essenziellen Ich.

Die Idee, aus der eigenen Mitte heraus zu leben und in diesem Augenblick präsent zu sein, ohne sich nach zukünftigen Gegebenheiten oder äußeren Dingen zu sehnen, ist einer der Schlüssel zu Glück oder Freude im Sinne des Stoizismus. Wenn wir völlig präsent sind und aus unserem inneren Ich heraus leben, verspüren wir Ausstrahlung, Freude und Vollständigkeit. Um eine Metapher zu verwenden: Dann beginnt die Seele wie die Sonne zu scheinen; und solange wir dieses Gefühl der Präsenz und Autarkie aufrechterhalten können, wird die Sonne weiter scheinen. Das bedeutet nicht, dass es keine Störungen von außen geben wird, aber diese Störungen werden wie Wolken sein, die unter dem heiteren, strahlenden Gesicht der Sonne schweben. Diese Wolken schweben vorbei, aber sie verändern oder stören die Sonne und ihr Licht nicht.

Dieses Bild von der Sonne und den Wolken taucht in zwei Briefen Senecas auf, und in beiden Fällen stehen die Sonne und ihr Licht für dauerhafte Güte, Tugend und Freude: Alle Widrigkeiten oder Ängste, die wir erleben, so schreibt er, »haben nicht mehr Macht als eine Wolke über die Sonne«.[75] Ähnlich verhält es sich mit wahrer Freude: »Selbst wenn sich ein Hindernis einstellt, ist es nur wie eine Wolke, die darunter vorbeizieht und nie das Tageslicht bezwingt«.[76]

Dieses symbolische Bild, das ich für sehr aussagekräftig halte, gibt mir die Möglichkeit, meinen geistigen oder psychischen Zustand jederzeit zu überprüfen. Besitze ich die innere Gelassenheit der Sonne, die im gegenwärtigen Augenblick scheint, in dem äußere Störungen nur wie harmlose Wolken an meinem Weg vorbeiziehen? Erlebe ich den freudigen Zustand, in dem ich präsent und ungestört bin, mit dem richtigen geistigen Fokus, und mache ich mir keine Sorgen über irgendein imaginäres zukünftiges Ereignis, das vielleicht gar nicht eintritt?

Wenn mein innerer Zustand nicht fokussiert, leuchtend und freudig ist, kann ich mich an Senecas Bild der Sonne erinnern und mich mit ihm identifizieren. Dann fällt es mir leicht, zum Strahlen des gegenwärtigen Augenblicks zurückzukehren.

Letztendlich ist diese Art von »ungebrochener und dauerhafter Freude«, von der Seneca spricht und die er durch die Sonne symbolisiert, ein Nebenprodukt der stoischen Praxis, und vollkommen präsent zu sein, ist eine Möglichkeit, einen verlockenden Blick darauf zu erhaschen. Aber der Weg, sie zu einem beständigen Zustand zu machen – oder so beständig wie möglich, da niemand perfekt ist –,

ist durch die Entwicklung der Tugend, des eigenen inneren Charakters und die Praxis der stoischen Achtsamkeit. Dies ermöglicht es dem Stoiker, trotz aller Schwierigkeiten, die das Leben mit sich bringt, Seelenfrieden zu erlangen.

KAPITEL 4

Das Problem mit der Wut

EINE KURZE GEISTESKRANKHEIT

Ich gebe es höchst ungern zu, aber ich bin nicht perfekt. Zu meinen Charakterschwächen gehört, dass ich in der Vergangenheit manchmal übel gelaunt war. Nicht so, dass ich dauernd sauer war, keineswegs, aber ab und zu hat mich durchaus das eine oder andere auf die Palme gebracht. Die gute Nachricht ist, dass ich kaum noch wütend werde, was ich meinem Studium des Stoizismus anrechne, vor allem dem von Seneca, der ausführlich über Wut geschrieben hat.

Für die Stoiker war Wut (womit sie Rage meinten) die schlimmste und toxischste der extremen negativen Emotionen, die sie als »Leidenschaften« (*pathē* auf Griechisch) bezeichneten. Tatsächlich bezeichnet Seneca in einer besonders einprägsamen Beschreibung die Wut als »kurze Geisteskrankheit«.[77]

Warum ist Wut so furchtbar und zerstörerisch, und wie entsteht sie? Und noch wichtiger: Wie können wir von vornherein verhindern, dass Wut entsteht? Bei der Beantwortung dieser Fragen ist

Seneca ein nahezu perfekter Ratgeber. Er nahm das Problem der Wut so ernst, dass er ein ausführliches Buch *Über die Wut* verfasste, das in drei Teile gegliedert ist. Es handelt sich dabei um die tiefgreifendste Arbeit stoischer Psychologie, die uns aus der antiken Welt überliefert ist, und der Rat, den Seneca uns zum Umgang mit der Wut gibt, ist heute so aktuell wie eh und je. Wenn Sie in Ratgebern oder auf Psychologiewebsites zum Thema Umgang mit der Wut recherchieren, ist es tatsächlich so, wie der zeitgenössische Stoiker Massimo Pigliucci betont, dass das Meiste davon dem Rat entspricht, den Sie in Senecas Buch über die Wut finden.[78] Manche Dinge scheinen sich nie zu ändern.

Als Seneca sagte, dass extreme »Wut eine kurze Geisteskrankheit« sei, meinte er das nicht metaphorisch. Tatsächlich wollte er dem Leser plakativ vor Augen führen, *wie* unzurechnungsfähig er sich verhält, wenn er unter dem Bann der Wut steht – eben wie jemand, der an einer Psychose erkrankt ist. Am Anfang von *Über die Wut* schreibt er: »Um dir klarzumachen, dass jemand, von dem Wut Besitz ergriffen hat, nicht gesund sein kann, betrachte doch einfach sein Äußeres.« Dann geht er über zu einer anschaulichen und überzeugenden Beschreibung, um seinen Standpunkt zu belegen:

> Denn wie es für die Raserei eines Geisteskranken bestimmte Anzeichen gibt – eine dreiste und drohende Miene, eine missmutig gerunzelte Stirn, ein finsteres Gesicht, einen beschleunigten Gang, unruhige Hände, Wechsel der Hautfarbe und häufigere und heftig hervorgestoßene Seufzer –, genauso gibt es auch für beginnende Wut solche Anzeichen: Die Augen lodern und blitzen, das gesamte Gesicht ist stark gerötet, weil das Blut von unten

> aus dem Brustraum nach oben brodelt, die Lippen beben, die Zähne werden zusammengepresst, schaudernd stellen sich die Haare auf, der Atem geht stoßweise und zischend. Ist jemand wütend, so knacken seine Gelenke, da sie sich selbst verdrehen, er stöhnt und brüllt und stammelt abgehackt nicht richtig artikulierte Wörter. Er schlägt seine Hände wieder und wieder zusammen und stampft mit den Füßen auf den Boden. Ein solch abstoßender, schauderhafter Anblick ist das Gesicht solcher Leute, die sich selbst verunstalten und derart in ihrer Wut anschwellen, und man weiß nicht recht, was diese Störung eher ist: verdammenswürdig oder entstellend.[79]

Das Resultat von starker Wut ist »Verrücktheit«, schreibt Seneca, oder, wie wir es heute ausdrücken würden, weniger vernunftgesteuertes Denken, und dies sollten wir im Interesse unseres Geisteszustands vermeiden. An anderer Stelle weist Seneca darauf hin: Wenn das äußere Erscheinungsbild einer wütenden Person schon so schrecklich ist, wie muss es dann in erst in ihrer Seele aussehen?

Seneca berichtet, dass sich der Geisteszustand einiger Menschen, die von extremer Wut befallen wurden, nie wieder völlig erholte. Er bezeichnet Wut als »das größte aller Übel«, als eines, »das alle anderen Störungen bei Weitem übertrifft«.[80] Während andere Laster wie Furcht, Gier und Neid die Seele lediglich »provozieren«, bringt die Wut sie ins Wanken.[81] Während andere Charakterfehler »sanft beginnen und kaum merklich stärker werden, stürzt sich unser Verstand kopfüber in die Wut.«[82]

EINE SCHÄDLICHE FLAMME: DIE ZERSTÖRERISCHEN WIRKUNGEN DER WUT

Wut ist schon schlimm genug für denjenigen, der ihrem Bann erliegt, aber sie kann noch schlimmer sein für diejenigen, auf die sie sich richtet. Seneca lädt uns ein, über die zerstörerischen Auswirkungen der Wut nachzudenken:

> Wenn man sich die Auswirkungen von Wut und den Schaden, den sie angerichtet hat, anschaut, dann ist keine andere Plage die Menschheit teurer zu stehen gekommen. Du wirst Totschlag sehen und Vergiftungen, die beidseitige Niederträchtigkeit der Prozessparteien vor Gericht, den Untergang von Städten und die Vernichtung ganzer Nationen; Adlige, die auf Auktionen in die Sklaverei verkauft wurden, Häuser, die in Brand gesteckt wurden, Brände, die sich nicht auf das Gebiet innerhalb der Stadtmauern beschränken, sondern sich auf weite Landstriche erstrecken, die in feindlichen Flammen glühen.[83]

Und das ist noch nicht alles. Wut bringt manche Eltern dazu, ihren Kindern mit dem Tod zu drohen, oder umgekehrt. Sie zerstört Haushalte, stürzt manche in die Armut und bringt Menschen dazu, ihre Freunde zu Feinden zu machen. Wut ist das schlimmste Laster, denn sie übertrifft alle anderen. Wenn jemand wirklich im Bann der Wut steht, regiert die Wut alles.[84]

Wut entsteht aus der mentalen Beurteilung, dass »mir geschadet wurde« oder »mir Unrecht angetan wurde«, und sobald diese Meinung vollständig akzeptiert ist, sucht die Wut nach Rache oder Vergeltung, als Weg, um Unrecht »zurückzuzahlen«. Seneca schreibt: »Und es entspricht der Natur eines Menschen keineswegs, dass in seinem friedlichen Herzen ausgerechnet sie einen Platz finden soll. Denn das Leben der Menschen beruht auf Güte und Harmonie und ist nicht durch Schrecken, sondern durch gegenseitige Liebe zu Einigkeit und einer solidarischen Hilfsgemeinschaft verbunden.«[85]

Für Seneca ist die Wut die absolut schlimmste menschliche Emotion. Aber warum? »Ich muss noch einmal betonen«, schreibt Seneca, »das Problem mit der Wut ist, dass sie sich nicht kontrollieren lässt. Selbst auf die Wahrheit ist sie wütend, wenn die Wahrheit seinem Zorn zu widersprechen scheint. Unter Gebrüll, Raserei und einem Zittern des gesamten Körpers verfolgt sie gnadenlos, wen sie sich als Zielscheibe ausgesucht hat, und lässt es auch an Schimpfwörtern und Flüchen nicht mangeln.«[86] Wenn jemand ärgerlich wird, so fragt Seneca, was bringt es dann, einen Tisch umzukippen oder ein Glas zu zerschlagen? Noch seltsamer ist, wie Menschen ihre Wut manchmal an unbelebten Gegenständen auslassen. Wenn ein Werkzeug nicht richtig funktioniert, was bringt es dann, dieses Werkzeug auf den Boden zu werfen und zu verfluchen, wenn es unsere Wut doch nicht einmal spüren kann? Weil sie nie darüber nachgedacht haben, nehmen die meisten Menschen an, dass Wut eine natürliche Emotion und auf gewisse Weise unvermeidbar sei. Deshalb, so schreibt Seneca, glauben manche Menschen, dass es gut sei, in der Öffentlichkeit ihre Wut zu zeigen, weil das verdeutlicht, wie »offen« und authentisch sie sind, da sie nicht versuchen, Teile ihrer Persönlichkeit zu verstecken.

Die Stoiker nahmen jedoch eine völlig andere Betrachtungsweise ein. Sie glaubten, dass extreme Wut vermieden werden kann und es ihr gar nicht erst erlaubt werden sollte, sich zu entwickeln. Weil intensive Wut auf schlechten mentalen Beurteilungen beruht, kann eine weise Person durch Training und Übung vermeiden, diese schlechten Beurteilungen zu fällen.

»GEFÜHLE« VERSUS »LEIDENSCHAFTEN«: DIE THEORIE DER STOIKER ÜBER DIE GEFÜHLE

Wie kommt es überhaupt, dass Wut oder andere extreme Emotionen entstehen? Wenn wir die Antwort auf diese Frage finden, könnten wir laut der Stoiker diese negativen Emotionen eliminieren, bevor sie überhaupt entstehen. Niemand behauptet, dass das leicht sei. Möglicherweise sind lange Phasen des Unterrichts und Trainings nötig und erfordern die Entwicklung beträchtlicher Selbsterkenntnis. Aber selbst das Lernen der stoischen Theorie über die Gefühle kann meiner Erfahrung nach beträchtlich dabei helfen, Wut und andere negative Emotionen zu reduzieren und die Gesamtstimmung einer Person zu verbessern.

Kurz nachdem ich Senecas Buch *Über die Wut* zum ersten Mal gelesen hatte, fand ich mich tatsächlich in einer Situation wieder, in der ich hätte sehr wütend werden können und bereits die ersten Anzeichen der aufsteigenden Wut spürte. Aber bevor sich die Wut richtig entfalten konnte, rief ich mir in Erinnerung, was Seneca geschrieben hatte, und war in der Lage, das Gefühl zu dekonstruieren, bevor es sich festsetzen konnte.

Wie wir gesehen haben, ist ein häufiger Irrglaube über die Stoiker, dass sie nichts empfinden oder ihre Gefühle unterdrücken. Das stimmt nicht. Seneca wies beständig darauf hin, dass sogar ein stoischer Weiser natürliche menschliche Gefühle hat. Wie andere Menschen ist auch ein Weiser »nicht wie irgendein Felsen«.[87] Auch ein stoischer Weiser spürt Schmerz, Kummer und andere Gefühle. Genauso sagte Epiktet, dass ein Stoiker nicht »gefühllos wie eine Statue« sein sollte.[88] Mark Aurel schrieb häufig über Liebe und weinte sogar in der Öffentlichkeit. Die Stoiker als Schule waren weithin bekannt für ihre Liebe zur Menschheit. Wie Seneca anmerkte, als er über die Stoiker schrieb: »Aber keine Schule ist freundlicher und milder, keine menschenfreundlicher und mehr auf das allgemeine Wohl bedacht.«[89]

Für die Stoiker ist das wichtigste Gefühl die Zuneigung und Liebe zu anderen. Eltern fühlen von Natur aus Liebe für ihre Kinder, und menschliche Zuneigung schweißt Individuen und Gemeinden zusammen. Aber um zu verstehen, wie Wut entsteht und wie man sie bekämpfen kann, müssen wir die drei verschiedenen Arten von Emotionen verstehen, die die Stoiker zusätzlich zur Liebe klar definiert haben:

1. **Regungen.** Die erste Art von Emotionen, bekannt als »erste Regung oder Proto-Leidenschaft (*propatheiai* auf Griechisch)« werden von jedem erlebt und erfolgen als spontane, instinktive Regungen. Dazu gehören Dinge wie Erröten, sexuelle Erregung, Erschrecken, wenn sich jemand von hinten anschleicht, Lampenfieber, das Verändern des Gesichtsausdrucks bei einem traurigen Ereignis und so weiter. In diesem Buch bezeichnen wir diese Art von Emotionen auch als natürliche menschliche Empfindungen, die jeder erlebt, auch ein stoischer Weiser. Es ist wichtig, anzumerken, dass diese Gefühle unwillkürlich auftreten und von allein kommen und gehen. Außerdem sind sie moralisch neutral. Da sie außerhalb unserer Kontrolle liegen, haben sie keinen positiven oder negativen Einfluss auf unseren Charakter.

2. **Negative Emotionen.** Die bereits angesprochenen Regungen können der nächsten Gruppe der Emotionen, den »Leidenschaften« (*pathē* auf Griechisch), beim Entstehen helfen. Bei den Leidenschaften handelt es sich um negative Emotionen wie Wut, Furcht, Gier, Neid und so weiter. Ich bezeichne sie in diesem Buch auch als *ungesunde Emotionen*. Diese negativen Emotionen entstehen aus mentalen Beurteilungen, aber Beurteilungen, die unangebracht oder falsch sind. Weil sie auf falschen Überzeugungen basieren, schaden diese negativen Emotionen unserem Charakter. Anders ausgedrückt handelt es sich um Laster.

3. **Gute Emotionen.** Die dritte und letzte Gruppe der Emotionen sind die »guten Leidenschaften« (*eupatheiai* auf Griechisch). In diesem Buch bezeichnen wir sie auch als *gesunde Emotionen* oder *positive Emotionen*. Dazu zählen Freude, Fröhlichkeit, Umgänglichkeit, Wohlwollen und Formen der Freundschaft und Liebe. So wie negative Emotionen basieren auch positive Emotionen auf mentalen Beurteilungen. Aber gute Emotionen basieren auf rationalen und präzisen Beurteilungen, während negative Emotionen auf falschen Beurteilungen beruhen. Und wie Sie sich vielleicht vorstellen können, sind gute Emotionen weder neutral noch schlecht, sondern *gut* für unsere Persönlichkeit und unseren Charakter.

So sieht es aus: Für die Stoiker sind *Regungen* weder gut noch schlecht, und alle erleben sie. *Gesunde Emotionen* sind gut und basieren auf vernünftigen, präzisen Beurteilungen. Für die Stoiker sind die wahren Feinde die Leidenschaften, als die *extrem negativen Emotionen*, die auf falschen Meinungen basieren und unserem inneren Charakter schaden. Seneca fasste die stoische Sichtweise zu negativen Emotionen sehr schön zusammen, als er schrieb: »Man lebt unter ständiger Tyrannei, wenn man sich in die Knechtschaft irgendeines Affekts begibt.«[90]

Wenn Sie unter der Tyrannei einer negativen Emotion leben, werden Sie niemals innere Ruhe erfahren, weil Ihr Geist nicht Ihrer Kontrolle untersteht. Er unterliegt der Kontrolle von etwas anderem: einer falschen Beurteilung oder Meinung, die Sie dazu bringt, auf schädliche oder selbstzerstörerische Weise zu handeln. Als Seneca sagte, dass »Wut eine vorübergehende Unzurechnungsfähigkeit« sei, so trifft das auf *alle* Leidenschaften oder extremen negativen Emotionen zu. Mit den Worten des stoischen Gelehrten John Sellars sind sie wie »kleine psychische Erkrankungen« die von unserem Geist Besitz ergreifen. Wut ist lediglich die stärkste.[91]

Was bedeutet es, dass eine Leidenschaft auf einer Beurteilung beruht? Nehmen wir das Beispiel der Gier. Für einen Stoiker stimmt jemand, der unter Gier leidet, der Beurteilung zu, dass viel Geld zu haben nicht nur ein möglicher Vorteil ist, sondern *wesentlich* für menschliches Glück. Letztlich basiert das auf einer verbreiteten gesellschaftlichen Überzeugung, ebenso wie viele andere falsche Meinungen, die »tief eingefleischte Irrtümer über den Wert externer Objekte« sind.[92] Bezeichnenderweise waren die Stoiker unter den ersten Denkern, die mögliche negative Auswirkungen sozialer Konditionierung auf unsere innere Entwicklung eingehend erforschten.

Machen wir einmal ein Gedankenexperiment. Stellen wir uns vor, dass mein Freund Mike eines Tages durch die Stadt spaziert und auf der anderen Straßenseite eine wunderschöne Frau entdeckt. Mike denkt vielleicht: »Oh, sie ist wunderschön!« Möglicherweise bekommt er weiche Knie, aber er geht weiter und hat sie bald wieder vergessen. Für die Stoiker wäre das lediglich eine normale

Regung und nichts weiter. Wenn Mike die schöne Frau jedoch sieht und ihn eine Besessenheit von ihr ergreift, er denkt: »Ohne sie kann ich nicht leben!«, dann wäre das der Beginn einer voll erblühten Leidenschaft, einer negativen Emotion, denn diese basiert nicht länger auf einer Regung, sondern einer falschen und potenziell schädlichen Beurteilung.

Das bringt uns an den Punkt, an dem wir nun verstehen, wie Wut und andere negative Emotionen entstehen. Seneca war keinesfalls der erste Stoiker, der über diesen Prozess geschrieben hat, aber er ist unsere wichtigste Quelle, weil die früheren Schriften verloren gegangen sind.[93]

Wut selbst, wie Seneca uns sagt, basiert stets auf zwei mentalen Beurteilungen. Die erste lautet »Ich wurde geschädigt« oder »Jemand hat mich ungerecht behandelt«. Die zweite Beurteilung lautet: »Wenn mir Schaden zugefügt wurde, sollte ich es durch Vergeltung oder Rache heimzahlen.« Werden diese beiden Beurteilungen kombiniert, ist das Resultat sehr wahrscheinlich eine Ausprägung extremer Wut.

Seneca erklärt detailliert, wie extreme Wut entsteht, und folgt dabei einem Drei-Stufen-Prozess. Dieser spiegelt das ABC-Modell der Emotionen wider (siehe Kapitel 3):

A. Im ersten Schritt oder in der »ersten Regung« erfolgt eine automatische Reaktion, ein natürliches, instinktives Gefühl. Dieses natürliche Gefühl ist eine Proto-Leidenschaft und eine Art Warnung, dass etwas Schlimmeres nahen könnte. Seneca bezeichnet dieses unausgereifte Gefühl als einen »Ruck«, eine »Gemütserregung« und »eine erste Empfindung«. Das ist keine Leidenschaft, sondern ein Eindruck oder ein Gefühl, das sich in eine Leidenschaft verwandeln kann. Im Fall von Wut sind die ersten beiden Eindrücke, die einem in den Kopf kommen »Ich *fühle* mich geschädigt, und ich *fühle* mich, als sollte ich Rache üben.«

B. Im zweiten Schritt oder in der »zweiten Regung« fügen wir ein Werturteil dazu: »Ich *wurde* geschädigt und ich *verdiene* es, Rache zu üben.«

C. Im dritten Schritt oder der »dritten Regung« wurde die Beurteilung bestätigt und die Hölle bricht los, weil die Vernunft umgestürzt und überwältigt wurde: Wut lodert auf und übernimmt das Kommando, Rache wird gesucht. An diesem Punkt ist es einfach zu spät, sich von der Wut zurückzuziehen, denn der Geist ist bereits »über die Klippe gestürzt« und außer Kontrolle. Die vorübergehende Unzurechnungsfähigkeit hat begonnen.[94]

WIE MAN WUT KURIERT

Wenn wir uns den Drei-Schritte-Prozess ansehen, durch den Wut entsteht, wird deutlich, dass Wut nur während der ersten beiden Schritte aufgehalten werden kann. Sobald die dritte Stufe erreicht ist, ist es zu spät. Der Umgang mit der Wut ist deshalb so schwierig, weil die drei Stufen sehr schnell hintereinander ablaufen können – manchmal blitzschnell. Wenn Sie Senecas Erklärung der drei Schritte sorgfältig studieren und mit Ihren eigenen Erfahrungen, wütend zu werden, vergleichen, werden Sie sicher feststellen, dass er recht hat und es sich um einen Prozess handelt. Aber im Hinblick auf unsere Erfahrungen im realen Leben laufen diese drei Schritte so schnell ab, dass sie wie einer wirken.

Deshalb ist das Wichtigste, was wir tun können, diesen Prozess zu verlangsamen, wenn wir den ersten Anflug verspüren, dass Wut entstehen könnte. Die ersten Regungen von Wut, erklärt Seneca, können nicht durch den Verstand kontrolliert werden, weil es sich um instinktive Regungen handelt. Allerdings »können Gewohnheit und ständige Selbstbeobachtung sie vielleicht abschwächen«.[95]

Sobald die zweite Stufe erreicht ist, werden die Werturteile beigefügt, der Verstand arbeitet. Seneca weist darauf hin, dass nur die Kraft der Vernunft oder eine gute Beurteilung eine schlechte Beurteilung tilgen kann.

Immer wieder bekundet Seneca, dass *Verzögerung* das wirkungsvollste Werkzeug zur Bekämpfung der Wut ist. Das gibt uns Zeit, einzugreifen und etwaige schlechte Beurteilungen rational zu analysieren:

> Das beste Mittel gegen Wut ist Verzögerung. Bitte die Wut zunächst nur darum: Sie braucht nicht gleich zu verzeihen, aber sie soll abwägen. Besonders am Anfang ist der Drang schwer. Wenn sie abwartet, wird sie sich legen. Versuche auch nicht, sie auf einmal zu beseitigen. Wenn sie Stück für Stück abgebaut wird, wird sie vollständig unter Kontrolle gebracht.[96]

Er drückt es auch so aus:

> Wut entsteht aus der Überzeugung, dass einem Unrecht getan wurde, was man nicht leichtfertig

> und für bare Münze nehmen sollte. Auch wenn es klar und offensichtlich zu sein scheint, darf man sich dem Urteil nicht sofort anschließen. Manches ist nämlich falsch und trägt nur den Anschein von Wahrheit an sich. Man muss immer etwas Zeit verstreichen lassen. Mit der Zeit kommt die Wahrheit ans Licht.[97]

Seit ihrer Entstehung betonte die stoische Schule, wie wichtig es ist, die »Eindrücke« zu analysieren, die sich unserem Verstand bieten. Wie Seneca es in dem oben aufgeführten Beispiel tut, warnten uns die Stoiker, keine vorschnellen Urteile zu fällen, denn Eindrücke können täuschen. Tatsächlich sagte Epiktet, dass das »Überprüfen von Eindrücken die wichtigste Aufgabe des Philosophen ist, und kein Eindruck sollte akzeptiert werden, es sei denn, er wurde sorgfältig überprüft«.[98]

Wie ein Stoiker die Wut davon abhalten kann, zu einer negativen Emotion aufzublühen, wird wunderbar in einer Bemerkung zusammengefasst, die dem Psychologen Viktor Frankl zugeschrieben wird: »Zwischen Stimulus und Reaktion gibt es einen Raum. In diesem Raum liegt unsere Kraft, uns für eine Reaktion zu entscheiden. In unserer Reaktion liegen unser Wachstum und unsere Freiheit.«

Obwohl Viktor Frankl das nie wirklich gesagt hat und das Zitat offenbar auf einer Passage aus dem Werk des Psychologen Rollo May basiert, hätten die Stoiker beiden Aussagen beigepflichtet, von wem auch immer sie stammen. Hier die Worte von Rollo May:

> Zur menschlichen Freiheit gehört auch unsere Fähigkeit, zwischen Stimulus und Reaktion innezuhalten und uns, in dieser Pause, zu entscheiden,

> welche Reaktion wir einschlagen wollen. Die Fähigkeit, uns selbst zu erschaffen, basiert auf dieser Freiheit, ist untrennbar von unserem Bewusstsein oder unserer Selbstwahrnehmung.[99]

Deshalb sagt Seneca, dass das beste Heilmittel gegen Wut die *Verzögerung* sei. In Senecas Worten ist ein »Stimulus« ein »Eindruck«. Wir müssen innehalten, Eindrücke sorgfältig überprüfen und entscheiden oder »auswählen«, ob wir sie akzeptieren.

Ganz wichtig ist, dass für Seneca und die Stoiker eine extreme, negative Emotion nicht entstehen kann, ohne dass der Verstand als Erstes einem Eindruck zustimmt und dann eine falsche mentale Beurteilung akzeptiert. Durch das Innehalten ist es möglich, die Eindrücke zu hinterfragen. Es ist auch möglich, eine mentale Beurteilung oder Überzeugung anzuzweifeln, bevor sie vollständig akzeptiert wird. Im Sinne des Stoizismus ist das der beste Weg, Wut aufzuhalten, denn, wie Seneca anmerkt, Wut »handelt nur mit Billigung des Geistes«.[100] Letztlich kann Wut nur aufsteigen, wenn wir *entscheiden*, dass sie gerechtfertigt ist.

Glücklicherweise sind die ersten Regungen der Wut klare Warnzeichen drohender Gefahr, auf dieselbe Weise wie Symptome vor dem eigentlichen Ausbruch einer Krankheit in Erscheinung treten oder der Regen vor dem Sturm. Seneca rät:

> Das Beste ist, den allerersten Wutreiz sofort zurückzuweisen, bereits den kleinsten Anfängen zu widerstehen und sich alle Mühe zu geben, dass man gar nicht erst in Wut gerät. Denn wenn die Wut begonnen hat, uns vom Kurs abzubringen, dann ist es schwer, wieder in Sicherheit zurückzu-

> kehren, da es ja überall dort keine Vernunft mehr gibt, wo der Wut Einlass gewährt wurde und man beschlossen hat, ihr jegliche Autorität zu geben. Die Wut wird von da an tun, was sie will, und nicht, was man ihr erlaubt. Schon gleich an den Stadttoren, sage ich, muss der Feind abgewehrt werden. Denn wenn er erst einmal hineingestürmt ist, lässt er sich von seinen Gefangenen kein Maß mehr setzen.[101]

Wie Seneca weiter in einem Brief anmerkt: »Am Anfang ist jede Leidenschaft schwach. Dann entfacht sie sich von selbst und gewinnt mit dem Fortschreiten an Kraft. Sie lässt sich leichter von Beginn an ausschließen als später austreiben.«[102] Wenn wir uns strikt innerhalb der stoischen Theorie der Emotionen bewegen, stechen zwei grundlegende Techniken zum Umgang mit der Wut hervor:

1. **Einen Schritt zurücktreten.** Der beste Weg, Wut in den Anfängen aufzuhalten, besteht darin, die ersten Regungen oder Eindrücke zu beachten, die ausdrücken »ich wurde geschädigt«, und innezuhalten, eine Auszeit zu nehmen, diesem Gefühl Zeit zu geben, sich zu legen, statt darauf einzusteigen. Diese Technik wird auch in der Psychologie oft empfohlen. Zeitgenössische Psychologen bezeichnen es als *kognitive Distanzierung*, die viele verschiedene Formen annehmen kann.
   Vor langer Zeit hatte ich eine Freundin, die diese Technik anwandte, und das war auch gut so, denn sie war eine durchtrainierte Sportlerin mit dem schwarzen Gürtel fünften Grades in Karate. Sie war zwar von eher kleiner Statur, aber sehr muskulös und hart wie ein Kampfsportler. Ohne Übertreibung

hätte sie jeden buchstäblich mit den bloßen Händen töten können.

Eines Tages waren wir zusammen bei mir zu Hause. Ich kann mich nicht mehr erinnern, was ich gesagt habe, aber sie spürte Wut darüber aufsteigen. In dem Moment erklärte sie mir: »Tut mir leid, David, aber ich muss für ein paar Stunden verschwinden und mich beruhigen, denn wenn ich die Beherrschung verliere, wärst du physisch in extremer Gefahr, denn ich könnte dich möglicherweise töten.« Wie ein richtiger Profi hatte sie für diesen Moment trainiert und sagte mir das ohne die geringste Spur von Wut, obwohl es in ihr gärte.

Natürlich war ich dankbar, dass sie diese unglaubliche Selbstwahrnehmung besaß und dass sie mich nicht umbrachte. Als sie zurückkehrte, war alles in Ordnung. Sie war wieder die Ruhe in Person. Das war das einzige Mal, dass etwas Derartiges zwischen uns vorfiel, vielleicht auch, weil ich danach aufpasste.

2. **Strukturieren Sie Ihre Überzeugungen um.** Wenn das Gefühl der Wut so sehr wächst, dass es das Stadium einer »ersten Regung« überschritten hat, ist es Zeit, Ihre Beurteilungen und Überzeugungen zu hinterfragen, bevor Sie zu dem Schluss kommen, dass Rache gerechtfertigt ist. Das ist ein weiterer Weg, einen Schritt zurückzutreten, bevor ein endgültiges Urteil gefällt wird. Auch diese Technik wird von Psychologen heute oft empfohlen, was zeigt, dass Senecas psychologische Erkenntnisse zeitlos sind. Wie wir gesehen haben, besteht der abschließende Schritt, bevor echte Wut auflodert, im Fällen des Urteils »Mir wurde Schaden zugefügt, also ist Rache gerechtfertigt«. Sie wollen also eindeutig kritisch denken, bevor Sie zulassen, dass diese Beurteilung Fuß fasst, und Sie wollen die

falsche Überzeugung, wenn möglich, zerstören. Die American Psychological Association (APA) empfiehlt auf ihrer Website:

> Logik besiegt Wut, denn Wut kann, selbst wenn sie berechtigt ist, schnell irrational werden. Wenden Sie also kalte harte Logik bei sich selbst an. Denken Sie daran, dass die Welt »nicht hinter Ihnen her ist«. Sie erleben nur einige der rauen Seiten des täglichen Lebens. Tun Sie das jedes Mal, wenn Sie spüren, dass die Wut Sie zu überwältigen droht, und es wird Ihnen dabei helfen, eine ausgewogenere Perspektive einzunehmen. Wütende Menschen neigen dazu, Dinge zu fordern: Fairness, Anerkennung, Zustimmung, Bereitschaft, etwas so zu tun, wie sie es wollen. Alle wollen diese Dinge und wir sind alle verletzt und enttäuscht, wenn wir sie nicht bekommen, aber wütende Menschen verlangen sie, und wenn ihre Forderungen nicht erfüllt werden, schlägt ihre Enttäuschung um in Wut.[103]

Gute Arbeit, APA – gesprochen wie ein wahrer Stoiker! Einzig dem Vorschlag, dass Wut manchmal »gerechtfertigt« sein kann, widersprach Seneca energisch. Tatsächlich vertraten Seneca und andere Stoiker sogar die Position, dass ein weiser Mensch nie durch etwas Triviales Schaden nehmen kann. In den Worten von Epiktet: »Denn kein anderer wird dir ohne deine Zustimmung Schaden zufügen. Du wirst nur dann geschädigt sein, wenn du annimmst, dass du geschädigt wirst.«[104] Oder wie Mark Aurel es formulierte: » Wirf die Annahme weg, und du bist gerettet. Wer soll dich daran hindern, sie wegzuwerfen?«[105] Beide Zitate sind hilfreich im Hinblick auf das Überwinden einer Überzeugung, dass Ihnen Schaden zugefügt wurde.

Ein anderer Weg, um Ihre Überzeugung, dass Sie verletzt wurden, neu zu strukturieren, ist der Einsatz von Humor. Da viele Dinge, die die Menschen wütend machen, völlig bedeutungslos sind im großen Plan der Dinge, schadet es nicht, etwas Triviales auszulachen oder ins Lächerliche zu ziehen. Eines Tages, als Sokrates die Straße entlang ging, verletzte ihn jemand durch einen Schlag auf den Kopf. Sokrates' einzige Reaktion darauf war folgende Bemerkung: »Wirklich schade, dass man heutzutage nicht wissen kann, wann man beim Spazierengehen einen Helm braucht.«

Zusätzlich zu diesen beiden zentralen Techniken erwähnt Seneca viele andere Vorgehensweisen, um Wut zu vermeiden. Wenn Sie daran interessiert sind, mehr darüber zu lernen, empfehle ich Ihnen sehr, sein Buch *Über die Wut* zu lesen. Ich erwähne hier nur ein paar Dinge, über die er ausführlich geschrieben hat:

- Erkenne, dass Menschen oft keine Ahnung haben, was sie tun, und Dinge aus Versehen tun, nimm ihr Handeln also nicht zu ernst.
- Sei großzügig: mit einem erhabenen Geist, stehe darüber, dich durch triviale Dinge verletzt zu fühlen. Schaue hinunter auf sie als deiner Aufmerksamkeit unwürdig.
- Schau sorgfältig auf die extreme Hässlichkeit von Wut und auch auf ihre Gefahr. Das liefert eine starke Abschreckung

vor dem Wütendwerden. (Deshalb beschreibt Seneca die Wut als so hässlich.)

- Umgeben Sie sich mit liebenswerten Menschen, bei denen es sehr unwahrscheinlich ist, dass diese Sie wütend machen oder sie sich mit Ihrer Wut einfach abfinden. Menschen mit Charakterfehlern werden Sie sehr viel wahrscheinlicher aufregen und negativ beeinflussen.
- Lassen Sie nicht zu, dass Sie mental oder physisch erschöpft sind, das fördert Reizbarkeit und Wut.
- Wenn Sie sich gestresst fühlen, tun Sie etwas, das Sie entspannt, zum Beispiel Musik hören.
- Da jeder Mensch anders ist, müssen Sie herausfinden, was Sie wütend macht. Sobald Sie ihre Schwachpunkte gefunden haben, sollten Sie diese nicht Dingen aussetzen, die Sie sehr wahrscheinlich aufregen.
- Es ist nicht nötig, alles zu hören und zu sehen, was vor sich geht. Sie können viele ärgerliche Dinge einfach dadurch vermeiden, dass Sie sie erst gar nicht wahrnehmen. (Das ist ein besonders wertvoller Rat im Zeitalter des Internets!)
- Hegen Sie keinen falschen Verdacht und machen Sie nicht aus einer Mücke einen Elefanten.
- Verzeihen Sie anderen und sogar der ganzen Menschheit, denn Sie sind auch nicht perfekt: Die Fehler, die wir in anderen finden, existieren auch in uns selbst.
- Denken Sie daran: Wenn jemand anfängt, Sie wütend zu machen, warten Sie einfach ein bisschen ab. Am Ende macht der Tod uns alle gleich. Statt also wütend zu sein, ist es besser, Ihre Gedanken auf wichtigere Dinge zu richten.

GERECHTIGKEIT OHNE WUT

Heutzutage, wo es Mode ist, dass Leute ihre Wut über was auch immer auf Social-Media-Plattformen zum Ausdruck bringen, findet manch einer es vielleicht schockierend, dass Seneca extreme Wut *nie* für gerechtfertigt hielt, weil daraus nie etwas Gutes entsteht.

Aristoteles vertrat die Ansicht, dass eine moderate Dosis Wut wünschenswert sei, wenn sie der Kontrolle unterliegt: So kann Wut Soldaten zum Kampf ermutigen und das menschliche Handeln beflügeln. Aber Seneca demontierte diese Sichtweise gekonnt, indem er darauf hinwies, dass wahre Wut, oder Rage, ein Laster ist, das nie moderat sein kann. Darüber hinaus untergräbt Wut unsere Vernunft und folglich unsere Fähigkeit, als authentische menschliche Wesen zu funktionieren. Aber Senecas endgültige Entkräftung der Vorstellung, dass Wut die Leistung von Soldaten steigern könne, erfolgte in Form einer Frage: Wenn die Wut Soldaten helfen kann, wirkungsvoller zu kämpfen, so fragte er, warum machen wir sie dann nicht zusätzlich einfach betrunken, damit sie zudem wild mit ihren Waffen herumfuchteln? Fall abgeschlossen, jedenfalls meiner Meinung nach.

Seneca erkannte klar, dass die Welt voller schrecklicher Ungerechtigkeiten und unmenschlicher Ereignisse ist, die tagtäglich passieren. Aber in einer Hinsicht sind wir heutzutage irgendwie weniger gut dran, als Seneca es zu seiner Zeit war. Heutzutage machen es die weltweiten Medien zu einer lukrativen Branche, jede erdenkliche Empörung in unser Zuhause und unsere Köpfe zu bringen, jedes Mal, wenn wir einen Bildschirm einschalten oder eine Zeitung aufschlagen.

Da schlechtes Verhalten häufig und unvermeidbar ist, nahm Seneca die vernünftige Sichtweise ein, dass ein weiser Mensch nie wütend auf irgendwelche Ereignisse reagieren sollte, mit denen wir attackiert werden oder von denen wir tagtäglich erfahren. Seneca hielt die Welt insgesamt aufgrund menschlicher Freundlichkeit, Großzügigkeit und Vernunft für gut. Aber, wie er anmerkte, es passieren so viele schlechte Dinge, dass wir ununterbrochen wütend sein müssten, wenn uns jedes schlechte Verhalten wütend machen würde. Ein Leben wäre dann nicht mehr möglich.

Für Seneca bestand die alternative Herangehensweise darin, vernünftig und zweckmäßig vorzugehen. Realistischerweise, so sagte er, müssen wir damit rechnen, dass die Welt voller Menschen mit schrecklichen Charaktereigenschaften ist. Aber der Weg, um die Welt zu verbessern, führt nicht über die schädliche Energie von Wut, sondern über den Einsatz der Vernunft. Für die Stoiker war der richtige Weg, auf diese Welt zu schauen, es so wie ein Arzt zu tun: davon auszugehen, dass man jeden Tag eine Menge kranker Patienten trifft. Seneca schreibt dazu:

> Der Weise begegnet den Fehlern anderer daher friedlich und gerecht. Er ist nicht der Feind derer, die sich falsch verhalten, sondern hilft ihnen dabei, gesund zu werden. Jeden Tag verlässt er sein Haus mit diesem Gedanken im Hinterkopf: ›Heute werde ich viele treffen, die dem Wein verfallen sind, viele, die lüstern sind, viele, denen es an Dankbarkeit mangelt, viele, die von der Gier versklavt sind, und viele, die von den falschen Versprechungen des Ehrgeizes betört sind.‹ Aber auf all das wird er so wohlwollend hinabschauen wie ein Arzt auf seine Patienten.[106]

Der andere Weg, auf die Welt zu schauen, ist aus der rationalen und vernünftigen Perspektive eines Richters am Gericht, der manchmal gezwungen ist, diejenigen zu bestrafen, die sich falsch verhalten haben. Seneca betont, dass ein Richter niemals aus Wut einen Übeltäter betrafen sollte, sondern aus der Hoffnung heraus, dass die Strafe den Täter dazu bringt, in Zukunft ein besserer Mensch zu sein. Ein Richter, der aus Wut jemanden betraft, wäre genauso gefährlich und wenig wünschenswert wie ein bewaffneter Soldat, der im betrunkenen Zustand mit der Waffe herumfuchtelt.

Obwohl wir 2000 Jahre nach Seneca leben, versorgt er uns mit einem guten, realistischen Modell für gesellschaftliche Veränderung, denn er zeigt uns, wie wir die Welt verbessern können, indem wir uns ausschließlich auf die Vernunft stützen. Extreme Wut sorgt nicht für mehr Gerechtigkeit und macht die Welt auch nicht zu einem besseren Ort; durch sie wird die Welt nur noch schlechter und gerät außer Kontrolle. Wut, aus Sicht der Stoiker, kann menschliches Leid nur verschlimmern.

KAPITEL 5

Wohin du auch gehst, du bleibst du selbst: Du kannst dir nicht entfliehen

> Diejenigen, die über das Meer eilen, ändern lediglich das Wetter, nicht aber ihr Gemüt.
>
> Horaz, *Briefe* I.II.27

Eines Tages war Lucilius ein wenig niedergeschlagen und wollte sich durch eine Reise aufmuntern, so wie viele Menschen es heutzutage tun. Er dachte, ein Tapetenwechsel könne seine Stimmung heben. Leider war das Projekt ein Reinfall: Lucilius' Niedergeschlagenheit wurde davon nicht behoben. Aber wie Seneca anmerkte: »Deine Geisteshaltung musst du ändern, nicht das Klima!«, denn »deine Fehler werden dich überall verfolgen, egal, wohin du kommst.«[107] Nun, so viel zu dieser Idee!

Einst erlebte ich etwas Ähnliches. Vor langer Zeit hatte ich die Gelegenheit, mit zehn bis zwölf Freunden eine Woche in einer italienischen Renaissance-Villa zu verbringen, der Villa Saraceno, entworfen von dem berühmten Architekten Andrea Palladio (1508–

1580). Kurz zuvor hatte ich das Ende einer vielversprechenden Beziehung erlebt und spürte noch immer den Schmerz. Aber da man so eine Gelegenheit vermutlich nur einmal im Leben bekommt (zudem fast gratis), entschied ich mich trotzdem zum Aufenthalt in der palladianischen Villa, der unvergesslich wurde. Aber wenn ich allein in meinem Zimmer war, brach ich manchmal in Tränen aus, weil mein Kummer und die Enttäuschung mir bis dorthin gefolgt waren.

Als Seneca seine Briefe an Lucilius schrieb, wechselte er oft den Ort, reiste hierhin und dorthin in einen seiner Rückzugsorte auf dem Land. Beim Verfassen eines humorvollen Briefes wohnte er gerade über einem lauten Sportstudio[108] und Badehaus in Rom. In amüsanten Details beschreibt er die bis nach oben in sein Apartment dringenden Geräusche der Menschen, die bei ihren Workouts ächzten. Ich erwähne das, um zu betonen, dass Seneca das Reisen nicht fremd war und er auch nichts dagegen hatte. Seneca spürte, dass jeder Mensch Erholungspausen benötigt, um den Kopf freizubekommen. Auch hielt er es für eine gute Idee, wenn nicht sogar für eine medizinische Notwendigkeit, aus Rom mit seiner verqualmten, verschmutzten Luft herauszukommen.[109]

Wenn Seneca das Reisen gut fand, warum schrieb er dann so viel darüber, dass wir unsere Probleme überallhin mitnehmen – ein Thema, das in seinen Schriften wiederholt auftaucht? Da Seneca ein Stoiker war, richtete sich seine Aufmerksamkeit darauf, wie wir unseren inneren Charakter realistisch verbessern können. Deshalb widersprach er der Vorstellung, dass jemand seine mentale Verfassung verbessern könnte, jedenfalls dauerhaft, indem er einfach verreiste. Welche Probleme auch immer uns innerlich plagen, sie folgen uns: »Der Fehler liegt nämlich nicht in den Lebensumständen, sondern im Geist selbst ... Seine Krankheit wird er mitnehmen.«[110] Was können wir gewinnen, indem wir »Abstand gewännen«, fragt er, wo uns doch unsere Sorgen überallhin begleiten? Aber um es auf den Punkt zu bringen, merkt er unumwunden an: »Wenn du deinen Problemen entfliehen willst, dann musst du nicht irgendwo anders sein, sondern jemand anders.«[111]

Seneca hatte eine ganz bestimmte Art von Persönlichkeit im Kopf, als er darüber schrieb, dass Menschen das Reisen falsch nutzen. Er bezog sich auf jene Art von Menschen, die jede mögliche Ablenkung ergreifen, die sie davon abhält, sich mit ihrem Innenleben zu beschäftigen – eben das, woran auch immer *sie eigentlich arbeiten müssen*, wie wir heute sagen. Es gehört zum psychologischen Allgemeinwissen, dass manche Menschen sich die ganze Zeit beschäftigen oder ablenken, um Gefühle von Leere, Einsamkeit oder Niedergeschlagenheit abzuwehren. Da wir in einer Konsumgesellschaft leben, liegt der Schwerpunkt auf dem Besitz von externen Dingen, der Teilnahme an externen Aktivitäten und dem Erreichen externer Leistungen. Im Gegensatz dazu kann es ziemliches Unbehagen auslösen, wenn wir einen tiefen Blick in uns selbst werfen und ein Gefühl von Leere verspüren, statt eine gut entwickelte und glückliche Persönlichkeit vorzufinden. Die stoische Sichtweise hält externe Dinge nicht etwa für unwichtig, aber wahres Glück und Seelenfrieden kommen von innen. Diejenigen, denen es also nicht gelingt, ihren inneren Charakter zu entwickeln, werden wohl kaum wirklich glücklich sein.

Auf dieselbe Art und Weise, wie »abgelenkte« oder »überbeschäftigte« Menschen herumhetzen und das Geschenk der Zeit missbrauchen (siehe Kapitel 2), missbrauchen sie auch das Geschenk des Reisens, um nur nicht ihr inneres Ich entwickeln zu müssen. Wie Seneca es etwas zugespitzt formulierte: »Wer nur Erholungsorte auswählt und der Muße nachjagt, wird überall Anlass zur Sorge finden.«[112] Wenn jeder Mensch versucht, vor sich selbst davonzulaufen, so fragt sich Seneca: Was bringt diese Flucht, wenn es kein Entkommen gibt?

EIN REALES ZIEL HABEN

> Der Geist kann nicht ruhig werden, wenn er nicht aufhört, umherzuwandern.
>
> Seneca, *Briefe an Lucilius* 69.1

Für Seneca hat es herausragende Bedeutung, ein reales Ziel zu haben. Hat man keines vor Augen, leidet man unter mangelndem Fokus, ist unbeständig und irrt umher. Wenn Sie jedoch ein reales Ziel haben, verfügen Sie auch über Fokussiertheit, Beständigkeit und etwas, auf das Sie sich zubewegen. Sie wissen dann, wofür Sie leben. Aber das trifft nicht auf jemanden zu, der nur herumirrt oder nur auf das reagiert, was immer als Nächstes passiert.

Ein Ziel zu haben, verbindet sich perfekt mit der Vorstellung des Stoizismus, »ein Weg« zu sein (siehe Kapitel 1), denn ein Weg ist dazu da, Sie irgendwohin zu bringen. Die Art, wie Seneca wiederholt die Vorstellung, ein reales Ziel zu haben, mit der Vorstellung, lediglich herumzuirren, kontrastiert, kann kein Zufall sein. Stattdessen ist es eine brillante und beabsichtigte Metapher, um ein verbreitetes Missverständnis über den Stoizismus und die weit über das Erzielen von Fortschritt hinausgehende Bedeutung von Fokus und Beständigkeit zu verdeutlichen.

Wie wichtig das für Seneca war, wird bestätigt durch die Tatsache, dass es direkt zu Beginn seines zweiten Briefes an Lucilius aufkommt. Anders ausgedrückt spricht Seneca das Thema »fokussiert zu sein« statt »herumzuirren« bei der erstbesten Gelegenheit an:

> **BRIEF 2**
> *Seneca grüßt seinen Lucilius*
> Das, was du schreibst und was ich von dir höre, lässt mich für dich Gutes hoffen: Du hetzt nicht umher und lässt dich nicht durch häufige Ortswechsel aus der Ruhe bringen. Solche Art von Unruhe ist ein Zeichen für einen ungesunden Geist. Meiner Meinung nach ist der erste Beweis für einen stabilen Geist seine Fähigkeit, an einem Ort zu bleiben und seine eigene Gesellschaft zu genießen.[113]

Dann wechselt Seneca plötzlich das Thema, um über das Aussuchen und Lesen der richtigen Bücher zu sprechen, da es auch beim Lesen wichtig ist, »nicht umherzuirren«: »Wenn du etwas gewinnen willst, das sich unverlierbar in dein Herz einprägen soll, musst du bei bestimmten Denkern verweilen und dich von ihren Werken nähren lassen. Jemand, der überall ist, ist nirgends. Wer ständig reist, hat am Ende viele Bekannte, aber keine wirklichen Freunde.«[114]

Auf diese Weise zeigt Seneca, wie sowohl das Reisen als auch das Lesen Schaden nehmen kann, wenn man kein reales Ziel hat und nur umherirrt. Natürlich kann es nützlich sein, Zugang zu einer wissenschaftlichen Bibliothek mit Tausenden von Büchern zu haben. Aber im Hinblick darauf, ein weises menschliches Wesen zu werden, ist es wesentlich, die Gedanken von ein paar wenigen soliden und bewährten Autoren tiefgehend aufzunehmen. Wie Seneca rät: »Betreibe deine Studien nicht, um von etwas ein umfangreicheres, sondern ein gründlicheres Wissen zu besitzen.«[115]

Sowohl beim Reisen als auch beim Lesen brauchen Sie einen gewissen Fokus und ein Ziel. Sie möchten nicht hin- und herlaufen.

Wie Seneca sagt, haben Menschen, die viel reisen, eine Menge Bekannte, aber keine echten Freunde, was keine Übertreibung ist. Zum Beispiel kenne ich digitale Nomaden, Menschen, die ständig durch die ganze Welt reisen und von ihrem Laptop aus arbeiten. Und obwohl das für manche funktioniert (vor allem für Paare), ist die Unfähigkeit, dauerhafte Beziehungen aufzubauen, wenn man ständig unterwegs ist – und die dadurch entstehende Einsamkeit –, für viele ein Problem.

»Der Wanderer, der einem Weg folgt, hat ein Ziel«, schreibt Seneca, »das Umherirren ist grenzenlos.«[116] Reisen ist zwar schön, aber der Wunsch, ständig zu reisen, ist ein Zeichen »eines unsteten Inneren« (siehe Abbildung 3).[117] »Während du Fortschritte machst, achte vor allem darauf, mit dir selbst im Einklang zu sein«,[118] denn »eine Willensänderung zeigt an, dass der Geist sich auf dem Meer treiben lässt, dass er bald hier, bald dort erscheint, ganz so, als würde er vom Wind umhergeweht.«

Wenn ich zum Beispiel geistig konzentriert an einem Projekt arbeite, kann ich ins Internet gehen, mir die Information heraussuchen, die ich benötige, und sofort an meine Arbeit zurückkehren. Aber wenn mir diese Art von Fokussiertheit fehlt, passiert es schnell, dass ich im Web surfe und dann stundenlang auf Facebook und auf YouTube umherwandere. Es ist sicherlich harmlos, das hin und wieder zu tun, aber es täglich zu machen, ist eine Form von Prokrastination, die möglicherweise darauf hinweist, dass etwas nicht stimmt. Wenn Menschen prokrastinieren, ist das oft ein Zeichen, dass sie ihre Arbeit nicht erfüllend finden. In dem Fall kann es Sinn ergeben, sich nach einer spannenderen Tätigkeit umzuschauen, falls das möglich ist.

Ein Schüler des Stoizismus	Ein typischer Nichtstoiker
reist mit einem Ziel.	irrt ohne Weg herum.
ist fokussiert und beständig.	besitzt weder Fokus noch Beständigkeit.
ist gefasst und ruhig. Lebt im Jetzt. Sieht der Zukunft angstfrei entgegen.	fühlt sich unbeständig. Versucht, vor sich selbst zu fliehen. Sorgt sich um die Zukunft.
hat ein Leitziel.	lässt sich von den Winden des Zufalls in unterschiedliche Richtungen wehen.
erkennt, dass Unzufriedenheit durch Meinungen über Dinge entsteht.	denkt, dass uns andere Menschen oder externe Dinge glücklich machen.
weiß, wie man extrem negative Emotionen vermeidet oder dekonstruiert.	verspürt regelmäßig extrem negative Emotionen und weiß nicht warum.
überwindet Widrigkeiten durch Umwandlung in etwas Positives oder Bewundernswertes. Schreitet weiter voran.	leidet unter Widrigkeiten und Entmutigung. Fühlt sich von Rückschlägen ausgebremst.
ist dem Universum dankbar.	beklagt sich oft.
reist auf der Straße zur Freiheit und Gelassenheit, indem er lernt, wie man vernünftige mentale Beurteilungen vornimmt.	ist geknechtet durch falsche Meinungen, die in negativen Emotionen und Leiden resultieren.

Abbildung 3: Senecas Beschreibungen, wie sich ein Stoiker von einem typischen Nichtstoiker unterscheidet, einschließlich Metaphern aus dem Bereich des Reisens.

Obwohl Seneca dafür plädiert, sich zu fokussieren und ein Ziel zu haben, war er ganz sicher nicht die Art freudloser Mensch, der sich nur der Arbeit widmete und niemals dem Vergnügen. Ganz im Gegenteil, Muße und Freizeit schätzte er sehr. Er schrieb sogar ein

Werk *Über die Muße,* das wir heutzutage noch lesen können.[119] Zu Senecas Interessen gehörten Weinherstellung und der Anbau von Trauben, er muss also ein Winzer gewesen sein. Obwohl er später in seinem Leben das Weintrinken aufgegeben hat, empfahl er es manchen Menschen – sogar bis an den Rand des Rausches –, wegen der befreienden Wirkung, die der Wein auf den Geist haben kann.

Für Seneca gehörte Mußezeit zu den schönsten Dingen im Leben. Aber Muße ist nur erfüllend, wenn die Seele stabil und weit genug entwickelt ist, um das wirklich zu genießen. Deshalb war für Seneca die Philosophie ein wesentlicher Begleiter, um ein glückliches und gutes Leben zu führen. Ein weiser Mensch kann zum Beispiel reisen und wird auf der Reise etwas Tiefsinniges mitnehmen, weil sein Geist dafür vorbereitet ist. Währenddessen gilt für andere lediglich: »Eine Reise löst die andere ab und ein Schauspiel folgt dem anderen.«[120] Im Hinblick auf tiefe Freude hängt das, was man vom Leben bekommt, davon ab, was man einbringt.

Während ein weiser Mensch oder ein Stoiker in der Ausbildung einen ruhigen und beständigen Geist aufweisen sollte, sind viele Menschen ruhelos, unzufrieden, unbeständig und leicht reizbar. In seiner Arbeit über Senecas Gedanken bietet der Historiker Mark Holowchak bemerkenswerte Einsichten, warum ruhelose Menschen glauben, dass Reisen ihren Gefühlszustand verbessern würde. Es hat mit *Erwartungshaltung* zu tun, »der Hoffnung, dass der morgige Tag besser sein wird als der heutige«. Erwartung, so erklärt Holowchak, wird für gewöhnlich durch die Kombination von Leid und Wunsch erzeugt. Leid ist das Gefühl, dass jetzt ein Missstand vorliegt, und ein Wunsch entsteht aus »dem Gefühl, dass am Horizont etwas Gutes schlummert, um den Missstand zu ersetzen«.[121] Kurz gesagt, wenn wir nur »dorthin« gelangen können, wird alles besser sein.

Obwohl Seneca der Meinung war, dass manche Orte ungesund sind (denken Sie an Spring Break in Daytona Beach[122]), sagte er: »Mit folgender Überzeugung muss man leben: ›Ich bin nicht für nur *einen* Winkel geboren, meine Heimat ist die ganze Welt.‹«[123] Wie die anderen römischen Stoiker dachte auch Seneca, dass jemand nahezu überall glücklich sein kann, selbst wenn er in der Verbannung leben muss. Seine Worte dazu: »Der Ort, an dem man lebt, trägt nicht viel zur inneren Ruhe bei. Es ist der Geist, der alles für sich angenehm macht. Ich habe traurige Menschen in einem heiteren und angenehm gelegenen Landhaus gesehen und Menschen, die in völliger Abgeschiedenheit glücklich arbeiteten.«[124]

Es ist immer möglich, dass Reisen Leuten dabei helfen können, ihre Unzufriedenheit mit dem Leben zu beseitigen, wenn sie überzeugt davon sind, dass die Dinge woanders besser sein werden. Aber diese Überzeugung ist wahrscheinlich mehr ein Fall des »Gras ist grüner«-Syndroms, wie manche Psychologen es nennen, zurückgehend auf den Spruch »Auf der anderen Seite des Zauns ist das Gras grüner«. Wenn es auch keine offizielle psychologische Diagnose ist, so ist es sicher ein echtes Problem und der Grund für viele gescheiterte Beziehungen. Denn wenn eine Beziehung endet, denkt manch einer: »Mein Leben wäre besser mit jemand anderem.« Statt also den Rasen zu pflegen und zu wässern, den man hat, scheint ein Rasen an einem anderen Ort wünschenswerter oder grüner zu sein, obwohl dem für gewöhnlich nur in der Vorstellung so ist.

Natürlich, manchmal *könnte* das Gras woanders grüner und ein anderer Rasen könnte ein wahres Ziel sein. Aber Menschen, die häufig unter Erwartungen leiden, werden wahrscheinlich immer unzufrieden und ruhelos sein, denn wo sie auch hingehen, sie bleiben sie selbst. Da man sich selbst nicht entfliehen kann, liegt die Lösung für Unzufriedenheit in einem selbst.

EIN LEITZIEL HABEN

Für Seneca ist ein Reiseziel identisch mit einem Leitziel, was der eigentliche Sinn des Studiums des Stoizismus ist. Seneca befürwortet »eine beständige und ruhige Lebensweise, die immer ein und demselben Weg folgt«. Aber, wie er sagt, springen manche Menschen von einem Ziel zum nächsten, ändern häufig ihre Pläne. Als würden die Winde des Zufalls sie mal hierhin und dann wieder dorthin wehen. »Nur wenige gibt es, die ihr Leben und ihre Angelegenheiten nach einem Leitziel ausrichten.« Die anderen werden mitgerissen, manche brutal, wie Gegenstände, die auf einem reißenden Fluss treiben. Die Alternative, so schreibt Seneca, besteht darin, dass »wir uns entscheiden sollten, was wir wirklich wollen, und zu dieser Entscheidung stehen.«[125]

Menschen machen Fehler, sagt er, weil sie über die Teile des Lebens nachdenken, aber nicht über das Leben als Ganzes. So wie der Bogenschütze ein Ziel hat, sollten auch wir ein übergeordnetes Ziel im Leben haben. Wie er in einem einprägsamen Grundsatz anmerkt: »Wenn man nicht weiß, welchen Hafen man ansteuern soll, ist kein Wind der richtige.«[126] Anders ausgedrückt: Ohne Ziel wird das Leben des Menschen vom Zufall beherrscht.

Glücklicherweise, so sagt Seneca weiter, *gibt* es einen Kompass, der uns sicher führt. Und dieser Kompass ist keine Religion, keine entzifferte Schrift oder irgendetwas Externes, sondern unsere eigene Kraft des klaren Denkens: »Wann immer du wissen willst, was du anstreben oder vermeiden solltest, schaue auf dein höchstes Gut, das Ziel deines gesamten Lebens«,[127] denn alles, was wir tun, sollte mit diesem Ziel in Einklang stehen.

Obwohl die Vorstellung, dass »eine Person gemäß ihrem höchsten Gut leben soll« für unsere heutigen Ohren vielleicht ein bisschen seltsam klingt, ergibt es für die römischen Stoiker absolut Sinn. Sie wussten auch, *was* das höchste Gut für sie war: Stets danach zu streben, auf eine Weise zu leben, die ehrenhaft und rational ist, mit einem hervorragenden Charakter, indem man sein Leben an den vier Kardinaltugenden der Weisheit, des Mutes, der Bescheidenheit und der Gerechtigkeit ausrichtet.

KAPITEL 6

Wie man Widrigkeiten zähmt

DIE STADT, DIE IM HANDUMDREHEN VERSCHWAND

Im Sommer des Jahres 64 erhielt Seneca furchtbare Nachrichten von einem Freund. Die römische Kolonie Lugdunum – das heutige Lyon in Frankreich – war bis auf die Grundmauern niedergebrannt. Besonders schlimm war, dass die Stadt innerhalb nur weniger Minuten vernichtet worden war. Seneca bezeichnete das Feuer von Lyon als »so unerwartet, ja geradezu unerhört, da es beispiellos war«.[128] Wie er hervorhob, kommt es nur selten vor, dass ein Feuer etwas so radikal vernichtet, dass nichts übrig bleibt.

Seneca widmet ein ganzes Schreiben, den Brief 91, der Zerstörung Lyons durch das Feuer. Im Hinblick auf die starken Gefühle, die das Feuer hervorrief, gehört dieser Brief zu seinen fesselndsten Werken. Er beschreibt gefühlvoll die Zerbrechlichkeit von allem, das von Menschen und der Natur geschaffen wurde, und wie sich Dinge in Sekundenschnelle in ihr Gegenteil verwandeln können. Frieden verwandelt sich in Krieg, ein ruhiger Tag in einen schrecklichen Sturm. Reichtum zerfällt zu Armut, aus Gesundheit wird Krankheit. Die Errungenschaften eines ganzen Lebens können an einem einzigen Tag verloren werden. Eine Stunde genügt, um ein Weltreich zu vernichten. Seneca schreibt: »Die Realität sieht so aus, dass Wachstum schleppend erfolgt, der Niedergang jedoch rasch.«[129] Das Feuer von Lyon griff so rasch um sich und kam so unerwartet, dass die Stadt keine Chance hatte. Aber Unglück ist keineswegs selten. Es ist dazu bestimmt, uns alle zu treffen.

Obwohl alle römischen Stoiker darüber schrieben, wie man mit Widrigkeiten umgeht, war Seneca der Meister dieses Themas. Er beschäftigte sich auf Hunderten von Seiten damit. Die Frage »Wie sollen wir darauf reagieren, wenn guten Menschen üble Dinge passieren?« gerät nie aus der Mode, denn die Notwendigkeit, Widrigkeiten die Stirn zu bieten, ist Bestandteil der menschlichen Natur. Selbst die Reichsten und Privilegiertesten unter uns können nicht vermeiden, dass ihnen Schmerz und Leid widerfahren, das sie von gelegentlichen Missgeschicken gebeutelt werden und das Gefühl haben, dass Dinge eine falsche Wendung genommen haben. Tatsächlich tragen Senecas weise Lehren bezüglich Widrigkeiten beachtlich zur heutigen Popularität seiner Schriften bei. Während des weltweiten Lockdowns zur Eindämmung der Covid-19-Pandemie, währenddessen ich einen Teil dieses Buches schrieb, gingen die Verkaufszahlen vieler Bücher stark zurück, da die Weltwirtschaft stagnierte. Die Verkäufe von Senecas *Briefen an Lucilius* allerdings gingen um 747 Prozent nach oben.[130] In dieser höchst stressigen Zeit zogen also Senecas Lehren darüber, wie man trotz Widrigkeiten gelassen lebt, viele neue Leser an.

TUGEND UND GLEICHMUT: WIE STOIKER TROTZ WIDRIGKEITEN GÜTE FINDEN

> Begehre nicht die Mühsal, sondern die Tugend, die dich die Mühsal ertragen lässt.
>
> Seneca, *Briefe an Lucilius* 15.5

Wir leben in einer unvorhersehbaren Welt – eine Welt, in der wir alle Widrigkeiten, Mühsale und Leid erfahren werden. Wie also konnten die Stoiker so gelassen und glücklich leben? Basierend auf dem gesunden Menschenverstand wussten die Stoiker, dass Widrigkeiten und Mühsal nur Bestandteile des Lebens sind. Deshalb entwickelten sie Wege, diese unvermeidbaren Erfahrungen vorherzusehen und darauf zu reagieren. Vor allem aber war es ihre grundlegende Art, die Welt zu betrachten, die den meisten Menschen den emotionalen Stachel nimmt, den sie spüren, wenn das Pech ihren Weg kreuzt. Das heißt, die Stoiker lernten, die Welt mit anderen Augen zu sehen als der Durchschnittsmensch, wodurch sich Mühsale weniger schmerzhaft anfühlten.

Letztlich glaubten die Stoiker, dass eine Person mit einem gut entwickelten Charakter in der Lage sei, Widrigkeiten durch ein frohes oder glückliches Gemüt auszuhalten. Wie wir in Kapitel 4 gesehen haben, bedeutet das nicht, dass ein Stoiker keine Gefühle verspürt. Die Frage, die die Stoiker stellten, lautete: Wie können wir auf die Welt blicken, um zu verhindern, dass diese Gefühle sich in etwas extrem Negatives oder Schwächendes verwandeln?

Die Antwort finden wir in zwei Schlüsselideen des Stoizismus, die kurz in der Einleitung dieses Buches angesprochen wurden. Die erste Überzeugung der Stoiker ist, dass Tugend oder innere Ausgeglichenheit das einzig wahre Gut ist. Die zweite Überzeugung besteht darin, dass manche Dinge »in unserer Hand liegen« und andere nicht, deshalb sollten wir uns auf die Dinge konzentrieren, die tatsächlich unserer Kontrolle unterliegen.

Lassen Sie uns diese Vorstellungen genauer betrachten und überlegen, wie sie zusammenwirken können, um menschliches Leiden zu lindern. Das Wort *Tugend* klingt bedauerlicherweise verstaubt und viktorianisch. Aber Tugend oder *aretē* bedeuteten für die alten Griechen schlichtweg »Güte« oder »Vortrefflichkeit«. Selbst ein unbelebtes Objekt kann Vortrefflichkeit besitzen. Zum Beispiel ist die *aretē* oder Vortrefflichkeit eines guten Messers, dass es scharf ist und gut schneidet. Die Tugend eines guten Pferdes kann darin bestehen, dass es stark und schnell ist. Und auf der Ebene der menschlichen Wesen ist das, was uns von den Tieren unterscheidet, dass wir *rational* sind. Um also als menschliches Wesen Tugend zu besitzen, müssen wir für die Stoiker auf rationale, vernünftige oder ehrenhafte Weise handeln. Das bedeutet, wir sollten einen guten und stabilen Charakter entwickeln, der sich durch Gleichmut auszeichnet und den extreme negative Emotionen nicht aus dem mentalen Gleichgewicht bringen können.

Abgesehen davon, rational zu sein, gibt es noch viele andere Tugenden. Mindestens zurückgehend auf Platon identifizierten die Griechen vier vorrangige Tugenden, die sie Kardinaltugenden nannten: *Weisheit, Mut, Bescheidenheit* und *Gerechtigkeit.* Auch die Stoiker sahen diese vier Tugenden als wesentlich an.

Kommen wir zur zweiten Schlüsselidee, die wie gesagt darin besteht, dass einige Dinge »in unserer Hand« liegen oder unserer Macht unterliegen und andere nicht. Die modernen Stoiker bezeichnen das als die *Dichotomie der Kontrolle.* Sie ist zentral für den gesamten römischen Stoizismus.[131] Bei näherer Betrachtung unterliegt jedoch nur sehr wenig unserer völligen Kontrolle. Nicht einmal unsere Körper und unsere Gedanken unterliegen jederzeit unserer Kontrolle.

Ein weiteres Beispiel: Wir können zwar unsere Absichten kontrollieren, aber nicht das, was am Ende dabei herauskommt. Wenn Sie ein Unternehmen gründen, sind Sie vielleicht in der Lage, im Hinblick auf das Marketing, über das Sie theoretisch die absolute Kontrolle haben, alles richtig zu machen. Aber das Unternehmen kann aus Millionen anderer Gründe scheitern, einschließlich der Möglichkeit, dass es einfach nicht genügend Nachfrage nach dem gibt, was das Unternehmen anbietet.

Der stoische Philosoph, der heutzutage am bekanntesten ist für seine Schriften über die Dichotomie der Kontrolle, ist Epiktet, der ein Teenager war, als Seneca starb. Aber Seneca und die früheren Stoiker akzeptierten diese Vorstellung ebenfalls; sie beschrieben sie nur auf andere Weise. Seneca sprach von *Tugend* und *Schicksal*.[132] Für Seneca waren Tugend (und unser Charakter) uns überlassen, das Schicksal oder Glück jedoch nicht (siehe Abbildung 4). Obwohl wir uns stets bemühen sollten, das Beste aus den Dingen außerhalb unserer Kontrolle zu machen (um dabei zu helfen, eine bessere Welt zu erschaffen), sollten wir uns zuerst darauf konzentrieren, einen guten Charakter zu entwickeln, weil wir ohne Tugend oder einen guten Charakter nicht in der Lage sein werden, irgendetwas Gutes in dieser Welt zu erschaffen. Wie Seneca schrieb: »Die Tugend selbst ist das einzig wahre Gut, denn ohne sie ist nichts gut.«[133]

	Die Dichotomie der Kontrolle	
Seneca	Tugend/ Charakter	Schicksal oder Glück
Epiktet	»liegt in unserer Hand«	»liegt nicht in unserer Hand«

Abbildung 4: Wie Seneca und Epiktet die Dichotomie der Kontrolle beschrieben. Während Tugend und Charakter uns überlassen sind und unserer Kontrolle unterliegen, sind die Dinge im Bereich von Schicksal oder Glück nicht gänzlich unserer Kontrolle unterstellt.

Im Stoizismus sind diese beiden Vorstellungen – dass Tugend das einzig wahre Gut ist und dass manche Dinge außerhalb unserer Kontrolle liegen – wie zwei starke chemische Substanzen. Werden sie kombiniert und vermischt, kommt es zu einer starken Reaktion, und es entsteht eine völlig neue Art, die Welt zu betrachten.

Einer der Hauptunterschiede zwischen einer durchschnittlichen Person und einem Stoiker ist der, dass eine durchschnittliche Person externe Dinge – wie Geld zu haben, ein hübsches Zuhause und eine wundervolle Familie – als *Güter* ansieht, während sie für einen Stoiker nur *Vorzüge* sind. Auf den ersten Blick mag der Unterschied nur klein wirken oder wie Wortklauberei. Aber für einen Stoiker ist das ein wesentlicher Unterschied, weil Tugend das einzig wahre Gut ist. (Abgesehen davon mochte ein Stoiker externe Vorzüge wie jeder andere auch.)

Für Seneca ist »alles das, was unter der Macht des Zufalls steht, ein Diener«, einschließlich Geld, Körper, Ansehen und viele andere Dinge.[134] Er erklärt, dass jeder, der externe Dinge für Güter hält, sich der Macht des Schicksals, des Zufalls und der Dinge, die außerhalb seiner Kontrolle liegen, aussetzt. Wer aber Güte als Tugend begreift, kann ungeachtet der äußeren Umstände dauerhaftes Glück im Inneren finden.[135]

Für einen Stoiker kann einem ein reales Gut wie die Tugend niemals genommen werden, während alles, was einem genommen werden kann, kein wahres Gut ist – es ist nur ein Vorzug oder ein Geschenk des Schicksals. »Es ist ein Irrtum«, schrieb Seneca, »dass uns das Schicksal etwas Gutes oder Schlechtes zuteilt.« Stattdessen gibt uns das Schicksal nur das Rohmaterial, um Gutes oder Schlechtes zu erschaffen, basierend auf den guten oder schlechten Eigenschaften in uns.[136] Genauso betonte auch Epiktet, wenn er zu seinen Schülern sprach, seine Sichtweise energisch: »Sucht nicht außerhalb von euch nach dem Guten, sucht in euch, sonst werdet ihr es nie finden.«[137]

Obwohl sie daran glaubten, dass Geld, Gesundheit, Freunde und Familie und viele andere Dinge Vorzüge sind, nach denen wir streben sollten, hielten die Stoiker diese zwar für wertvoll, weigerten sich jedoch, sie als »Güter« zu bezeichnen. Aber warum machten sie diese Unterscheidung? Die Antworten gehen zum Teil zurück auf Aristoteles, der behauptete, dass man, um ein wahrhaft gutes oder glückliches Leben zu führen, auch externe Güter brauche, wie Gesundheit, eine bestimmte Menge an Geld und sogar gutes Aussehen. (Aristoteles war übrigens der gestylte Sohn eines wohlhabenden Vaters, der Hofarzt des Königs von Mazedonien war.)

Für die Stoiker war Aristoteles' Überzeugung jedoch absurd, da viele Menschen im Alter etliche dieser externen Güter verlieren.

Stellen wir uns zum Beispiel vor, dass Sie im Laufe Ihres gesamten Lebens einen herausragenden moralischen Charakter entwickeln, in einem bestimmten Alter jedoch Ihren Reichtum, Ihre Gesundheit und Ihre Familie verlieren und plötzlich dem Tod ins Auge sehen müssen. Bedeutet das dann, dass Ihr Leben nicht länger gut ist oder dass Sie Ihren guten Charakter verloren haben? Natürlich nicht. Und was ist mit dem »guten Aussehen«? Sokrates, der als einer der tugendhaftesten Menschen gilt, die je gelebt haben, war berühmt für seine Hässlichkeit. Die Menschen sagten, dass er mit seiner legendären Mopsnase einem Satyr[138] ähnelte.

Indem sie darauf bestanden, dass Tugend das einzig wahre Gut sei, bekräftigten die Stoiker einen radikalen Egalitarismus. Obwohl es besser für jemanden ist, offensichtliche Vorteile und Vorzüge zu besitzen, ist es immer noch möglich, eine gute und tugendhafte Person zu sein, auch wenn man arm, krank oder hässlich ist oder im Sterben liegt. Und unabhängig von Ihren Lebensumständen ist es immer noch möglich, einen Weg zu finden, um sich der Philosophie zu widmen. Wie Seneca schrieb: »Die Philosophie schließt niemanden aus und wählt niemanden aus. Ihr Licht leuchtet für alle«.[139]

Ob Sie sich nun zu der stoischen Denkweise hingezogen fühlen oder nicht, so hoffe ich doch, dass Sie nun erkennen können, wie mächtig diese beiden Ideen sind, wenn sie kombiniert werden. Wenn sich jemand die stoischen Vorstellungen wahrhaft aneignet, dass »Tugend das einzig wahre Gut ist« und »viele Dinge außerhalb unserer Kontrolle liegen«, würde das zu einer bedeutenden Verschiebung dessen führen, wie viele Menschen die Welt sehen und erleben. Und durch diese Verschiebung würden sich externe Unglücksfälle längst nicht mehr so schrecklich anfühlen. Unabhängig davon können wir Senecas Vorstellung über die Beziehung von Unglücksfällen und Tugend in einer einfachen Formel zusammenfassen: Es ist nicht, was wir ertragen, sondern wie wir es ertragen, was eine Rolle spielt. Obwohl uns jede Widrigkeit widerfahren kann, kommt es darauf an, wie wir darauf reagieren. Das ist das Maß für unseren wahren Charakter.

SICH AUF WIDRIGKEITEN VORBEREITEN

> Wenn du nicht willst, dass jemand im Ernstfall in Panik gerät, so trainiere ihn, bevor ein solcher Fall eintritt.
>
> Seneca, *Briefe an Lucilius* 18.6

Eine stoische Herangehensweise, um den stechenden Schmerz unerwünschter Ereignisse zu mildern, wird *praemeditatio malorum* genannt, »Vorherbedenken zukünftiger Übel«. Das beinhaltet das kurze Durchspielen potenzieller negativer Ereignisse im Kopf, bevor sie eintreten. Sollte das Ereignis in der Zukunft dann tatsächlich eintreten, sind wir mental darauf vorbereitet, und der emotionale Schock wird beträchtlich verringert. Obwohl diese Technik nicht bei jedem funktioniert und stattdessen Besorgnis hervorrufen kann (in dem Fall sollten Sie von dieser Übung absehen), hat sie bei mir und vielen anderen außergewöhnlich gut funktioniert. Tatsächlich hat jeder, der als Kind eine Feueralarmübung in der Schule mitgemacht hat, bereits mit dieser Methode experimentiert. Eine potenzielle Katastrophe im Voraus zu proben, steigert Ihre Fähigkeit, klar zu denken, wenn die im Kopf durchgespielte Katastrophe tatsächlich eintritt.

Apropos Feueralarmübung: Seneca gibt Lucilius genau diesen Rat, nachdem er die schreckliche Zerstörung Lyons durch ein Feuer beschrieben hat:

> Unerwartetes lastet schwerer auf uns. Der Schock verstärkt die Wirkung, und jeder Sterbliche empfindet tieferen Kummer, wenn er obendrein völlig fassungslos war. Deshalb sollte nichts für uns unerwartet sein. Wir sollten unsere Gedanken vorausschicken und nicht nur daran denken, was normalerweise passiert, sondern auch daran, was passieren *könnte*.[140]

Oder wie er an anderer Stelle noch dezidierter schreibt: »Stellen wir uns vor, dass alles, was passieren könnte, auch passieren wird.«[141] Die grundlegende Idee hinter dem Vorausdenken von Widrigkeiten besteht darin, sämtliche potenziellen Unglücksfälle kurz in unserer Vorstellung zu proben – so wie Sie Ihre stoischen Muskeln trainieren. Wie Seneca anmerkt: »Alles, was lange erwartet wurde, ist sanfter, wenn es eintrifft.«[142] Wir sollten auch damit rechnen, dass Widrigkeiten gelegentlich unseren Weg kreuzen, denn »es ist ein Naturgesetz, dass Schwierigkeiten auftreten«.[143] Das Vorausbedenken von Widrigkeiten geht zurück bis auf die frühesten griechischen Stoiker und wurde von allen bedeutenden römischen Stoikern angewendet.[144] Seneca bezieht sich in seinen vielen Schriften häufig darauf. Eine der berühmtesten Stellen, an denen es auftaucht, ist zu Beginn der *Selbstbetrachtungen* von Mark Aurel. Mark schreibt eine Notiz in sein persönliches Tagebuch, um sich daran zu erinnern: »Sage dir jeden Morgen: Heute werde ich mit Menschen zusammentreffen, die kleinlich, undankbar, unverschämt, hinterlistig, neidisch und egoistisch sind. Alle diese Eigenschaften haben die Menschen, weil sie nicht wissen, was gut und was böse ist.«[145]

Es stimmt schon: Seneca und die anderen Stoiker erkannten, dass die Welt voller nerviger Menschen ist. Und da diese Ihren Weg kreuzen werden, können Sie das genauso gut vorher bedenken. Das hilft Ihnen, eine negative, emotionale Reaktion zu vermeiden, wenn das Ereignis tatsächlich eintritt. Wenn Sie also das nächste Mal mit Ihrem Auto fahren wollen, denken Sie daran, dass Ihnen ein verrückter, aggressiver Motorradfahrer begegnen kann. Sollte das passieren, werden Sie nicht im Geringsten überrascht sein, sondern wie ein gut geübter Stoiker sagen können: »Ich wusste es.«[146]

Die beste Verwendung für *praemeditatio malorum* habe ich in Bezug auf meinen kleinen Sohn, Benjamin. Als er ungefähr zwei Jahre alt war, kaufte ich ein Stadthaus in Sarajevo. Es bot zwar eine wunderschöne Aussicht, aber die harte Holztreppe hoch ins zweite Stockwerk, wo sich die Schlafzimmer befinden, ist steil und gefährlich. Sie ist sogar so gefährlich, dass sie Benjamin buchstäblich das Leben kosten könnte, wenn er hinunterstürzte. Um meinen Sohn also davor zu bewahren, sich zu verletzen oder gar zu töten, ging ich dieses Projekt stufenweise an. Zuerst traf ich alle Vorkehrungen, um zu verhindern, dass es dazu käme. Nachdem ich das Haus gekauft hatte, ließ ich einen Handlauf neben der Treppe anbringen, um diese für uns alle sicherer zu machen. (Unglaublich, dass es diesen nicht schon längst gab!) Als Nächstes ließ ich am oberen Treppenende ein abschließbares Treppenschutzgitter anbringen. Nachts wurde das Schutzgitter abgeschlossen, sodass niemand aus Versehen die Treppe hinunterstürzen konnte. Und schließlich brachte ich rutschhemmendes Klebeband auf den schmalen, glatten Stufen an, um für mehr Halt zu sorgen.

Das war alles, was ich in physischer Hinsicht tun konnte, aber die Treppe blieb unsicher. Der nächste Schritt beinhaltete also Training. Jeden Morgen, wenn Benjamin mit seiner Mutter die Treppe hinunterstieg, sagte ich: »Benjamin, immer schön am Handlauf festhalten!« Er antwortet dann: »Okay!« und tat es auch. Tatsächlich erinnere ich ihn heute noch daran.

Zu guter Letzt praktizierte ich noch *praemeditatio malorum.* Da es um ein ernstes Anliegen ging, stellte ich mir vor, dass Benjamin die Treppe hinunterfiel und sich verletzte. Auf diese Weise wäre ich zumindest darauf vorbereitet, falls es passieren sollte. (Ich würde also nicht derartig in Panik verfallen, wie meine Frau es tat, als unser Sohn im Kindergarten von der Rutsche fiel und sich den Kopf anschlug.) Ich stellte mir auch vor, was ich tun würde, wenn er die Treppe hinuntergestürzt wäre, und wie ich je nach Schwere seiner Verletzungen mit ihm umgehen würde.

Das klingt zwar nach einer unangenehmen Übung, dennoch bin ich froh, sie umgesetzt zu haben, denn tatsächlich fiel Benjamin die Treppe hinunter, als er sechs Jahre alt war. Glücklicherweise passierte es fast am Ende der Treppe. Er schürfte sich zwar an den harten Stufenkanten den Rücken auf, aber ansonsten ging es ihm gut. Es war lediglich ein Schrecken ohne schwere Verletzungen. Das stoische Training, das ich absolviert hatte, ermöglichte es mir, ruhig zu reagieren – besorgt, aber nicht panisch. Es gab keinen Schock, als es passierte, denn ich hatte es im Kopf bereits durchgespielt.

Die stoische Übung, über künftige Unglücke nachzudenken, ähnelt einer Technik der modernen Psychotherapie, bekannt als *Konfrontationstherapie,* die Menschen hilft, sich ihren Ängsten zu stellen und sie zu überwinden. In der Konfrontationstherapie wird der Patient schrittweise mit der Quelle seiner Angst oder Phobie konfrontiert, und zwar in winzigen Dosen. Mit der Zeit steigert sich die Dosierung, bis die Angst völlig verschwunden oder zumindest gravierend verringert ist. Die Konfrontationstherapie kann auf unterschiedliche Weise umgesetzt werden, eine davon beinhaltet, sich der Angst nur in der Vorstellung auszusetzen. Diese Art von Konfrontationstherapie, die heutzutage von Psychologen angewandt wird, entspricht genau der Vorgehensweise der antiken Stoiker.

Wie William B. Irvine in seinem Buch *The Stoic Challenge* hervorhebt, besteht ein zusätzlicher, unerwarteter Nutzen beim *praemeditatio malorum* darin, dass es hilft, die hedonistische Adaptation (auch hedonistische Tretmühle genannt) zu überwinden. Dazu kommt es, wenn Sie zum Beispiel ein glitzerndes Objekt kaufen, das Sie glücklich macht. Aber mit der Zeit gewöhnen Sie sich daran und die Freude an dem Objekt nutzt sich ab. Möglicherweise wird es für Sie sogar zur Selbstverständlichkeit. Seneca, der scharfsinnige Psychologe, der er war, beschrieb diese gängige Erfahrung etliche Male in seinen Schriften: »Siehst du nicht, dass alles seine Kraft verliert, wenn es zur Gewohnheit wird?«[147]

Nachdem ich seit mittlerweile fünf Jahren in meinem Haus lebe, bin ich nicht mehr ganz so euphorisch wie damals, als ich es kaufte. Aber wenn ich *praemeditatio malorum* praktiziere und mir vorstelle, dass es bei einem Brand oder Erdbeben zerstört wird, verspüre ich wieder Dankbarkeit für etwas, das ich andernfalls als selbstverständlich ansehen würde. Genauso empfehlen uns die Stoiker, dass wir uns regelmäßig daran erinnern, dass unsere engsten Familienmitglieder und Freunde eines Tages sterben werden, vielleicht schon morgen. Das ist nicht nur ein Naturgesetz, sondern darüber nachzudenken hilft uns auch, den emotionalen Schock zu verringern, wenn diese Menschen uns verlassen. Und im positiven

Sinne hält es uns dazu an, diese Menschen im Hier und Jetzt nicht als Selbstverständlichkeit anzusehen, sondern jeden Tag dankbar zu sein für die Zeit, die wir noch mit ihnen gemeinsam haben.

VOM UNIVERSUM GEPRÜFT: WIDRIGKEITEN ALS TRAINING

Obwohl Seneca davon ausging, dass dem inneren Charakter eines weisen Menschen nichts passieren kann (siehe Kapitel 10), ist es wie gesagt ein Naturgesetz, dass jedem Menschen Widrigkeiten widerfahren. In der stoischen Sichtweise werden uns diese jedoch von »Gott« oder »dem Universum« als »Übungen« gesandt, um uns zu testen und uns zu helfen, unseren Charakter zu entwickeln. (Seneca verwendet den Begriff *Gott* zwar wie die anderen Stoiker, es ist jedoch essenziell, zu wissen, dass die stoische Vorstellung nicht der christlichen Vorstellung von Gott entspricht. Die stoische Vorstellung bezieht sich auf eine Art *Fatum, Zeus, das Universum* und viele andere austauschbare Begriffe. In diesem Buch verwende ich, wann immer möglich, den Begriff »das Universum«, um Verwirrung mit der jüdisch-christlichen Vorstellung von Gott zu vermeiden.)

Seneca schrieb: »Feuer prüft Gold, Unglück prüft tapfere Menschen.«[148] Bemerkenswerterweise schrieb er ein ganzes Werk, *Über die Vorsehung*, darüber, wie uns das Universum »Tests« schickt, damit wir einen besseren Charakter entwickeln können. Seneca zitiert seinen alten Freund Demetrius, der sagte: »Niemand scheint mir unglücklicher zu sein als jemand, der nie mit Widrigkeiten zu kämpfen hatte.« Der Grund dafür, so erklärt Seneca: »Es war ihm nämlich nicht möglich, sich zu erproben.«[149]

Tatsächlich betont Seneca, dass ein Mensch sich seiner Charakterstärken nie sicher sein kann, solange sie nicht unter Beweis gestellt wurden: »Nichts zu haben, was dich inspiriert, was dich zum Handeln herausfordert, woran du die Kraft deines Geistes erproben kannst – das ist nicht der Frieden, den die Ruhe bietet. Es ist lediglich ein Treiben auf einem toten Meer.[150] Wie er an anderer Stelle schreibt, ist das Universum wie ein Vater, der ein bisschen streng zu seinen Kindern ist. Nur wenn wir durch Mühen, Schmerzen und Verluste ein bisschen aufgerüttelt werden, können wir als menschliche Wesen wahrhaft widerstandsfähig werden. Umgekehrt: »Nicht *einen* Schlag hält das ungetrübte Glück aus.«[151]

Für Seneca gehörte zu den schlimmsten Dingen, die einem Menschen widerfahren können, dass er oder sie ein Leben extremer Freude und Leichtigkeit führt, ohne dass der Charakter jemals einem Test unterzogen wird. Epiktet verwendete fast die gleichen Wörter wie Seneca. »Es sind die Schwierigkeiten, die den Charakter eines Menschen enthüllen«, schrieb er. Wann immer also jemand auf Widrigkeiten stößt, ist das so, als hätte ein Trainer »dich auf einen kräftigen, jungen Gegner vorbereitet«. Wenn jemand Epiktet fragte, warum das so abläuft, antwortete er: »Damit du ein olympischer Champion werden kannst; und das ist etwas, dass du ohne Training niemals erreichen kannst.«[152]

WIDRIGKEITEN UMWANDELN

> Welches Schicksal ihm auch widerfahren mag, der weise Mensch wird es in etwas Bemerkenswertes verwandeln.
>
> Seneca, *Briefe an Lucilius* 85.40

Eines der inspirierendsten Dinge am römischen Stoizismus ist, wie man nach Ansicht der Stoiker stets aus einer widrigen Situation herauskommen kann. Wie Seneca schrieb: »Unglück ist eine Gelegenheit zu tapferem Verhalten.«[153] Selbst das größte Unglück erlaubt es uns, auf tugendhafte Weise zu reagieren.

Wie Seneca erklärte, müssen wir, was auch immer passiert ist, das Gute darin finden und die Situation in etwas Gutes verwandeln. Auf diese Weise schreibt er: »Nicht *was*, sondern *wie* du es erträgst, ist wichtig.«[154]

In der realen Welt ist unser Leben voller Misserfolge. Manchmal, sei es im Beruf oder in der Liebe, funktionieren selbst unsere besten Pläne nicht wie gehofft. Innerhalb der ersten zehn Jahre scheitern die meisten Kleinunternehmen. Ehen zerbrechen. Menschen verlieren ihren Job, oftmals alles andere als selbst verschuldet. Für einen Stoiker ist es dabei wichtig, zu verstehen, dass es sich lediglich um ein Naturgesetz handelt, wenn unsere Pläne oder Ziele manchmal scheitern. Und wenn es zu diesen Misserfolgen kommt, ist es unsere Verantwortung, daraus zu lernen, mit Tugend darauf zu reagieren oder das Scheitern in eine andere Art von Gelegenheit zu verwandeln.

Zum Beispiel führte ich viele Jahre lang einen kleinen Verlag, der kaum etwas abwarf. Aber durch die Fähigkeiten, die ich mir durch diese Tätigkeit aneignete, konnte ich eine Firma für Redaktion und Buchgestaltung gründen, die es mir ermöglichte, für einige der weltweit angesehensten Verleger zu arbeiten. Zudem verschaffte es mir die Möglichkeit, zu recherchieren und dieses Buch zu schreiben.

Seneca sagte, dass ein stoischer Weiser einem fähigen Tiertrainer, etwa einem Löwenbändiger, ähnelt. In der Natur mag der der Löwe wild, gefährlich und furchterregend sein. Aber unter dem Einfluss eines guten Trainers kann ein gefährlicher Löwe zu einem sanften

Gefährten werden, der dem Trainer sogar erlaubt, ihn zu küssen, zu umarmen und seinen Arm zwischen die todbringenden Kiefer zu schieben. Für Seneca ist die Art und Weise, wie der Stoiker Widrigkeiten zähmt, mit der Arbeit eines Tierbändigers vergleichbar: »So ist der Weise ein geschickter Meister in der Kunst, Übel zu zähmen: Schmerz, Bedürftigkeit, Schande, Gefängnis, Verbannung werden von jedem gefürchtet. Aber wenn sie auf den Weisen treffen, werden sie gezähmt.«[155]

Niemand kann die Umstände kontrollieren, die uns das Leben gibt, aber der Stoiker ergreift jede gerade verfügbare Situation und macht das Beste daraus, verwandelt sie in etwas Wertvolles. »Was auch immer geschehen mag«, schreibt Epiktet, »von mir hängt es ab, ob ich Nutzen daraus ziehe.«[156]

Auf diese Weise zielt der Stoiker darauf ab, das Beste aus dem zu machen, was das Leben und der aktuelle Moment gerade anbieten. Mark Aurel schlägt Folgendes vor, wenn uns etwas Negatives widerfährt: »Nutze den Rückschlag, um dich in anderen Tugenden zu üben.«[157] Seneca formuliert es so: Was auch immer schlecht ist, können die Stoiker »zum Guten wenden«.[158]

Ryan Holiday griff diese Idee aus den Schriften von Mark Aurel auf und verwandelte sie in den unvergesslichen Titel seines Buches *Dein Hindernis ist Dein Weg* (Original: *The Obstacle Is the Way*). Mark Aurel inspirierte zu diesem Titel, fast 2000 Jahre später, mit dieser Ermahnung an ihn selbst, die er in sein Notizbuch schrieb:

> Unser Handeln mag von diesen Dingen beeinflusst werden, aber sie können weder unsere Absichten durchkreuzen noch unsere innere Einstellung verändern. Denn wir sind in der Lage, uns anzupassen und nachzugeben. Der Geist passt

> sich an und verwandelt so das Hemmnis nach seinen Zwecken.
> Das Hindernis unseres Handelns wird zur Triebfeder des Tuns.
> Was im Weg steht, wird der Weg.[159]

Wie wir auf diesen Seiten sehen können, waren sich Seneca, Epiktet und Mark Aurel – die großen römischen Stoiker – völlig einig über den Wert darüber, Widrigkeiten in etwas Besseres umzuwandeln. Noch wichtiger ist, dass sie zeigen, dass wir, was auch immer uns zustößt, stets auf eine Weise reagieren können, die etwas Gutes in diese Welt bringt.

KAPITEL 7

Warum Sie sich nie beklagen sollten

> Man braucht sich über gar nichts zu ärgern, wenn man nur nicht selbst durch seinen Ärger den Sachverhalt verschlimmert.
>
> Seneca, *Briefe an Lucilius* 123.1

Es gibt nichts Schlimmeres, als Zeit mit jemandem zu verbringen, der sich pausenlos beschwert. Aber keine Sorge, das ist lediglich eine Beobachtung, keine Beschwerde.

Wie Sie sich vielleicht vorstellen können, lehnten Seneca und die anderen Stoiker alle Arten von Jammern, Klagen und Herumstöhnen strikt ab. Das überrascht nicht. Aber der Grund, warum sie solch ein Verhalten ablehnten, wird viele Leser überraschen. Wir werden diese Ansicht der Stoiker und warum man sich nie beklagen sollte gegen Ende dieses Kapitel eingehend betrachten. Lassen Sie uns zuvor einen Blick darauf werfen, was die Menschen heutzutage von Herumjammern halten.

Ich hoffe natürlich, dass Sie noch nie viel Zeit mit jemandem verbringen mussten, der die ganze Zeit jammert. Chronische Jammerer erinnern mich an Pig-Pen, den Jungen aus der Comicserie *Die Peanuts.* Wenn Pig-Pen herumspaziert, ist er stets von einer großen Wolke aus Staub und Schmutz umgeben. Ein chronischer Jammerer ist zwar nicht von einer Staubwolke umgeben, aber von einer Wolke negativer Energie, die ihm überallhin folgt. Innerhalb dieser Wolke schwebt jede Menge Gereiztheit und Unzufriedenheit, die stets bereit ist, sich Luft zu verschaffen, und zudem den Wunsch in sich trägt, dass irgendjemand auf die emotionale Unzufriedenheit des Jammernden reagiert.

»EIN SCHLECHTER TAG IM BÜRO«

Für viele Menschen ist heutzutage die Büroumgebung ein fruchtbarer Nährboden für Gereiztheit und Beschwerden. Seneca erwähnte das sogar in seinen Schriften. Er merkte an, dass Menschen, die überladen sind mit beruflichen Aufgaben, sehr wahrscheinlich reizbar werden. Er war der Ansicht: »Für jemanden, der von einem Termin zum nächsten eilt und sich ständig um viele Dinge kümmert, wird ein Tag niemals so glatt verlaufen, dass nicht aus einer Begegnung mit einem Menschen oder einer Sache eine Verärgerung entstehen könnte, die seinen Geist für Wutanfälle bereit macht.«[160]

Das Erstaunliche daran ist jedoch, wie viel Zeit die Menschen im Job damit verschwenden, sich zu beklagen. Laut einer Studie von Marshall Goldsmith, zitiert vom *Harvard Business Review*, verbringen die meisten Mitarbeiter monatlich zehn Stunden oder mehr damit, sich über ihre Vorgesetzten oder das Management zu beschweren oder anderen dabei zuzuhören, wie sie sich beklagen.

Noch erstaunlicher ist, dass fast ein Drittel aller Mitarbeiter monatlich sogar 20 Stunden oder mehr damit verbringt, zu jammern oder sich die Klagen anderer anzuhören.[161] Ja, diese Statistik hat sogar mich überrascht.

Unumstritten ist diese ganze Energie, die im Job dafür aufgebracht wird, sich zu beklagen, eine enorme Verschwendung von Zeit und Produktivität, denn Jammern führt normalerweise nicht zu Veränderungen. Tatsächlich ist es so, dass, »je mehr wir jammern, desto wahrscheinlicher steigt die Frustration im Laufe der Zeit«.[162] Aber wie Peter Bregman, der Autor dieses Artikels hervorhebt, können diese Klagen zu einer Veränderung führen, wenn sie stattdessen als konstruktive Kritik gestaltet und ernsthaft diskutiert werden. Allerdings empfinden viele Menschen die Vorstellung, ein richtiges Gespräch zu führen, das Dinge verändern könnte, als ein wenig bedrohlich. Im Gegensatz dazu ist Jammern sehr viel einfacher.

Aber was *ist* Jammern eigentlich? Wenn mein Sohn einen schlechten Tag in der Schule hatte, weil er einem Mädchen ins Bein gebissen hat – ja, das ist passiert, als er in der ersten Klasse war! –, könnte ich sagen: »Benjamin hat sich heute schlecht benommen« und das wäre kein Jammern. Wenn ich jedoch sagen würde: »Benjamin hat sich heute schlecht verhalten. Er ist so ein gemeines kleines Kind!«, dann *wäre* das Jammern. (Natürlich würde ich so etwas nicht sagen!) Die erste Aussage ist lediglich eine Beobachtung. Die zweite Aussage ist ein negatives emotionales »Dampfablassen«, was üblicherweise beim Beklagen dabei ist. Letztlich beinhaltet Jammern das Ausdrücken von emotionaler Unzufriedenheit.

Für die meisten Menschen ist es eine so selbstverständliche Angewohnheit, sich zu beklagen, und es ist ihnen schon förmlich in Fleisch und Blut übergegangen, dass es ihnen gar nicht bewusst ist, wenn sie es tun. Der einzige Weg, diese Angewohnheit abzulegen, besteht deshalb darin, gedanklich einen Schritt zurückzutreten, sich das Jammern bewusst zu machen und zu versuchen, dieses Verhalten zu stoppen.

Als er feststellte, dass dies der Fall war und wie toxisch Jammerer sein können, kam Will Bowen, ein Pfarrer aus Kansas City auf die Idee, einen Wettbewerb mit dem Titel »21 Tage, ohne sich zu beklagen« auszurufen. Wie der Titel nahelegt, besteht das Ziel des Wettbewerbs darin, sich drei volle Wochen lang nicht zu beklagen. Der clevere Trick dabei ist, dass die Teilnehmer ein kleines purpurrotes Armband tragen mussten, das ihnen Pfarrer Bowen bereitwillig verkaufte. Sobald Sie anfangen, an seinem Wettbewerb teilzunehmen, zählen Sie die Tage, die Sie durchhalten, ohne sich zu beklagen. Aber sobald Sie es doch tun, müssen Sie das Armband am anderen Handgelenk anlegen und von vorn beginnen, das heißt die Zählung zurückstellen auf Tag eins. Wie Pfarrer Bowen ein wenig schockiert auf seiner Website feststellt: »*Der durchschnittliche Mensch braucht vier bis acht Monate, um die 21-Tage-Aufgabe zu meistern.* [Hervorhebung vom Autor hinzugefügt] Aber bleiben Sie dran! Und denken Sie immer daran, dass Sie sich Ihren Weg zu Gesundheit, Glück und Erfolg nicht erjammern können.«[163]

In Anbetracht der Tatsache, dass es so viele Nörgler auf der Welt gibt, nehmen mittlerweile mehr als zehn Millionen Menschen an dem Wettbewerb teil, was nebenbei zu einer beträchtlichen Anzahl verkaufter Armbänder geführt haben muss.

Aber was hätten die Stoiker zu diesem Ansatz gesagt? Meiner Vermutung nach hätten sie zugestimmt, vor allem, da sie so viel Wert auf praktische, kognitive Übungen legten. So lehrte zum Beispiel Epiktet seine Schüler, wie sie Schritt für Schritt über einen Zeitraum von 30 Tagen schlechte Gewohnheiten abstellen. Sobald jemand es geschafft hatte, einen Monat lang durchzuhalten, ohne die schlechte Gewohnheit auszuüben, schlug er vor, derjenige solle den Göttern in Form einer Opfergabe danken.[164]

Auch wenn sich die meisten Menschen hin und wieder beschweren, so ist eine praktische Übung wie diese für jeden nützlich – und vielleicht sogar notwendig – für jeden, der ein chronischer Jammerer ist. Der Psychologe Guy Winch erzählt eine unterhaltsame Geschichte über Jammerer. »Optimisten«, sagt er, »betrachten das Glas als halbvoll. Pessimisten«, fährt er fort, »betrachten es als halbleer.« Aber chronische Nörgler sähen das Glas ihm zufolge so:

> Ein am Rand angeschlagenes Glas mit Wasser, das nicht kalt genug ist, vermutlich, weil es aus dem Wasserhahn kommt, obwohl ich um Flaschenwasser gebeten hatte. Und, Moment mal, es ist nicht ganz sauber, was bedeutet, dass es nicht richtig gespült wurde und ich mir jetzt vermutlich einen Virus einfange. Warum passieren diese Dinge immer mir?[165]

Und was würde ein römischer Stoiker sehen? Ein Stoiker würde ein Glas mit Wasser sehen und es voller Dankbarkeit als Geschenk des Universums betrachten. Er würde dankbar sein für die lebensspendenden Eigenschaften des Wassers. Denn letztlich ist es so: Wenn Sie sich beschweren, leben Sie nicht länger in Harmonie mit der Natur. Laut der Stoiker ist Ihr Mangel an Dankbarkeit vielmehr eine Verachtung der Harmonie und der wunderschönen Ordnung des Kosmos, was Sie überhaupt in dieses Leben gebracht hat.

Das führt uns zu einem sehr viel tieferen Verständnis dafür, warum man sich niemals beklagen sollte – hinzu kommen natürlich die vielen offensichtlichen psychologischen Gründe, die gegen Jammern sprechen. Die Ansicht der Stoiker weist auf eine tiefgründigere Vision der menschlichen Natur und unserer eigenen Beziehung zur Welt hin.

»FOLGE DER NATUR« UND BEKLAGE DICH NICHT

Zenon, der Begründer des Stoizismus, sagte, das Ziel seiner Philosophie bestehe darin, der »Natur zu folgen« oder »im Einklang mit der Natur zu leben«. Wenn wir im Einklang mit der Natur leben, würde das zu einem »sanften Fluss des Lebens« führen, was wiederum Glück und Gelassenheit der Seele beinhaltet.[166]

Die Idee, »der Natur zu folgen«, wurde später auch von den römischen Stoikern wie Seneca, Epiktet und Mark Aurel aufgegriffen. Doch auch wenn »Folge der Natur« zwar ein Spruch ist, der sich auch gut als Autoaufkleber eignen würde, ist seine Bedeutung sehr viel tiefgreifender. Gemäß den Stoikern müssen wir die Natur verstehen, um ihr folgen zu können – sowohl die menschliche Natur als auch den Kosmos als Ganzes. Und wir können uns selbst nicht vollständig verstehen, ohne zuerst das größere Universum zu verstehen.

Für die Stoiker ist die Welt durchdrungen von *logos*, was als »Vernunft«, »Verstandeskraft« und vieles mehr übersetzt werden kann. Was menschliche Wesen einzigartig macht, betonen sie, ist, dass wir in der Lage sind, rational zu denken – das unterscheidet uns von den Tieren. Es gestattet uns, Wissenschaft zu betreiben, Gesellschaften auf der Grundlage von Recht und Ordnung aufzubauen, Astronauten ins All zu schicken, Liebesbriefe zu schreiben und viele andere schöne Dinge. Aber der Grund, warum wir die Natur wissenschaftlich verstehen können, liegt darin, dass es eine Verbindung gibt zwischen der in den Naturgesetzen steckenden Vernunft, der Weltstruktur, und der rationalen Struktur unseres eigenen Verstands. Letztlich bedeutet der Glaube der Stoiker an *logos* nur, dass die Natur und unser Verstand eine rationale Struktur aufweisen.

Weil wir rationale Wesen sind, werden wir mit der Aufgabe geboren, die Welt – die Natur als Ganzes – zusammen mit unserer eigenen menschlichen Natur und den Beziehungen zwischen der größeren Welt und unserem inneren Ich zu verstehen. Und da die Vernunft für die Stoiker die menschliche Natur definiert, sind wir auf dieser Welt, um unsere rationalen Fähigkeiten zu entwickeln; das erlaubt uns, friedlich und bedächtig zu leben, einen guten inneren Charakter zu entwickeln und einen Beitrag zur Gesellschaft zu leisten.

Es gibt nichts Unwissenschaftliches an dem grundlegenden Glauben der Stoiker an Logos, und es gibt auch nichts Irrationales an dem Glauben der Stoiker an das Schicksal. »Schicksal« mag zwar im ersten Moment unheimlich oder abergläubisch klingen, bezieht sich jedoch lediglich auf die Kausalketten in der Natur, an die moderne Wissenschaftler genauso glauben. Tatsächlich basierte der größte Teil der klassischen Physik zu Newtons Zeit auf der Vorstellung von »Schicksal«: Ursache, Wirkung und deterministische Zusammenhänge. Der Glaube der Stoiker an Schicksal bedeutet also lediglich, dass wir die Naturgesetze, die unvermeidlich sind, anerkennen und honorieren müssen.

Während Logos und Schicksal unumstritten sind, haben einige Leser der heutigen Zeit (ebenso wie moderne Stoiker) Schwierigkeiten mit dem Begriff *Vorsehung*, weil sie das fälschlicherweise für ein religiöses Konzept halten. Das stoische Konzept der Vorsehung hatte rein gar nichts mit der christlichen Vorstellung von Vorsehung zu tun, und die Stoiker glaubten nicht an einen christlichen Gott, der außerhalb der Natur existierte. Für die Stoiker *war* »Gott« Natur.

Das griechische Wort für »Vorsehung« ist *pronoia*, was »Vorausschau« oder »vorherige Kenntnis« bedeutet. Ich persönlich glaube, dass die stoische Vorstellung von der Vorsehung dem Studium lebender Organismen entstammte. So können wir beispielsweise heute noch sehen, dass lebende Organismen Träger biologischer Intelligenz sind und die Fähigkeit besitzen, sich selbst zu heilen, was eine Art von Wissen impliziert. Wenn ich mich zum Beispiel in die Hand schneide, »weiß« meine Hand, wie sie sich selbst heilen kann. Wenn Sie einem Plattwurm den Kopf abschneiden, weiß der Plattwurm, wie er einen neuen Kopf wachsen lassen kann. Auch die Entwicklung des menschlichen Embryos zum erwachsenen Menschen verkörpert jede Menge biologische Intelligenz. Heutzutage verstehen wir diese Intelligenz als ein Nebenerzeugnis der biologischen Evolution, was es jedoch nicht weniger erstaunlich und bewunderungswürdig macht.

Aus der Perspektive der frühesten griechischen Stoiker würden wir moderne Menschen jedoch einem Irrtum aufsitzen, wenn wir Logos, Schicksal und Vorsehung als unterschiedliche Konzepte behandeln. Für die frühesten Stoiker waren dies lediglich verschiedene, austauschbare Begriffe für dieselbe Sache. Antiken Quellen zufolge wurden »Natur«, »Logos«, Schicksal« und »Vorsehung« als identisch angesehen.[167]

Moderne Stoiker lehnen diese Begriffe manchmal ab, betrachten sie irrtümlich als unwissenschaftlich, übersehen dabei jedoch etwas Entscheidendes. Eine wichtige Dimension ist die Haltung, zu der diese alten Konzepte führten: eine rationale und doch inspirierte Art, die Welt zu sehen und zu bewerten. Diese Haltung hat die Entwicklung der Wissenschaft über Jahrhunderte hinweg gefördert.

Für die Stoiker und einige andere griechische Philosophen *leben wir in dem wunderschönen Gewebe von Kosmos, beherrscht von universellen Gesetzen und Harmonien, aus denen wir selbst hervorgegangen sind und mit denen wir untrennbar verbunden sind.* Darüber hinaus sind wir durch die Rationalität in der Lage, das Universum, aus dem wir hervorgegangen sind, zu verstehen.

Vor allem steht diese antike philosophische Haltung nicht im Widerspruch zur modernen Wissenschaft – vielmehr ist die Wissenschaft selbst aus ihr entwachsen. Albert Einstein bezeichnete das in seinem berühmten Essay über »Religion und Wissenschaft« als »das kosmische, religiöse Gefühl« das er für das »stärkste und edelste Motiv für wissenschaftliche Forschung« halte – die Stoiker hätten ihm zugestimmt.[168] Unabhängig von der Terminologie, die die Stoiker nutzten, ist ihre gesamte Art, den Kosmos und unseren Platz darin zu betrachten, bis heute von Bedeutung. Einstein selbst lehnte den Glauben an einen persönlichen Gott ab (genauso wie die Stoiker), und er war nicht im traditionellen Sinne religiös. Trotzdem merkte er an, dass jeder, der in der Wissenschaft echte Fortschritte erzielt hatte, »von einer tiefen Ehrfurcht vor der Rationalität ergriffen ist, die sich in der Existenz manifestiert« – tatsächlich eine äußerst stoische Beobachtung.[169]

Letztlich können wir sehen, dass die Stoiker die Natur hochschätzten. Sie glaubten, dass die Natur nichts Nutzloses tat, dass in den Naturgesetzen eine Art von Rationalität zum Ausdruck kommt, und dass die Natur wegen dieser Rationalität durch und durch gut ist. Anders ausgedrückt: Wenn wir von einem kosmischen Aussichtspunkt aus sehen und verstehen könnten, wie das Universum als Ganzes funktioniert, würden wir es als perfektes und wunderschönes Vorzeigemodell ansehen.

An diesem Punkt können wir vermutlich vollends nachvollziehen, was die Stoiker mit der Aufforderung »Folge der Natur« meinten. Um als Mensch ein glückliches Leben zu führen, müssen wir unseren Verstand und unseren Willen mit der Natur in Einklang bringen. Auf diese Weise streben wir danach, absolut rational und tugendhaft zu sein, so wie die Natur es in ihrer Sichtweise war. Wir akzeptieren das Schicksal und ehren alle Naturgesetze, ohne uns zu beklagen. Und sobald wir das tun, wird das Leben geschmeidig dahinfließen, weil wir in tiefstmöglicher Harmonie mit der Realität leben und als rationale menschliche Wesen.

Obwohl wir zerbrechliche und sterbliche Wesen sind und obwohl wir in einer Welt leben, in der Schmerz und Leid dazu bestimmt sind, auf unser persönliches Leben einzuwirken, gibt es stets auch etwas Perfektes an den Werken der Natur als Ganzes gesehen. Wenn wir uns beklagen, bringen wir folglich unsere Enttäuschung über die perfekte Ordnung der Natur zum Ausdruck. Deshalb lehnten die Stoiker das Jammern ab. Da alles in der Natur einem rationalen Muster folgt, auch wenn wir dessen Gesamtheit nicht auf einmal sehen können, ist das Klagen über ein triviales Ereignis eine Kränkung der Güte des Universums selbst.

Als würde er eine Erklärung zu Zenons Forderung anbieten, der Natur zu folgen, schrieb Epiktet: »Verlange nicht, dass das, was geschieht, so geschieht, wie du es wünschst, sondern wünsche dir, dass alles so geschieht, wie es geschieht. Dann wird dein Leben gut verlaufen.«[170] Das ist ein wesentlicher Teil der stoischen Formel für Glück, Freiheit und Seelenfrieden. Anders ausgedrückt müssen wir das Schicksal und das, was die Naturgesetze auch immer zu bringen bestimmt sind, akzeptieren. Falls nicht, werden wir niemals Seelenfrieden finden.

Bereits in der Anfangszeit ihrer Schule verwendeten die Stoiker eine Geschichte, um die Natur des Schicksals zu veranschaulichen. In dieser Geschichte ist ein Hund mit einer Leine an einen Karren angebunden. Der Karren rollt die Straße hinunter, der Hund kann fröhlich neben dem Karren herlaufen, lächelnd und keuchend, während sie sich gemeinsam vorwärtsbewegen. Wenn der Hund es nicht schafft, mit dem Karren Schritt zu halten, wird er jedoch die Straße entlang geschleift, was eine schmerzhafte Erfahrung wäre.[171] Dies ist eine Metapher dafür, der Natur zu folgen und das Schicksal zu akzeptieren. Es ist möglich, sich dem Schicksal zu widersetzen, jedoch nicht erfolgreich: Man wird in dieselbe Richtung gezerrt, auch wenn man dagegen ankämpft. Mit den Worten von Kleanthes (ca. 330 – ca. 230 v. Chr.), dem zweiten Oberhaupt der stoischen Schule in Athen: »Den Willigen führt das Schicksal, den Widerstrebenden schleppt es fort.«[172]

Somit waren die Stoiker keine »Fatalisten«, die glaubten, wir könnten die Welt nicht ändern. Weil wir Teil des Schicksalsgeflechts sind, werden unsere Handlungen und Entscheidungen die Zukunft und das Schicksal anderer durch Ursache und Wirkung beeinflussen. Was wir dabei nicht vergessen dürfen, ist, dass das Schicksal und das Wirken der Natur uns in bestimmte Situationen bringen wird, die außerhalb unserer Kontrolle liegen. Aber wir müssen diese Dinge akzeptieren und mit Wohlwollen darauf reagieren, statt uns zu beklagen, denn sie liegen deshalb außerhalt unserer Kontrolle, weil sie der Natur unterstellt sind.

Seneca erklärte, dass jeder, der geboren wurde, mit dem Leben einen Vertrag eingeht, und zu diesem Vertrag gehört auch, zu akzeptieren, dass bestimmte Dinge passieren. Und wenn diese Unannehmlichkeiten eintreten, hat es keinen Sinn, sich darüber zu beklagen oder aufzuregen. Ein offensichtliches Beispiel dafür ist der Tod, denn jeder, der geboren wurde, ist zum Sterben bestimmt. Statt über Ihren nahenden Tod zu jammern und zu stöhnen, sollten Sie ihn friedlich akzeptieren und anerkennen, dass er Bestandteil des Lebens ist.

In einer seiner humorvollen Bemerkungen sagte Epiktet, wenn jemandem die Nase laufe, sei es albern, sich darüber zu beschweren. Denn das Universum hat uns zwei Hände gegeben, um uns stattdessen zu schnäuzen. In seinen *Briefen* stellt Seneca seinen Freund Lucilius als eine Art Nörgler dar. Und als der gute stoische Therapeut, der er war, hilft Seneca ihm in etlichen Briefen, die Sinnlosigkeit des Jammerns zu verstehen. Zum Beispiel schreibt Seneca am Anfang von Brief 96 eine Antwort an Lucilius und erklärt ihm, warum sein Jammern falsch ist:

> Trotz allem bist du noch immer über irgendetwas verärgert, beklagst dich und siehst gar nicht, dass es bei all diesen Misslichkeiten nur ein Übel gibt: deine Empörung und dein Klagen. Wenn du mich fragst, so gibt es nichts, worüber sich auch nur irgendjemand aufregen könnte, es sei denn, er hält in der Naturordnung selbst irgendein Ereignis für ein Unglück. An dem Tag, an dem ich irgendetwas anderes nicht mehr ertragen kann, werde ich mich selbst nicht mehr ertragen können.[173]

Dann beschreibt Seneca die ärgerlichen Ereignisse, mit denen jeder konfrontiert wird, als bloße »Steuern des Lebens«:

> Ich werde alles, was mir widerfährt, akzeptieren, ohne traurig zu werden oder ein unglückliches Gesicht zu machen. Ich werde alle meine Steuern zahlen, ohne zu klagen. All die Dinge, über die wir stöhnen und vor denen wir zurückschrecken, sind nur die Steuern des Lebens – Dinge, mein lieber Lucilius, die du niemals erhoffen oder versuchen solltest, zu vermeiden. Ein langes Leben beinhaltet all diese Dinge, so wie eine lange Reise Staub, Schlamm und Regen beinhaltet.[174]

Für Seneca ergibt es keinen Sinn, dass Menschen über banale Dinge jammern, mit denen man rechnen muss, statt im Einklang mit der Natur zu leben und die unvermeidbaren Schlaglöcher in der Straße des Lebens zu akzeptieren:

> Sich über diese Dinge aufzuregen, ist genauso lächerlich, wie sich darüber zu beklagen, dass du in einem öffentlichen Bad nass gespritzt wirst oder auf offener Straße in den Schlamm trittst. Der Lauf des Lebens ist ebenso wie der in einem Badehaus, in einer Menschenmenge oder auf einer Reise. Manches wird dir absichtlich angetan, manches trifft dich zufällig. ... Über derartige Widerstände hinweg musst du diesen steinigen Weg bewältigen.[175]

Wie er anmerkt: »Wir sollten uns über keines dieser Dinge wundern, zu denen wir geboren sind und über die sich deshalb niemand beklagen darf, weil sie für alle gleich sind.«[176]

AMOR FATI: LIEBE DEIN SCHICKSAL

Friedrich Nietzsche, der Philosoph des 19. Jahrhunderts, verwendete den Ausdruck *amor fati* – »liebe dein Schicksal«. Der Gedanke geht jedoch zurück auf die Stoiker. Seneca sagte, als Stoiker solltest du, »was auch immer geschehen mag, so hinnehmen, als entspräche es deinem Wunsch«, weil das Universum diese Ereignisse gebilligt hat. »Weinen, klagen und seufzen«, so schreibt er, »ist so viel wie revoltieren« gegen die gute Ordnung des Universums, das uns ins Leben gerufen hat, und der Naturgesetze, die aktiv die Welt erhalten.[177] Das ist genauso wie der Rat des zuvor zitierten Epiktet: »Verlange nicht, dass das, was geschieht, so geschieht, wie du es wünschst, sondern wünsche dir, dass alles so geschieht, wie es geschieht. Dann wird dein Leben gut verlaufen.«

Aber die schönste Ausdrucksform von *amor fati*, zumindest in meinen Augen, stammt aus diesen liebevollen Zeilen von Mark Aurel, die beinahe einem Gebet ähneln.

> Ich stimme mit allem überein, was mit dir, oh Kosmos, in Harmonie verläuft. Für mich ist nichts zu früh oder zu spät, was für dich rechtzeitig ist. Für mich ist alles eine Frucht, was deine Jahreszeiten bringen, oh Natur. Von dir kommt alles, in dir ist alles, zu dir kehrt alles zurück.[178]

Das ist ganz sicher ein Beispiel dafür, der Natur zu folgen und ihre Weisheit und Güte zu zelebrieren. Diese Worte entstammen einem Mann, der viel persönliches Leid ertragen musste. (Von seinen 13 Kindern erreichten nur fünf das Erwachsenenalter.) Wir können in diesen Worten die tiefe Dankbarkeit spüren, die Mark Aurel für alles empfand, was er vom wunderschönen und großzügigen Universum erhalten hatte, von dem auch er ein Teil war.

Für einen Stoiker ist alles, was wir vom Universum bekommen, ein Geschenk, eine Leihgabe, die wir eines Tages zurückgeben müssen. Aber unsere zugrunde liegende Denkweise sollte eine der Dankbarkeit sein. Denn selbst wenn wir auf der Reise unseres Lebens stolpern oder ein bisschen mit Matsch bespritzt werden, gibt es keinen Grund, sich über die wundervolle Welt zu beschweren, die uns hervorgebracht hat.

KAPITEL 8

Der Kampf mit dem Schicksal: Sich bei Armut und extremem Reichtum bewähren

Nicht wer wenig hat, sondern wer mehr haben will, ist arm.

Seneca, *Briefe an Lucilius* 2.6

AUF DER ACHTERBAHN DES SCHICKSALS

Jeder hat ein gewisses Interesse an Geld. Warum auch nicht? Wir alle müssen Rechnungen bezahlen. Aber wie viel Geld ist zu wenig? Wie viel ist übertrieben? Dazu hat jeder eine eigene Meinung, so auch Seneca, und die ist besonders interessant. Seneca war einer der reichsten Menschen seiner Zeit, und doch war er sich der psychischen und moralischen Gefahren überaus bewusst, die das Streben nach finanziellem Erfolg beinhaltet. Er erfuhr auch, wie es ist, sein halbes Vermögen zu verlieren; ihm geschah das praktisch über

Nacht. Was auf Fortunas Achterbahn nach oben geht, kommt häufig auch wieder runter.

Fortuna war eine römische Göttin, und das Schicksal war für Seneca, wie bereits erwähnt, wie eine kosmische Kraft. Die Stoiker sahen im Schicksal, sei es gut oder schlecht, daher das Problem, dass es nicht völlig unserer Kontrolle unterliegt. Wie Seneca hervorhob, gehört einem das, was das Schicksal einem gibt, nicht wirklich. Es kann einem wieder genommen werden. Im Gegensatz dazu kommt das, was wirklich gut ist – ein gut entwickelter Charakter –, aus einem selbst und kann einem nicht genommen werden.

Seneca schreibt ausführlich über Schicksal und lässt keinen Zweifel daran, dass es sein größter Feind war. »Die hohen Orte sind diejenigen, die vom Blitz getroffen werden«,[179] sagt er. Seneca erklärt, dass Menschen, die plötzlich reich geworden sind, oftmals ihr psychisches Gleichgewicht verlieren. Betroffene »stellen sich vor, dass ihr Glück niemals enden wird und dass ihre Gewinne nicht nur anhalten, sondern sogar noch zunehmen werden. Da sie vergessen haben, dass menschliche Angelegenheiten vielmehr wie auf einem Trampolin auf und ab hüpfen, sind sie sich sicher, dass der Zufall allein für sie beständig bleiben wird.«[180]

Wie wir wissen, ist die Welt voller Geschichten von Lotteriegewinnern, die ihren gesamten Gewinn wieder verloren haben. Wenn eine Person schnell zu großem Vermögen gelangt, bedeutet das nicht, dass sie auch die Fähigkeit oder das seelische Gleichgewicht besitzt, um damit umgehen zu können. Damals in der Zeit der Dotcom-Blase in den 1990er-Jahren hatte ich eine Bekannte, die laienhaft mit Aktien handelte. Sie schaffte es tatsächlich, innerhalb sehr kurzer Zeit 50.000 Dollar in über 1.000.000 Dollar zu verwandeln – und verlor dann alles. Sie fürchtete sich davor, ihre Aktien zu verkaufen und den Gewinn dann versteuern zu müssen.

Durch diese Weigerung, zu verkaufen, verlor sie alles, als die Blase dann platzte. Genauso gibt es viele Geschichten über Prominente, die große Summen durch ein luxuriöses Leben, Extravaganz und Mangel an Bescheidenheit verloren haben. Ein Beispiel von vielen: Als Michael Jackson starb, hatte er zwischen 400 und 500 Millionen Dollar Schulden.[181]

Im Mittelalter war das Glücksrad eine bekannte Allegorie für die Unberechenbarkeit der Natur (siehe Abbildung 5). In den Darstellungen trägt das Schicksal oder Fortuna oftmals eine Augenbinde und dreht ein Rad, das einem schmalen Riesenrad ähnelt. Das Rad hebt die an Armut Leidenden vom Boden hinauf zu königlichem Reichtum, zieht aber gleichzeitig die oben befindlichen Wohlhabenden zurück nach unten auf die Stufe eines Bettlers. Wie Seneca schrieb: »Vergegenwärtige dir also, dass jeder Rang im Leben Veränderungen unterworfen ist und dass alles, was jemand anderem widerfährt, auch dir selbst widerfahren kann.«[182] Und da Dinge stets vor- und zurückschwingen, sollte niemand übertrieben zuversichtlich sein, wenn es gut läuft, oder aufgeben, wenn es schlecht läuft.[183]

Abbildung 5: Das Glücksrad: Lady Fortunas Rad bringt die von Armut Geplagten hinauf zu königlichem Reichtum und zieht die Wohlhabenden hinab in die Armut.

Seneca selbst waren die heftigen Umschwünge Fortunas nicht fremd. Wie ich bereits in der Einleitung dieses Buches erwähnte, stieg er im Laufe seiner Karriere als römischer Senator innerhalb kürzester Zeit zu Wohlstand und Ansehen empor, um dann von Kaiser Claudius für acht Jahre auf die Insel Korsika verbannt zu werden. Dadurch verlor Seneca die Hälfte seines Vermögens und wurde von seiner Frau getrennt, kurz nachdem sie ihren Sohn verloren hatten. Als Seneca dann schließlich wieder nach Rom zurückkehrte, erlangte er als Berater von Kaiser Nero noch mehr Vermögen. Kurz nachdem er nach Korsika verbannt wurde und so viel verloren hatte, schrieb Seneca eine Nachricht an seine Mutter, Helvia, und reflektierte diese Erfahrung:

> Ich habe dem Schicksal nie getraut, auch wenn es Frieden zu halten schien: Alles das, was es mir großzügig geschenkt hat – Geld, Stellung, Einfluss –, habe ich an einem Ort aufbewahrt, von dem es mir wieder genommen werden konnte, ohne dass es mich berührte. Ich habe eine große Kluft zwischen mir und diesen Dingen aufrechterhalten, und so wurde es mir wieder genommen, aber nicht entrissen. Niemand ist je vom Unglück erdrückt worden, es sei denn, er wurde zuvor vom Glück getäuscht. [184]

BEVOR GELD DIE WELT REGIERTE, WAR ALLES GRATIS

In Brief 90 erzählt Seneca die Geschichte, wie die Menschen in früheren Zeiten einfacher und freier lebten, bevor komplexe Zivilisationen entstanden. Senecas Geschichte dreht sich um die Vorstellung von *natürlichem Reichtum*: Die Natur stellt frei zur Verfügung, was ihre Geschöpfe brauchen. Zum Beispiel steht einem Tier alles, was es zum Leben braucht, in seinem natürlichen Lebensraum zur Verfügung und erfordert wenig bis gar keine Mühe, um es zu erlangen.

Dasselbe gilt, so behauptet Seneca, für die frühesten Menschen. Er schreibt: »Die Natur stellt keinerlei schmerzhafte Anforderungen an uns. Nichts, was wir zum Leben brauchen, ist schwer zu bekommen. Alles war bei unserer Geburt für uns vorbereitet.« Er fährt fort:

> *Wir* haben uns alles schwer gemacht, weil wir die einfachen Dingen verachten. Häuser, Bekleidung, Nahrung sind heutzutage ungeheuer kompliziert geworden, waren jedoch schnell, kostenlos und mit wenig Mühe verfügbar. Man beschränkte sich damals auf den notwendigen Bedarf. *Wir* haben diese Dinge teuer und zu Gegenständen des Neids gemacht. *Wir* haben sie durch die vielen und großen Kunstfertigkeiten schwer erschwinglich gemacht.[185]

Die Vorstellung, dass »die Natur den Ansprüchen genügt, die sie stellt« zieht sich durch Senecas gesamtes Werk. *Wir* sind es, die die Dinge sehr viel komplizierter machen, als sie sein müssten. Das Leben der Menschen Jahrtausende vor Senecas Zeit mag zwar rustikal gewesen sein, aber die Menschen lebten sicher und frei unter ihren Strohdächern. Aber diejenigen, die unter Marmor- und Golddächern wohnen, leben in einem Zustand der Leibeigenschaft. Über die wohlhabenden Römer seiner Zeit sagt Seneca: »Das natürliche Maß, das unsere Wünsche auf die tatsächlichen Bedürfnisse beschränkte, ist heute verschwunden. Heutzutage gilt es als plump und armselig, sich nur das zu wünschen, was ausreichend ist.«[186]

Letztlich war es die menschliche Gier, die die Armut einführte. Indem wir mehr wünschten, als wir brauchten, verloren wir alles. In früheren Zeiten sorgten die Menschen Seneca zufolge gleichermaßen füreinander. Aber dann begannen die Menschen, die mächtiger und gieriger waren, dass »der Stärkere dem Schwächeren Gewalt antat« und dass er »seine ungenützten Schätze für den eigenen Gebrauch verbarg und begann, einem anderen auch das Unentbehrliche vorzuenthalten«.[187] Und als sich die Dinge weiterentwickelten, wurden die Menschen geblendet von Reichtum und verführt von dem Wunsch, ihren Reichtum vor anderen auf extravagante Weise zur Schau zu stellen. Heute bezeichnen wir das als die Vorstellung von »Ruhm und Reichtum«, und wie Seneca schrieb: »All dieser Wohlstand will einfach nur wahrgenommen werden.«[188]

Statt den Ansatz von Ruhm und Reichtum zu bevorzugen, der menschliches Leid verursacht, befürwortete Seneca einen Weg der freiwilligen Einfachheit. Wie er an Lucilius schrieb: »Du solltest alle Dinge an deinen natürlichen Bedürfnissen messen, deren Befriedigung kostenlos oder günstig ist ... Die Natur verlangt nichts als Nahrung.«[189]

DIE GEFAHREN EXTREMEN REICHTUMS

> Jeder, der sich der Macht des Schicksals unterworfen hat, schafft sich gewaltige und unentwirrbare geistige Turbulenzen.
>
> Seneca, *Briefe an Lucilius* 74.6

Für Seneca barg extremer Wohlstand viele Gefahren. Epikur, der Begründer einer mit den Stoikern konkurrierenden Schule, schrieb: »Für viele bedeutete der Erwerb des Reichtums nicht das Ende ihrer Leiden, sondern nur eine Veränderung derselben.«[190] Seneca war zwar bei vielen Lehren von Epikur anderer Meinung, diese gehörte jedoch nicht dazu.

Wie der Unternehmer und Lifestyle-Autor Timothy Ferriss und andere anmerkten, verstärkt es die vorhandenen Charaktereigenschaften, wenn Menschen plötzlich reich werden. Manche mental stabilen Menschen wie Warren Buffett – zum Zeitpunkt der Entstehung dieses Buches über 83 Milliarden US-Dollar schwer – lassen sich durch großen Reichtum nicht verunsichern. Buffett lebt immer noch in einem Haus, das er 1958 für 31.500 US-Dollar gekauft hat. Er isst öfter preiswertes Fastfood bei McDonald's und fährt ein preiswertes Auto. Diese Fakten weisen darauf hin, dass sein Lebensstil ziemlich gesetzt ist und er sich nicht zu einem extravaganten Leben hingezogen fühlt. Es gibt jedoch Menschen, deren Überheblichkeit durch plötzlichen Reichtum wächst und deren negative Charakterzüge, die Seneca detailliert auflistet, dadurch verstärkt werden. Seneca merkt an, dass extremer Reichtum viele Menschen instabil werden lässt, sich jedoch unterschiedlich auf den Einzelnen auswirkt: »Wohlstand ist ein unruhiger Zustand, er hetzt sich selbst ab. Er verunsichert das Gehirn nicht bloß in einer Hinsicht, denn er wirkt auf die Menschen unterschiedlich: Die einen treibt er zur Macht, die anderen zur Selbstverliebtheit. Manche plustert er auf, andere verweichlicht und zermürbt er völlig.«[191]

Während Senecas lateinische Bezeichnung übersetzt werden kann als »sich aufplustern« oder »sich aufblasen«, nennen wir diesen Zustand heutzutage in der Psychologie »Inflation«.[192] An anderer Stelle schreibt Seneca, dass großer Reichtum »den Geist aufbläht, Arroganz hervorruft, Neid anzieht und die Vernunft stört«, und zwar in solchem Maße, dass Menschen es lieben, den Ruf des Wohlstands zu haben, auch wenn dieser Ruf sehr wahrscheinlich schädlich für uns ist.[193]

Eine der größten Gefahren extremen Reichtums besteht darin, dass er Menschen ermutigt, über ihre Mittel zu leben und abhängig zu werden von Luxus und Überfluss. Anders ausgedrückt: Die Tugend der Bescheidenheit wird aus dem Fenster geworfen. In der schlimmsten Ausprägung werden Dinge, die einst Luxus waren, zur Notwendigkeit. Seneca erzählt die Geschichte von Apicius, einem römischen Luxusliebhaber, und liefert damit eine Fallstudie von außer Kontrolle geratenem Überfluss. Apicius war bereit, für die erlesensten Speisen der Welt zu zahlen, was immer nötig war. Nachdem er 100 Millionen römische Sesterzen (eine astronomisch hohe Summe) für seine Sucht nach feinen Speisen ausgegeben hatte, entdeckte er, dass ihm »nur noch« zehn Millionen geblieben waren. Vor lauter Angst, dass er womöglich auf seine extravaganten Mahlzeiten verzichten und in »Armut« sterben müsse, nahm er sich das Leben.[194]

Eine weiteres, mit extremem Reichtum verbundenes Problem ist die Herausforderung, diesen Status auch zu halten. Reiche Menschen leben, wie der Rest von uns, häufig über ihre Mittel. Aber Fortuna ist launisch. Sobald Sie ein teures Anwesen erworben haben – oder zwei oder drei –, müssen Sie es auch instand halten. Das erfordert einen kontinuierlichen Einkommensfluss. »So ist schon die Bewahrung großen Reichtums etwas Angsterfüllendes«, schrieb Seneca, und »großer Wohlstand ist große Knechtschaft.«[195] Um großen Reichtum zu erhalten, bedarf es weiteren Reichtums, und je mehr der Reichtum eines Menschen anwächst, desto wahrscheinlicher wird es, dass er in sich zusammenfällt, was die Quelle von Sorge und Leid für jeden ist, der über seine Verhältnisse lebt.

Wie der moderne Stoiker William B. Irvine hervorhebt, gehören Ruhm und Reichtum zusammen, denn beides sind Zeichen für sozialen Status. Auch wenn wir Ruhm und Reichtum nicht in großem Maßstab erlangen können, so strebt doch nahezu jeder danach: »Wenn ihnen der universelle Ruhm versagt bleibt, streben sie nach lokaler Bekanntheit, Popularität in ihrem sozialen Umfeld oder Ansehen bei den Kollegen. Und wenn sie kein Vermögen in absoluten Zahlen anhäufen können, streben sie nach relativem Wohlstand: Sie wollen materiell besser dastehen als ihre Kollegen, Nachbarn und Freunde.«[196]

Manche Dinge ändern sich nie, und wie Seneca vor 2000 Jahren hervorhob, führt das Streben nach sozialem Status zu Neid, Gier und Strebertum. »Ganz gleich, wie viel du besitzt, wenn jemand anderes mehr hat, wirst du deinen Reichtum als unzureichend empfinden, und zwar um den gleichen Betrag, den der andere mehr hat als du. Dein Erfolgswahn wird so groß sein, dass, wenn jemand vor dir ist, es dir so vorkommen wird, als ob niemand hinter dir sei.«[197] Wohlstand kann Gier wecken, denn je mehr Geld man hat, desto mehr kann man verdienen.

Und schließlich gibt es noch eine weitere durch Wohlstand hervorgebrachte Quelle des Leids: den Verlustschmerz. Seneca weist darauf hin: »Wir sollten uns vor Augen halten, wie viel weniger schmerzhaft es ist, nichts zu besitzen, als den Reichtum, den man besitzt, zu verlieren. Dann werden wir einsehen, dass uns die Armut weniger quält, weil wir weniger zu verlieren haben.«[198]

FINANZIELLE SORGEN ÜBERWINDEN: »ARMUT ÜBEN« UND FREIWILLIG EINFACH LEBEN

> Wenn du dich geistigen Interessen widmen willst, musst Du entweder arm sein oder den Armen ähneln. Eine wissenschaftliche Bestätigung kann nicht förderlich sein, wenn man sich nicht um ein

einfaches Leben bemüht. Und ein einfaches Leben ist freiwillige Armut.

Seneca, *Briefe an Lucilius* 17.5

Falls Sie je Geldsorgen hatten, sind Sie nicht allein. Laut einer jüngst von H&R Block durchgeführten Studie haben 59 Prozent aller Amerikaner »ständig in einem gewissen Maß Geldsorgen«.[199] In Deutschland sieht es ähnlich aus: Laut einer im Jahr 2019 durchgeführten Befragung gehören für 47 Prozent der Bevölkerung »Armut und soziale Ungerechtigkeit« zu den Themen, die ihnen am meisten Sorge bereiten.[200]

Wie Seneca betonte, sorgten sich bereits zu seiner Zeit sogar die reichsten Menschen wegen Geld, und das trifft heute noch zu. Jeremy Kisner, ein zertifizierter Finanzplaner, sagt dazu: »Eine kürzlich durchgeführte Umfrage zeigte, dass sich 48 Prozent der Millionäre und 20 Prozent der sehr vermögenden Haushalte (zwischen 5 und 25 Millionen Dollar) immer noch sorgen, ihnen könne im Alter das Geld ausgehen.« Wenn Sie seinen kurzen Artikel »Why Rich People Worry About Money« lesen (auf Deutsch etwa: Warum reiche Menschen Geldsorgen haben), werden Sie sehen, dass sich seit Senecas Zeiten nicht viel verändert hat, einschließlich der Ursachen der Sorge.[201]

Wie ich in Kapitel 3 angesprochen habe, ist es völlig zulässig, sich in finanzieller Hinsicht *Gedanken zu machen*, aber *sorgen* ist vielleicht nicht der beste Begriff dafür. Indem ich einfach nur das Wort »sorgen« aus meinem Vokabular gestrichen und durch »Gedanken machen« ersetzt habe, wurde ich emotional belastbarer, denn »sorgen« ist eine negative Emotion. Sich Gedanken zu machen, bedeutet dagegen, mit Vernunft an etwas heranzugehen. Auch wenn dies nur eine sehr kleine Veränderung zu sein scheint, sind die Ergebnisse doch spürbar.

Den Briefen Senecas nach zu urteilen, hatte sein Freund Lucilius chronisch Geldsorgen, obwohl er wohlhabend gewesen sein muss. Lucilius zerbrach sich ständig den Kopf, wie er sich zur Ruhe setzen und einen genussvolleren Lebensstil führen könnte. Und wie Sie sich vorstellen können, hatte Seneca jede Menge Ratschläge für ihn parat. Wie bei den Multimillionären von heute, die fürchten, dass ihnen das Geld ausgeht, so wies Seneca darauf hin, dass Lucilius' Sorgen vor allem psychischer Natur waren.

Heutzutage haben viele Menschen im Hinblick auf die Rente berechtigte Sorgen. Doch es ist schwer vorstellbar, dass dies auch auf Senecas wohlhabenden Freund Lucilius zutrifft, der ein Experte darin gewesen zu scheint, Entschuldigungen zu finden. Um dieses Problem in Angriff zu nehmen, schrieb Seneca etliche Briefe und versuchte, die Überzeugungen seines Freundes, wie viel Geld er wirklich benötigte, zu demontieren, ebenso wie dessen Ansicht, dass »Armut« etwas Schreckliches sei. Während Seneca die Bezeichnung »freiwillige Armut« verwendete, um einen guten Lebensstil zu beschreiben, würden wir heutzutage eher von *freiwilliger Einfachheit* sprechen. Für Seneca ist derjenige wahrhaft reich, der genug besitzt, und der schnellste Weg, um reich zu werden, besteht darin, die endlose Jagd nach Wohlstand aufzugeben. Seneca drängte Lucilius, sein Leben nicht aufzuschieben, und legte ihm nahe, seinen gutbezahlten, aber nicht erfüllenden Lebensstil aufzugeben:

> Du bist in ein Leben versunken, das deiner Not und deiner Knechtschaft niemals ein Ende bereiten wird. ... Wenn du dich von deinem öffentlichen Amt zurückziehst, wird alles bescheidener sein,

> aber dein Leben wird erfüllter sein. Jetzt hingegen befriedigen dich all die vielen Dinge nicht, die sich um dich herum auftürmen. Was ist dir also lieber: Sättigung aus dem Mangel oder Hunger im Überfluss? Wohlstand ist nicht Gier allein, er ist zudem fremder Gier ausgesetzt. Solange dir nichts genügt, wirst du selbst anderen nicht genügen.[202]

Wie er in den Briefen durchgängig betont, ist nur ein weiser Mensch zufrieden mit dem, was er hat, und alltägliche Dinge, wie einfaches Essen, können großes Vergnügen bereiten. Wer auf der Stelle reich werden will, so Seneca, muss aufhören, mehr Geld anzuhäufen und stattdessen die eigenen Wünsche zurückschrauben.

Seneca beauftragte Lucilius dann damit, »Armut zu üben«, damit er sehen kann, mit wie wenig er auskommt. In einer mittlerweile durch Tim Ferriss berühmt gemachten Passage schreibt er: »Nimm dir eine bestimmte Anzahl von Tagen vor, an denen du dich mit der geringsten Menge an Nahrung, der einfachsten Kost sowie mit grober und schäbiger Kleidung begnügen wirst. Dann sag zu dir selbst: ›Ist es das, wovor ich mich gefürchtet habe?‹«[203] Das ist natürlich eine Form von »Konfrontationstherapie« und ein Training für zukünftige Widrigkeiten. Seneca sagt Lucilius:

> Ertrage dies drei oder vier, bisweilen auch mehr Tage, damit es kein Spiel, sondern eine Prüfung ist: Dann, so glaube mir, Lucilius, wirst du für ein paar Cent gesättigt; und du wirst erkennen, dass dein Seelenfrieden nicht vom Glück abhängt. Denn selbst wenn das Schicksal wütend ist, erfüllt es unsere dringendsten Bedürfnisse.[204]

Luculius, so sagt er, müsse anfangen, »Geschäfte mit der Armut zu machen«, das heißt einen Weg zur Zufriedenheit zu finden, indem er seine finanziellen Probleme lindere.

Laut Tim Ferriss wendet sein Freund Kevin Kelly, der Autor und Mitbegründer der Zeitschrift *Wired* eine ähnliche Methode wie die von Seneca beschriebene an. Er kampiert hin und wieder für ein paar Tage mit seinem Schlafsack im Wohnzimmer und ernährt sich nur von Haferbrei. Das erinnert ihn daran, dass er jede Situation überleben kann. In seinen Zwanzigern reiste Kelly mit einem Rucksack um die Welt, mit fast keinem Geld in der Tasche. Anscheinend hat er sich die Übung der freiwilligen Einfachheit ohne Hilfe von Seneca beigebracht.

Ich experimentiere mit Senecas Methode, indem ich mir zum Beispiel ein köstliches, warmes, aber preiswertes Frühstück zu Hause zubereite: zwei hart gekochte Eier, warme Wachtelbohnen und Salsa. Die Gourmetversion beinhaltet zusätzlich ein paar Scheiben Avocado mit Limettensaft und ein bisschen Thunfisch. Manchmal füge ich noch getrocknete Tomaten hinzu. In regelmäßigen Abständen berechne ich die Kosten für jede Variante. Bei den heutigen Preisen, und mit Dosenbohnen zubereitet, beläuft sich das sparsamste Frühstück auf 1,50 Dollar. Eines meiner liebsten und gesündesten warmen Mittagessen kostet 2,50 Dollar: ein aufgewärmter Truthahn-Burger mit ein bisschen Kalamata-Olivenpaste. Obwohl ich oft mehr ausgebe, weil ich essen gehe, ist es beruhigend zu wissen, dass ich zur Not mit 6 Dollar am Tag oder weniger als 200 Dollar im Monat auskommen würde – oder sogar noch weniger, wenn ich nur Reis und Bohnen essen würde. Was ich damit sagen möchte: Für jeden mit finanziellen Sorgen ist es oft eine hilfreiche Übung, auszurechnen, mit wie wenig Geld man notfalls auskommen könnte, und dann damit zu experimentieren, diesem Lebensstil zumindest teilweise zu folgen.

Ein Leben in freiwilliger Einfachheit, wie von Seneca empfohlen, verschafft Ihnen auch mehr persönlichen Freiraum, um Ihren Interessen zu folgen. Denn ein schlichter Lebensstil reduziert Ihre Ausgaben, er könnte die Zeit verringern, die Sie arbeiten müssen, was wiederum zu mehr Freizeit führt. Wie Seneca schrieb: »Bereits eine kleine Menge befriedigt die Bedürfnisse der Natur. Sie ist mit wenig zufrieden. Nicht der Hunger unseres Bauches kommt uns teuer zu stehen, sondern der Ehrgeiz.«[205] Und in einem Brief an seine Mutter schrieb er: »Wer sich also innerhalb des natürlichen Maßes hält, wird sich nie arm fühlen; wer aber das natürliche Maß überschreitet, wird selbst im größten Reichtum von Armut verrfolgt.«[206] Für Seneca »verkörpern die schlimmste Art der Armut jene Menschen, die sich inmitten ihres Reichtums arm fühlen«.[207]

DIE GABEN DES GLÜCKS NUTZEN

> Tugend entsteht nicht aus Reichtum, aber Tugend macht Reichtum und alles andere gut für den Menschen.
>
> Platon, *Apologie des Sokrates* 30 A-B

Obwohl Seneca erkannte, wie ablenkend und schädlich extremer Reichtum für Menschen mit einem ungefestigten Charakter sein kann, hielten die Stoiker Reichtum insgesamt für vorteilhaft: Er ist etwas, das man sich wünschen sollte, sagten sie, ebenso wie Gesundheit, falls möglich, auch wenn Reichtum und Gesundheit nicht Ihren Charakter verbessern.

Weil Seneca ein Befürworter des einfachen Lebens war, aber selbst extrem wohlhabend, wurde er Zeit seines Lebens der Scheinheiligkeit bezichtigt.[208] Am Ende seines Büchleins *Vom glücklichen Leben* nimmt Seneca seine Kritiker ins Visier, argumentiert gegen sie. Aber seine gesamte Denkweise kann in einem einzigen Gedanken zusammengefasst werden: Es ist gut, die Gaben des Glückes zu nutzen, solange man sich nicht von ihnen versklaven lässt.

Wie Seneca Lucilius erzählte, kann niemand wahrhaftig glücklich sein, solange er sich nicht über den Reichtum erhoben hat. Folglich müssen diejenigen, die Reichtum besitzen, sich selbst davon überzeugen, dass sie ohne diesen glücklich sein können. Sie sollten Reichtum als etwas betrachten, das jeden Moment verschwinden kann.[209] Anders ausgedrückt: Wenn Sie Reichtum oder ein anderes Geschenk Fortunas besitzen, sollten Sie nicht Ihr Herz daran hängen.

Senecas überzeugendstes Argument für den Wert von Reichtum besteht darin, dass eine wohlhabende Person ihre finanziellen Ressourcen nutzen kann, um Tugend zu praktizieren. Mit anderen Worten können Menschen mit Vermögen dieses klug einsetzen, um anderen und der Gesellschaft einen Dienst zu erweisen.

Als ich in den Vereinigten Staaten lebte, hatte ich einen Nachbarn namens Fred, der so ein Mensch war. Fred und seine Tochter besaßen ein Maschinenbauunternehmen, das zu jener Zeit 220 Millionen Dollar Jahresumsatz machte. Trotz seines Reichtums war Fred bodenständig, umgänglich und zeigte auch nicht die Spur von Arroganz oder Überheblichkeit. Obwohl er im Geschäftsleben so erfolgreich war, bestand Freds Hauptinteresse darin, anderen Menschen zu helfen und die Gesellschaft zu verbessern. Seine Familienstiftung hatte der örtlichen Gemeinde Millionen Dollar zukommen lassen. Auf ein von ihm ins Leben gerufene Programm war er besonders stolz: Darin wurden 30 Personen die Fähigkeiten vermittelt, die sie brauchten, um nicht mehr von der Sozialhilfe leben zu müssen. Nachdem sie ihr Training abgeschlossen hatten, gab er allen eine feste Anstellung – eine Meisterleistung, zu der die Regierung nicht in der Lage gewesen war. Eines Tages war ich bei ihm in seinem Haus, das eine tolle Aussicht hatte, aber ziemlich rustikal und bescheiden eingerichtet war. Als wir dort saßen und Kaffee tranken, gestand Fred mir: »Ich liebe es, an diesen Projekten zu arbeiten, um die Dinge besser zu machen. Das interessanteste Problem, über das ich oft nachdenke, ist, wie man die Armut abschaffen könnte.«

Als ich einmal eine private Tragödie zu bewältigen hatte, kam Fred bei mir vorbei, um zu sehen, wie es mir ging. Als wir redeten, sagte er: »Wenn so etwas passiert, denke ich, dass du es nur in Gottes Hände legen kannst.« Fred war zwar Christ, aber diese Worte erinnerten mich doch stark an den Stoizismus. Denn die Stoiker sagen stets: »Manche Dinge liegen nicht in unserer Hand.«

Auf jeden Fall ist Fred ein perfektes Beispiel dafür, was Seneca im Hinterkopf hatte, als er sagte: Wenn du Reichtum besitzt, hast du eine wunderbare Möglichkeit, Tugend zu praktizieren.

Als sich Seneca an seine Kritiker wandte, die ihn wegen seines Reichtums der Scheinheiligkeit bezichtigten, lieferte er eine perfekte, bissige Antwort, die mir jedes Mal ein Gefühl der Freude gibt, wenn ich sie lese. »Wenn mein Reichtum wegfließt, nimmt er nur sich selbst mit. Aber wenn du deinen Reichtum verlierst, wirst du einen Schock erleiden und dich fühlen, als hättest du dich selbst verloren. Für mich hat der Reichtum einen Platz, aber für dich hat er den höchsten Wert. Letzten Endes besitze ich meinen Reichtum, aber dein Reichtum besitzt dich.«[210]

KAPITEL 9

Niederträchtige Menschenmengen und was sie zusammenhält

Was du hauptsächlich meiden sollst, fragst du? Die Menschenmenge.

Seneca, *Briefe an Lucilius* 7.1

ABSCHLACHTEN GEFÄLLIG?

Als Seneca seinem Freund Lucilius riet, Menschenmengen zu meiden, war er gerade von den Gladiatorenspielen zurückgekehrt. Dort hatte er den Massen dabei zugesehen und zugehört, wie sie bejubelten, dass zu ihrer Unterhaltung vor ihren Augen Menschen getötet wurden. Als Seneca sagte, wir sollten »Menschenmengen meiden« sprach er dabei also nicht von Menschenansammlungen im Allgemeinen. Er sprach von Mobs oder niederträchtigen Menschenmengen, die eine furchtbare Wirkung auf unseren Charakter haben können, vor allem, wenn wir von den Emotionen der Menge mitgerissen werden. Er schrieb an Lucilius:

> Der Kontakt mit einer Menschenmenge ist schädlich für uns. Es gibt keinen Menschen, der uns nicht irgendein Laster empfiehlt, es uns aufdrückt oder ohne unser Wissen anhängt. Je größer die Volksmenge ist, unter die wir uns mischen, umso größer ist auch die Gefahr. Nichts aber ist so schädlich für einen guten Charakter, als öffentlichen Spielen beizuwohnen. Da nämlich schleicht sich durch das Vergnügen spielend leicht das Laster ein.
>
> Verstehst du, was ich damit sagen will? Geldgieriger kehre ich heim, eingebildeter und selbstgefälliger, schlimmer noch, grausamer und unmenschlicher, nur weil ich unter anderen Menschen gewesen bin.[211]

Seneca erklärt, dass er sich von den Spielen etwas »Spaß, Witz und Entspannung« erwartet habe, es sich jedoch in ein Abschlachten verwandelt habe, sobald verurteilte Verbrecher in die Arena gebracht wurden. In seinem anschaulichen Bericht schreibt Seneca: »Alle früheren Kämpfe zeigten Barmherzigkeit. Aber jetzt verzichtet man auf Possen, und es ist der reine Menschenmord. Die Männer haben nichts, um sich zu schützen. Ihr ganzer Körper ist entblößt und kein Schlag ist vergeblich … Jeder Kampf endet mit dem Tod. Mit Feuer und Schwert geht man vor.«[212]

An einem Punkt wurde die Menge richtig grob und schrie »Töte ihn! Schlag zu! Verbrenne ihn!« und so weiter. Und als die Spiele für eine kurze Pause unterbrochen wurden, verkündete jemand: »Unterdessen schneide man den Menschen die Kehle durch, damit wenigstens etwas geschieht.«[213]

Seneca spricht das an, um auf etwas Wichtiges hinzuweisen: Unser Charakter wird stark beeinflusst von den Menschen, die uns im täglichen Leben umgeben. Zudem werden Menschen stark von anderen beeinflusst, wenn sie an politischen Kundgebungen, Sportveranstaltungen, religiösen Zusammenkünften oder Versammlungen teilnehmen, die sich in Krawalle verwandeln. Aber die Art und Weise, in der andere uns beeinflussen, sei es im täglichen Leben oder in einer Menschenmenge, sind nahezu identisch: »Ein einziges Beispiel von Selbstverliebtheit oder Habsucht richtet großen Schaden an. Ein verwöhnter Freund schwächt und verweichlicht uns; ein reicher Nachbar entfacht unsere Habsucht; ein bösartiger Gefährte färbt selbst auf einen noch so makellosen und aufrichtigen Menschen mit seiner Bosheit ab.«[214]

Seneca nutzt die Geschichte von seinem Ausflug zu den Spielen, um anzusprechen, dass die Qualität der Menschen in unserem Umfeld wesentlich dafür ist, um unseren Charakter zu verbessern. Wir werden uns gleich mit Senecas Gedanken beschäftigen, aber lassen Sie uns zuerst einen Blick darauf werfen, wie Emotionen und Verhaltensweisen in großen Gruppen »viral gehen«, eine bemerkenswerte Eigenschaft unseres Internetzeitalters. Erstaunlicherweise wurde diese Idee, dass menschliches Verhalten »viral« oder »ansteckend« sein kann, bereits vor 2000 Jahren von Seneca beschrieben.

WENN DINGE ANSTECKEND WERDEN

Unter Verwendung einer Metapher aus der Medizin erklärt Seneca, dass wir uns »infizieren« können mit den schlechten Eigenschaften anderer. Bei einer Seuche, merkte er an, können wir uns eine Krankheit einfangen, indem wir nur »angeatmet werden«, deshalb müssen wir unsere Freunde sorgfältig aussuchen, basierend auf der Gesundheit ihres Charakters. »Bemühe dich, die am wenigsten Infizierten aufzunehmen«, schrieb er, denn »es ist der Beginn der Krankheit, wenn man Gesunde der Krankheit aussetzt.«[215]

Bemerkenswerterweise erwähnt Seneca das nicht nur einmal. Wie er in einem anderen Werk schreibt: »Man übernimmt Gewohnheiten von Personen, mit denen man Umgang hat, und so wie manche Krankheiten durch körperlichen Kontakt übertragen werden, überträgt auch der Geist seine Krankheiten auf die Menschen in unserer Umgebung.« Zum Beispiel kann ein gieriger Mensch seinen infizierten Charakter auf seine Nachbarn übertragen. Aber glücklicherweise »verhält es sich umgekehrt genauso mit vollkommenen Eigenschaften«. Während also Menschen mit fehlerhaften Charakteren ihre schlechten Gewohnheiten auf uns übertragen können, können Menschen mit gutem Charakter, die sich mit uns anfreunden, aus uns bessere Menschen machen.[216]

Worüber Seneca hier schreibt, würde man heute als *unbewussten Einfluss* bezeichnen. Und damit wir uns unbewusst beeinflussen lassen, spielt es keine Rolle, ob es sich um eine große Gruppe handelt, eine kleine Gruppe oder eine einzelne Person. Der Prozess ist in allen Fällen nahezu identisch.

Ein Beispiel: Als ich aufwuchs, mochte ich nicht mit Menschen zusammen sein, die Zigaretten rauchten. Tatsächlich entschied ich als Jugendlicher, niemals zum Raucher zu werden. Aber gegen Ende meiner Teenagerzeit war ich oft von Kollegen und Freunden umgeben, die rauchten. Wir gingen in der Mittagspause zusammen essen, und sie zündeten sich eine Zigarette an, während sie Kaffee tranken, vor und nach einer Mahlzeit. Und natürlich dauerte es nicht lange, bis ich anfing, ebenfalls zu rauchen. Nach einer Weile wurde es noch schlimmer. Schließlich wurde aus dem Gewohnheitsrauchen eine Sucht, während der ich eine Packung Zigaretten pro Tag rauchte. Aber mit 24 Jahren hörte ich auf. Das Rauchen und seine Auswirkungen wurden zu unangenehm, um weiterzumachen. Ich entwickelte sogar einen Schmerz in meinem linken Lungenflügel. Nikotin, darauf weisen Wissenschaftler hin, macht genauso süchtig wie Heroin. Aufzuhören war extrem schwierig, aber nachdem ich einen Monat von den Zigaretten weg war, begann ich mich wieder normal zu fühlen.

Oder ein anderes Beispiel: Etwa um dieselbe Zeit war mein bester Freund zwar sehr intelligent, aber auch unglaublich sarkastisch. Sarkastische Kommentare sprudelten von seiner Zunge wie Wasser aus einem Springbrunnen. Durch unbewusste Nachahmung schnappte ich dieses Verhalten leider auf und es wurde zu einer unangenehmen Charaktereigenschaft von mir. Ein paar Jahre später bemühte ich mich, dieses Verhalten wieder abzulegen.

Während Seneca von den Gefahren durch Menschenmengen und ansteckende Gewohnheiten sprach, reden wir heutzutage davon, dass Dinge in den sozialen Medien »viral gehen«, was unser heutiger Schauplatz von Massenverhalten ist. Falls Seneca recht hatte mit den Gefahren durch Menschenmassen und wie sie unser psychisches Wohlbefinden nachteilig beeinflussen können, sollten wir vielleicht vorsichtiger damit sein, wie wir die sozialen Medien konsumieren. Nahezu hypnotisierend schöne Bilder, ungefilterte Emotionen und Wut scheinen häufig durch soziale Netzwerke zu strömen und ein Eigenleben zu führen. Mit dem Internet bröckelte der ernstere Journalismus der Printmedien größtenteils. Leider ist die Online-Berichterstattung, die an die Stelle der Printmedien getreten ist, oftmals darauf ausgerichtet, Empörung hervorzurufen, Klicks zu bekommen und viral zu gehen. Das kann für uns als Individuen und Gesellschaft unmöglich gut sein.

Damals, in den 1800er-Jahren, begründeten die Sozialpsychologen Gabriel Tarde (1843-1904) und Gustave Le Bon (1841-1931) die Massenpsychologie, die seitdem zu einem bedeutenden Forschungsgebiet geworden ist. Tarde und Le Bon stellten die Idee der *Herdenmentalität* vor. Diese ist auch als *Gruppenverstand* bekannt, ein Thema, über das Seneca 2000 Jahre zuvor geschrieben hatte. Wissenschaftliche Studien haben gezeigt, dass Menschen von Natur aus anfällig dafür sind, das Verhalten anderer nachzuahmen, sowohl in der realen, physischen Welt als auch online.[217]

Aber wissenschaftliche Studien mal beiseitegelassen: Jeder aufmerksame Beobachter kann sehen, wie das Verhalten von Einzelpersonen häufig von der Herdenpsychologie in sozialen Medien beherrscht wird. Ein Beispiel dafür ist, wie Gruppen aufgebracht auf neue Geschichten reagieren, bevor überhaupt alle Fakten bekannt sind. Auf gewisse Weise sind emotional aufgeladene Twitter-Mobs nicht weniger gefährlich als physische Mobs. Wenn sich die Empörung online verbreitet, setzt der daraus resultierende Wunsch nach Selbstjustiz die Notwendigkeit außer Kraft, dass ein ordnungsgemäßes Verfahren eingesetzt wird, welches eine echte Gerechtigkeit jedoch stets erfordert. Es gibt zahllose Beispiele für Morddrohungen, die öffentlich online (oder privat als E-Mail) verschickt wurden. Genauso gibt es Menschen, die versuchen, die Karriere von Leuten zu »beenden«, von denen sie sich beleidigt fühlen. Da niemand gegen emotionale Ansteckung gefeit ist, beschränkt sich dieses Verhalten nicht auf eine Seite des politischen Spektrums. In seinem Klassiker *Zur Psychologie der Massen* (1895) schrieb Gustave Le Bon sinngemäß:

> Die sorgfältigsten Beobachtungen scheinen zu beweisen, dass ein Individuum, das lange Zeit in einer aktiven Menschenmenge eingetaucht war, sich bald – sei es als Folge dessen, dass es durch die Menge beeinflusst wird, oder aufgrund einer uns unbekannten Ursache – in einem besonderen Zustand befindet, der dem der Verzauberung ähnelt, die ein hypnotisiertes Individuum unter dem Einfluss des Hypnotiseurs empfindet.[218]

Wenn der Gruppenverstand übernimmt, so Gustave Le Bon, gleicht das Individuum einem Sandkorn inmitten eines Haufens anderer Sandkörner, das der Wind nach Belieben aufwirbelt.[219]

Gabriel Tarde wies zudem darauf hin, dass das unbewusste Imitieren anderer zumindest teilweise für Herdenverhalten und das Entstehen des Gruppenverstands verantwortlich ist. Und wie ein aktuellerer Denker, Tony D. Sampson, hervorhebt, liegt es an der hypnotischen Macht der Nachahmung, dass sich Emotionen und Gefühle viral in digitalen Netzwerken verbreiten und andere infizieren.[220]

EIN BLICK AUF DIE UNSICHTBAREN EINFLÜSSE

Senecas Interesse daran, wie andere uns beeinflussen, hängt mit *Sozialisation* zusammen, einem Begriff, der in den 1940er-Jahren populär wurde. Sozialisation ist der Prozess, durch den Menschen sich an die Werte einer Gesellschaft oder die Normen einer kleineren Untergruppe anpassen.

Ein Großteil der Sozialisation geschieht bewusst und absichtlich, wenn Eltern zum Beispiel ihren Kindern beibringen, höflich zu sein, sich mit anderen zu vertragen und Regeln zu befolgen – alles wichtige Kompetenzen für das Leben in einer Gesellschaft. Andere Formen der Sozialisation laufen jedoch eher unsichtbar und unbewusst ab: zum Beispiel die Art und Weise, wie Menschen durch Medien, Werbung und Peergroups Überzeugungen und Verhaltensweisen verinnerlichen. Deshalb sprechen Menschen, die sich mit Sozialisation beschäftigen, von *bewusster Sozialisation* und *unbewusster Sozialisation*.

Wenn wir zu einem hoch entwickelten menschlichen Wesen werden wollen, ist Sozialisation wesentlich. Aber *wie* wir sozialisiert sind, kann zum Guten oder Schlechten sein. Zum Beispiel können Eltern ein Kind so sozialisieren, dass es ehrlich und fair ist, eine andere Familie könnte ihr Kind jedoch so sozialisieren, dass es rassistische Ansichten vertritt. In Senecas Welt war die blutrünstige Menge, die er bei den Spielen sah und die nach Tod und Zerstörung verlangte, dahin gehend sozialisiert worden, dass sie in Gewalt schwelgte. In heutigen Begriffen aus der Psychologie würde man davon sprechen, dass die Gruppe, als sie nach Tod verlangte, zu einem Gruppenverstand wurde, der sich im Griff emotionaler Ansteckung befand. Seneca war einer der ersten, dem auffiel, wie ansteckend Emotionen sein können – heutzutage ist das ein Forschungsgebiet. Forscher haben zum Beispiel festgestellt, dass Gähnen nicht nur bei Menschen ansteckend ist. Es ist sogar über Spezies hinweg ansteckend: Hunde und Schimpansen können sich durch das Gähnen von

Menschen anstecken lassen.[221] Diese Art von ansteckendem Nachahmungsverhalten muss sehr tief verwurzelt sein.

Während alle Stoiker glaubten, dass falsche Überzeugungen oder Meinungen menschliches Leid verursachen, erkannten einige von ihnen auch, dass wir diese Überzeugungen durch Training verinnerlichen.[222] Zum Beispiel bringen viele Eltern ihren Kindern bei, dass Geld ein unbedingtes Gut ist. Aber Seneca, der von allen Stoikern die tiefgründigste psychologische Erkenntnis besaß, erkannte, dass etwas Tiefgreifenderes vor sich ging. Das können wir daran sehen, dass er wiederholt Metaphern für unsichtbare Einflüsse verwendete und auf die menschliche Psychologie anwandte – »unsichtbare Ansteckungen«, »Seuchen«, und »ansteckende Angewohnheiten«, die unseren Charakter beeinflussen können, wenn sie übertragen werden »ohne dass wir es merken«. Heutzutage ist uns klar, dass diese Beschreibungen Metaphern für »unsichtbare« oder unbewusste Sozialisation sind.[223]

Die Psychologie lehrt uns, dass manche Emotionen, Vorstellungen, Überzeugungen und Verhaltensweisen eine »magnetische Kraft« aufweisen und ohne, dass es uns bewusst ist, übertragen werden können. Und wie wir durch die Hypnose gelernt haben, gehören *Nachahmung* und *Beeinflussbarkeit* zu den mächtigsten psychologischen Phänomenen. Obwohl Nachahmung und Beeinflussbarkeit größtenteils unbewusst ablaufen, zählen sie zu den Hauptfaktoren, die einen mentalen Zustand ansteckend machen. Psychologen weisen auch darauf hin, dass gesellschaftliche Sitten und Verhaltensweisen größtenteils durch unabsichtliche oder unbewusste Nachahmung übernommen werden.[224]

Seneca war vielleicht der erste Denker, der dieses Phänomen beschrieben hat, aber seine Erkenntnisse haben heutzutage noch größere Relevanz. Durch die Massenmedien und Social-Media-

Plattformen ist der Einfluss von Massenpsychologie und emotionaler Ansteckung weit über das hinausgewachsen, was Seneca sich auch nur hätte vorstellen können. Um das Ganze noch zu verschlimmern, versuchen ganze Branchen wie die Werbung und Onlinemedien aktiv, die Gefühle der Menschen, ihre Überzeugungen und Verhaltensweisen auf einer Massenbasis zu manipulieren. Bedauerlicherweise sind das keine halbherzigen Bemühungen: Es wird mit wissenschaftlicher Strenge angegangen und basiert auf »messbaren Ergebnissen«. Jedes Mal, wenn wir einen viralen Link anklicken oder eine Überschrift, die Empörung hervorruft, hält irgendwo irgendjemand – oder eine Maschine – den Popularitätsgrad dieses Links nach.

Wie Seneca auf diese schöne neue Welt reagieren würde, scheint mir eindeutig zu sein. Er würde uns sagen: »Seid nicht unsozial, aber tretet einen Schritt zurück« von allem, das der Massenpsychologie oder dem Gruppendenken ähnelt. Ganz sicher sollten wir einen großen Schritt von allem zurücktreten, das psychologischer Manipulation ähnelt. Als er sagte: »Meidet Menschenmassen«, meinte Seneca damit wie gesagt nicht Menschen im Allgemeinen. Er meinte jedoch, dass wir wachsam sein sollten gegenüber den Einflüssen, denen wir ausgesetzt sind. Wenn Seneca die heutige Terminologie verwendet hätte, würde er wohl gesagt haben: »Lass deine Gedanken oder deine mentale Unabhängigkeit nicht von der hypnotischen Kraft des Gruppenverstands beeinflussen.« Aus der Perspektive der Stoiker besteht das einzige Gegenmittel zu unbewusster sozialer Konditionierung darin, unsere Autonomie als rationale menschliche Wesen zu schützen. Und um das zu tun, müssen wir uns im kritischen Denken üben. In dieser Hinsicht hatte Seneca recht: Menschenmassen *können* gefährlich sein.

DIE SUCHE NACH GUTER GESELLSCHAFT

> Wir sollten eine gesunde Umwelt nicht nur für unseren Körper, sondern auch für unseren Charakter wählen.
>
> Seneca, *Briefe an Lucilius* 51.4

Wenn Menschenmassen zu ansteckendem, ungesundem Verhalten neigen, was ist die Alternative? Nachdem er das gewaltbereite Johlen im Amphitheater beschrieben hatte, empfahl Seneca seinem Freund Lucilius: »Verbring deine Zeit mit denjenigen, die dich zu einem besseren Menschen machen wollen, und lass jene zu dir, die du zu einem besseren Menschen machen kannst. Der Prozess beruht auf Gegenseitigkeit, und man lernt beim Lehren.«[225]

Wenn uns Menschen mit einem ungesunden Charakter umgeben, ist der erste und entscheidende Schritt, aus deren Anwesenheit zu fliehen. »Ein großer Teil der menschlichen Gesundheit«, erklärt Seneca, »besteht darin, diejenigen loszulassen, die den Wahnsinn fördern, und sich von einer Gesellschaft zu fernzuhalten, die für beide Seiten schädlich ist.«[226] Der zweite Schritt besteht darin, uns mit Menschen zu umgeben, die einen guten Charakter haben, selbst wenn es sich nur um eine kleine Gruppe oder sogar nur um eine einzelne Person handelt. Das ist wichtig, weil uns tugendhafte Menschen genauso stark beeinflussen können wie lasterhafte Menschen, aber eben in anderer Richtung: »So wie sich eine schwache Gesundheit an einem guten Ort und in einem gesunden Klima verbessert, so ist es für einen Geist, dem es an Kraft mangelt, ebenso vorteilhaft, sich in besserer Gesellschaft aufzuhalten.«[227] Auf die gleiche Weise, wie schlechte Eigenschaften viral übermittelt werden, können auch gute Eigenschaften äußerst ansteckend sein. Seneca hätte dem berühmten Spruch von Jim Roth, Autor verschiedener Wirtschaftsbücher, zumindest vom Prinzip her zugestimmt: »Du bist der Durchschnitt der fünf Menschen, mit denen du deine meiste Zeit verbringst.« Deshalb sollten wir diese Menschen sorgfältig auswählen.

Das betont erneut, warum Freundschaft und bedeutsame Beziehungen in Senecas Philosophie von entscheidender Bedeutung sind. Zeit mit Menschen zu verbringen, die gute Charaktereigenschaften besitzen, hilft uns, Fortschritte zu machen. »Gute Menschen helfen sich gegenseitig, weil sie die Tugenden des jeweils anderen ausüben. Sogar ein Weiser braucht die Aktivierung der Tugenden: Denn so wie er sich selbst trainiert, so wird er auch von einem anderen Weisen dem Training ausgesetzt.« Auf die gleiche Weise, wie Ringkämpfer und Musiker trainieren und üben, brauchen weise Menschen andere, um mit ihnen zu üben und von ihnen zu lernen.[228] Wenn wir weise sein und einen guten Charakter haben wollen, müssen diese Qualitäten in uns von einer anderen Person »aktiviert« werden. Und um den guten Charakter einer anderen Person zu aktivieren, müssen wir unseren eigenen aktivieren.

EINE MENSCHHEIT: ZUSAMMENGEHÖRIGKEIT VS. TOXISCHER TRIBALISMUS

> Hebe die Gemeinschaft auf und du zerreißt die Einheit des menschlichen Geschlechts, auf die sich das Leben stützt.
>
> Seneca, *Über die Wohltaten* 4.18.4

Mit ihrer Überzeugung, dass die Menschheit durch die Vernunft oder *logos*, die uns allen gemein ist, eins ist, leisteten die Stoiker einen monumentalen Beitrag zur Entwicklung der Menschenrechte. Die Ideen der Stoiker trugen zum Beenden der Sklaverei bei und zur Gleichberechtigung von Frauen an vielen Orten auf der Welt.

Obwohl Aristoteles viele gute philosophische Ideen hatte und half, die Grundlagen der wissenschaftlichen Forschung zu legen, waren einige seiner Ideen fehlerhaft und schädlich – vor allem, dass Aristoteles glaubte, nur Männer würden vollständig über Vernunft verfügen. Im Vergleich zu den Männern besaßen die Frauen ihm zufolge ein geringeres Ausmaß an Vernunft, wohingegen »natürliche Sklaven« und »Barbaren« (oder Nichtgriechen) überhaupt keine Vernunft besaßen.[229]

Im Gegensatz dazu glaubten die Stoiker, dass alle Menschen auf die exakt gleiche Weise über Vernunft verfügten. Anders ausgedrückt: *Jedes* menschliche Wesen – einschließlich Männern, Frauen, Sklaven und Menschen aus anderen Ländern – besitzen Vernunft, und die menschliche Seele ist »immer und überall gleich«.[230] Die frühen Christen übernahmen diese Vorstellung von den Stoikern. Wie der christliche Autor Lactantius schrieb: »Weisheit ist der Menschheit gegeben, sie ist allen Menschen ohne Unterscheidung gegeben ... *Die Stoiker verstanden das in einem solchen Ausmaß, dass sie sagten, sogar Sklaven und Frauen sollten Philosophie betreiben.*«[231] [Kursivschrift zur Hervorhebung vom Autor ergänzt.] Mit anderen Worten sind auf die gleiche Weise, wie alle menschlichen Wesen mit Muskeln auf die Welt kommen, auch alle mit Vernunft ausgestattet. Wie jeder Einzelne diese Gabe dann entwickelt, liegt ganz bei ihm.

Zwar stand er den Ansichten der Stoiker kritisch gegenüber, aber der römische Staatsmann und Autor Cicero (106–43 v. Chr.) studierte den Stoizismus sorgfältig und war für viele seiner Ideen empfänglich. Als politischer Philosoph übernahm und entwickelte Cicero die Vorstellung der Stoiker vom *Naturgesetz*, dem eine lange und bedeutsame Geschichte zukommt.[232] Naturgesetz basiert auf der Vorstellung der Stoiker, dass die Gesetze der Natur rational sind und dass unsere menschliche Vernunft ebenfalls aus der Natur entstammt. Auf Grundlage dieser Prämissen dachte Cicero, dass unsere menschlichen Gesetze für die Vernunft einleuchtend sein müssten: Letztlich sollten sie auf der Art von Vernunft fußen, die wir auch in der Natur, im Kosmos und in unserem eigenen moralischen Empfinden widergespiegelt sehen. Als politischer Philosoph definierte er *Gesetz* als »rechte Vernunft, die mit der Natur im Einklang steht«. Wenn wir die Dinge klar sehen könnten, so dachte Cicero, würden wir wollen, dass die Gesetze in Rom, Athen und jeder anderen Stadt gleich sind, weil sie mit der Natur im Einklang stehen sollten.[233]

Anders ausgedrückt ist das Naturgesetz universell: Es ist nicht von Menschen erfunden. Es ist vielmehr entdeckt worden. Letztlich geht es zurück auf die Natur, die Vernunft oder »Gott« – drei Begriffe, die für die Stoiker Synonyme waren. Gemäß dem Naturgesetz haben alle Menschen angeborene Rechte, oder Grundrechte, die ihrer menschlichen Natur innewohnen.

Abbildung 6: Die lange Entwicklungsgeschichte der Menschenrechte, von den Stoikern bis zu den Vereinten Nationen

Obwohl unsere heutige Vorstellung von »universellen Menschenrechten« in der Antike noch nicht existierte, war der Keim dieser Idee in der Vorstellung der Stoiker vom Naturgesetz vorhanden, das Cicero unterstützte.[234] Die Stoiker hatten das Konzept der Gleichheit der Menschen dargelegt. Im Laufe der Jahrhunderte entwickelte sich aus dem Naturgesetz dann die Vorstellung der Grundrechte, aus denen wiederum die heutige Vorstellung der Menschenrechte hervorging (siehe Abbildung 6).[235] Naturgesetze *sind* im Wesentlichen Menschenrechte.

Die Vorstellungen der Stoiker von den Naturgesetzen, wie bei Cicero zum Ausdruck gebracht, prägten Denker der Aufklärung wie John Locke (1632–1704) und inspirierten die Gründungsväter der USA tiefgreifend.[236] So war zum Beispiel Thomas Jefferson (1743–1826), der die erste Fassung der Unabhängigkeitserklärung formulierte, genauso wie andere Gründer bestens mit den Ideen von Seneca, den Stoikern und Cicero vertraut.[237] Jeffersons eigenes Konzept der Grundrechte entsprach dem Stoizismus.[238] Und als Jefferson die Worte schrieb, dass »alle Menschen gleich geschaffen sind«, spiegelte das die Idee der Stoiker von der Gleichheit der Menschen wider.[239]

Cicero hatte erklärt, dass eine Hauptfunktion der Regierung darin bestehe, das Leben, die Freiheit und das Eigentum seiner Bürger zu schützen. Jahrhunderte später identifizierte John Locke »Leben, Freiheit und Eigentum« als zu den fundamentalsten Grundrechten der Menschen gehörend. Als Thomas Jefferson seine Unabhängigkeitserklärung verfasste, übersetzte er die von Locke beschriebenen Grundrechte in »Leben, Freiheit und das Streben nach Glück«. Wie Jefferson es formulierte:

> Wir halten die nachfolgenden Wahrheiten für klar an sich und keines Beweises bedürfend, nämlich: dass alle Menschen gleich geboren, dass sie von ihrem Schöpfer mit gewissen unveräußerlichen Rechten begabt sind, dass zu diesem Leben Freiheit und das Streben nach Glück gehöre.

Für Jefferson waren die aufgeführten Rechte für die Vernunft »klar« und Aspekte des »Naturgesetzes«. Diese Rechte sind Grundrechte *und* Menschenrechte. Und wie der Historiker Joseph J. Ellis anmerkte, sind Jeffersons Zeilen in der Unabhängigkeitserklärung »die meist zitierte Erklärung zu Menschenrechten der Geschichte«.[240]

Das ist also die Verbindungslinie von den Ideen der Stoiker bis zur Entwicklung der heutigen Menschenrechte: von den Naturgesetzen bei den Stoikern und Cicero über John Locke und die anderen Philosophen der Aufklärung bis hin zu Thomas Jefferson, der bei seiner Verkündung der Menschenrechte an sie alle anknüpfte.

Jefferson war eine unverkennbar wichtige, aber auch eine Übergangsfigur beim Beenden der Sklaverei. Einerseits glauben viele, dass er seinen hohen Idealen selbst nicht ganz gerecht wurde (letztlich hielt er selbst Sklaven und stand damit im Widerspruch zu seinen eigenen moralischen Prinzipien). Andererseits setzte er sich sehr für die Abschaffung der Sklaverei ein: Er befürwortete konsequent deren Abschaffung, schlug praktikable Pläne zur Emanzipation vor und setzte während seiner Zeit als Präsident der Vereinigten Staaten sogar ein Gesetz in Kraft, das den internationalen Sklavenhandel untersagte. Wie die berühmten Worte von Martin Luther King Jr. lauten: »Der Bogen des moralischen Universums ist lang, aber er beugt sich der Gerechtigkeit zu.« Das Sklaventum endete zwar nicht zu Jeffersons Lebzeiten, der lange historische Bogen des Abschaffens der Sklaverei hatte jedoch seinen Ursprung in den Ideen der Stoiker vom Naturgesetz und der Gleichheit der Menschen und wurde von ihnen inspiriert. Jefferson rückte diese Ideen in den Mittelpunkt des öffentlichen Interesses und trieb die Abschaffung der Sklaverei energisch voran.

Wenn die Stoiker recht hatten und die gesamte Menschheit eine Familie ist, warum herrscht dann heutzutage in der Welt so viel Spaltung und Polarisierung? Die kurze Antwort darauf lautet, dass diese Spaltungen etwas mit unserer biologischen Geschichte als Stammestiere zu tun haben. Einer Gruppe oder einem Stamm anzugehören, ist ein angeborenes menschliches Bedürfnis. Per definitionem verspüren Menschen, die kein Gefühl der Zugehörigkeit haben, Einsamkeit und Entfremdung. Sobald Tribalismus jedoch toxische Formen annimmt, wird es problematisch.

Seit etwa 200.000 Jahren lebt der *Homo sapiens* als Stammeswesen. Aufgrund dieser Evolutionsgeschichte ist es nahezu unmöglich, Tribalismus auszurotten. Aber wie der Physiker und Philosoph Marcelo Gleiser feststellt: »Ein Stamm ohne Feinde ist, nahezu per definitionem, kein Stamm. Folglich sind Stammesstreitigkeiten und Kriege Teil dessen, was die Menschheit definiert.« Er fährt fort:

> *Unser größter Feind, gegen den wir nun kämpfen müssen, ist unsere Stammesvergangenheit.* Was uns über Tausende von Jahren gute Dienste leistete, ist nun ein hinfälliges Konzept. Es geht nicht mehr um das Überleben des einen oder des anderen Stam-

> mes, sondern um *Homo sapiens* als Spezies ... Denn zum ersten Mal in unserer gemeinsamen Geschichte müssen wir uns als einen einzigen Stamm auf einem einzigen Planeten betrachten ... Wir sind ein einziger Stamm, der Stamm der Menschen. Und als solche sind wir überhaupt kein Stamm.[241]

Die Stoiker waren die Ersten, die diese Idee ausformulierten: Wir sind Mitglieder einer *cosmopolis*, sagten sie, einer weltweiten, verbundenen Gemeinschaft menschlicher Wesen. Anders ausgedrückt sind wir Bürger der ganzen Welt. Seneca lehrte wie die anderen Stoiker, dass menschliche Wesen wünschen sollten, der gesamten Menschheit von Nutzen zu sein, der Cosmopolis als Ganzes. Ohne gegenseitige Unterstützung würde die Gesellschaft zusammenbrechen. »Wir sind alle Glieder eines großen Körpers«, schrieb er. »Unsere Gesellschaft ist wie ein Torbogen aus Steinen: Er würde zusammenbrechen, würden sich die Steine nicht gegenseitig stützen.«[242]

Ein Zugehörigkeitsgefühl ist wesentlich, aber toxischer Tribalismus zerreißt die Menschen und verstößt gegen die prosoziale Vorstellung der Stoiker. In Senecas Worten: »Man soll für den anderen leben, wenn man für sich selbst leben will.«[243] Im schlimmsten Fall kann Tribalismus zur Unterdrückung anderer, zu Gewalt und sogar zum Genozid führen. Wegen ihrer Überzeugung von der Einheit der Menschen würden die römischen Stoiker, wenn sie heute lebten, heftig der modernen Identitätspolitik in all ihren Formen widersprechen, denn Identitätspolitik teilt die Menschen in verschiedene Untergruppen auf, basierend auf Eigenschaften wie Geschlecht, ethnische Abstammung oder sexuelle Orientierung. Und dann ermutigt sie diese Gruppen, gegeneinander anzutreten im Kampf um Status oder Macht, als sei Gruppenidentität wichtiger als unser grundlegender Status als menschliche Wesen. Indem sie nach dem Motto »teile und herrsche« vorgeht und die Familie der Menschen in konkurrierende Gruppen einteilt, repräsentiert Identitätspolitik die ultimative Form toxischen Tribalismus unserer Zeit. Diese Vorgehensweise verstärkt soziale Spaltungen und Risiken, die Gesellschaft auseinanderzureißen. Wie Seneca warnte: »Hebe die Gemeinschaft auf und du zerreißt die Einheit des menschlichen Geschlechts, auf die sich das Leben stützt.«[244] Für die Stoiker ist die Menschheit eine Einheit: Wir sind alle Brüder und Schwestern. Statt die Gesellschaft in verfeindete Stämme aufzuteilen, sollten wir uns als gemeinsame Menschheit anerkennen und einander unterstützen.

WAS UNS ZUSAMMENHÄLT: SICH IN DER GEMEINSCHAFT WOHLFÜHLEN

> Alle Menschen sind für ein Leben in Gemeinschaft geboren, und die Gesellschaft kann nur durch den gegenseitigen Schutz und liebende Fürsorge ihrer Teile unversehrt bestehen.
>
> Seneca, *Über die Wut* 2.31.7

Senecas Vorstellung, dass wir einer globalen Gemeinschaft der menschlichen Wesen angehören, vereint durch Vernunft und Freundschaft mit anderen, erscheint uns erstaunlich modern. Weil wir heutzutage in einer planetaren Zivilisation leben, miteinander verbunden durch weltweiten Handel und Kommunikationsnetzwerke, gehört globale Gemeinschaft zu unserer alltäglichen Erfahrung. Aber wie kann es sein, dass die menschliche Gemeinschaft und sogar die globale Gemeinschaft überhaupt entstanden ist? Wenn allein die Instinkte des Tribalismus die Dinge regierten, müsste die Welt sehr viel gefährlicher und polarisierter sein, als sie es ist.

Dafür hatten die Stoiker eine wunderbare Erklärung. Diese ist bekannt als *okeiōsis* und scheint auf Zenon zurückzugehen, den Gründer dieser Schule.[245] Der Begriff stammt von dem griechischen Wort *oikos*, was »Haus« oder »Familie« bedeutet. *Okeiōsis* bezieht sich auf das Gefühl der Verwandtschaft oder des Zuhauseseins, dass wir gegenüber anderen Menschen verspüren – also der menschlichen Zuneigung, die wir für andere empfinden –, und sie ist die ultimative Quelle der Ethik der Stoiker. *Okeiōsis* ermöglicht uns, andere Menschen als uns nah und lieb zu betrachten, auch wenn wir nicht unmittelbar mit ihnen verwandt sind. Mark Aurel schrieb häufig über unsere Verwandtschaft mit allen menschlichen Wesen und wie diese Verwandtschaft die Grundlage der Gesellschaft bildet. Wie er es ausdrückt: »Alle vernunftbegabten Wesen werden geboren, um füreinander da zu sein.«[246]

Die ausführlichste Erklärung, wie natürliche menschliche Zuneigung eine Gesellschaft entstehen lässt, findet sich in Ciceros Texten, und die grundlegende Idee ist einfach. »Die Stoiker«, so sagt er, »glauben, dass die Natur selbst die Eltern veranlasst, Zuneigung zu ihren Kindern zu empfinden«, und diese elterliche Zuneigung »ist die Quelle, aus der sich die allgemeine Verbindung des menschlichen Geschlechts entwickelt hat, die Gemeinschaft.« Diese elterliche Zuneigung zu den eigenen Nachkommen ist rational und Bestandteil des Naturgesetzes. Sie findet sich sogar bei anderen Spezies. Wenn wir sehen, wie viel Mühe sich Tiere bei der Fürsorge um ihre Nachkommen geben, so sagt Cicero: »So meine man die Stimme der Natur selbst zu vernehmen.«[247] Für die Stoiker, so erklärt er, gilt folgende Annahme:

> Es ist so offensichtlich, dass wir von der Natur selbst dazu veranlasst wurden, die Menschen zu lieben, die wir zur Welt gebracht haben. Aus diesem Impuls erwächst eine gemeinsame Anziehungskraft, die die Menschen als solche eint; aufgrund unserer gemeinsamen Menschlichkeit fühlen wir uns mit anderen verwandt.[248]

Tiere wie Bienen arbeiten dagegen harmonisch zusammen. »Um wie viel größer ist diese Verbindung bei den Menschen. Deshalb sind wir schon von Natur aus zum Zusammenkommen, zur Vereinigung und zum Staat geeignet.«[249] Und wenn wir älter werden und sich unsere Vernunft entwickelt, erweitert *okeiōsis* unsere Gefühle der Verwandtschaft auf andere. Durch den Gebrauch von Vernunft und Verständnis wird die Art Zuneigung, die wir für unsere Familienangehörigen empfinden, auf die Gesellschaft als Ganzes angewandt.

Die Stoiker hatten noch einen anderen Weg, *okeiōsis* als Bande, die uns mit anderen Menschen verbindet, zu veranschaulichen. Erklärt wurde dies von dem Philosophen Hierokles, der etwa zur Zeit von Mark Aurel lebte. In einer seiner Schriften beschrieb Hierokles die Kreise der Menschheit, zu denen wir alle dazugehören (siehe Abbildung 7), und warum »wir von Natur aus bestrebt sind, jeden für uns zu gewinnen und uns mit ihm anzufreunden«.[250]

Der innerste Kreis steht für uns als Individuum. Er repräsentiert uns selbst. Der zweite Kreis entspricht unserer engsten Familie, unseren Eltern, Geschwistern, Ehepartnern und Kindern. Der dritte Kreis steht für entferntere Familienangehörige: Tanten und Onkel, Großeltern, Cousins und Cousinen. Der nächste Kreis enthält die Bürger des Ortes, in dem wir leben. Darauf folgt der Kreis der Landsleute. Und schließlich enthält der äußere, größte Kreis die Menschheit als Ganzes. Viele Stoiker unserer Zeit, einschließlich mir, würden einen noch größeren Kreis hinzufügen, der für die Natur oder die Biosphäre steht, von der wir alle ein Teil sind. Dabei ist auch diese Idee bereits sehr alt. Sie ist Bestandteil der Tradition der Stoiker in der Antike. Wie der Philosoph John Sellars anmerkt:

> Der Prozess, den eigenen Zugehörigkeitskreis auszuweiten, sollte nicht enden, sobald er die gesamte menschliche Gesellschaft umfasst … Letztlich sollte sich die eigene *okeiōsis* auf den gesamten Kosmos ausdehnen und ein Interesse für den Erhalt aller menschlichen Wesen und der natürlichen Welt hervorbringen … Wenn wir diesen größtmöglichen Zugehörigkeitskreis erreichen, werden wir zu Kosmopoliten – Bürgern des Kosmos.«[251]

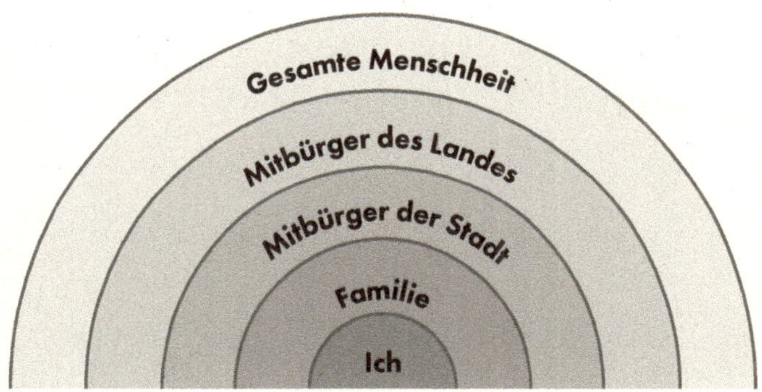

Abbildung 7: Vereinfachte Darstellung der Kreise der Menschheit des Stoikers Hierokles

Der weise Mensch, so bringt Hierokles vor, wird versuchen, die äußeren Kreise ins Zentrum hineinzuziehen oder sie zu komprimieren, sodass wir uns mit der gesamten Menschheit verwandt fühlen und nicht nur mit jenen, die uns am nächsten stehen. Obwohl Hierokles einräumt, dass eine nicht vorhandene »Blutsverwandtschaft« die Zuneigung für jene ein wenig verringern wird, die einem weniger nahestehen, so ist das Ziel der Stoiker, Zuneigung für die Menschheit als Ganzes zu verspüren, und nicht nur für die nächsten Verwandten.

Auf diese Weise werden wir auf unserem Weg, weisere und vollkommenere menschliche Wesen zu werden, nicht die Bedürfnisse jener ignorieren, die uns besonders nahestehen. Vielmehr werden wir die gesamte Menschheit und die Natur als Teil der umfangreicheren Lebensgemeinschaft anerkennen, der wir alle angehören. Und dann werden wir jene größeren Kreise, aus denen wir alle hervorgegangen sind, als unerlässlich für unser Wohlergehen und Gedeihen ansehen.

KAPITEL 10

Authentisch bleiben und einen Beitrag zur Gesellschaft leisten

DER EPIKUREISCHE GARTEN VS. DIE STOISCHE KOSMOPOLIS

Der Stoizismus wurde zur am weitesten verbreiteten und erfolgreichsten Philosophie des Römischen Reiches, weil er ein Gefühl der inneren Gelassenheit in einer stressigen Welt versprach, die, wie in unserer Zeit, gefährlich außer Kontrolle geraten zu sein schien. Doch der Stoizismus war nicht die einzige Philosophie, die ihren Anhängern innere Ruhe versprach. Die Epikureer, benannt nach ihrem Begründer Epikur (341-270 v. Chr.), vertraten denselben Anspruch. Und wie frühere griechische Philosophen waren sowohl die Stoiker als auch die Epikureer auf der Suche nach *eudaimonia* oder dauerhaftem Glück.

Es gibt einige Bereiche, in denen sich epikureisches und stoisches Denken überschneiden. Aber es ist unmöglich, sämtliche Ideen der beiden Schulen miteinander in Einklang zu bringen, weil viele einfach zu weit voneinander entfernt sind. In den etwa ersten 30 Briefen, die Seneca an Lucilius schrieb, fügte er am Ende jedes Briefes einen Spruch von Epikur ein. Diese Sprüche oder Epigramme stehen in perfekter Harmonie mit den stoischen Lehren und behandeln Themen wie die Bedeutung eines einfachen Lebens und wie man durch Genügsamkeit zu Wohlstand kommt. Obwohl Seneca die Epikureer als »das gegnerische Lager« betrachtete, war er äußerst aufgeschlossen, wenn es darum ging, den Wert echter Weisheit anzuerkennen, unabhängig von ihrer Quelle. Er wies seinen Freund Lucilius darauf hin, dass gute Ideen »Allgemeingut« der Menschheit sind, unabhängig davon, von wem sie stammen.

Wie die heutige Bedeutung des Wortes »stoisch« den Stoikern Unrecht tut, zeichnen gängige Stereotype und die Entwicklung der Sprache auch von den Epikureern ein ungerechtes Bild. Heute bezeichnet der Begriff »Epikureer« jemanden, der den Genuss sucht, wie ein Gourmet das gute Essen. Es stimmt zwar, dass die Epikureer die »Lust« zur Grundlage und zum Ziel ihrer Philosophie machten, aber sie waren weit davon entfernt, Hedonisten zu sein. Für sie bedeutete »Lust« lediglich ein Leben ohne Qualen. Und wenn es um Gourmetessen geht, könnte nichts weiter von der Wahrheit entfernt sein. Epikur selbst ernährte sich hauptsächlich von Brot und Wasser, und wenn er einmal ein wenig Käse dazu aß, betrachtete er das als Festmahl.[252]

Während die Stoiker und Epikureer beide nach geistiger Ruhe im Leben strebten, waren ihre Ansichten über das Universum völlig unterschiedlich. Die Stoiker betrachteten das Universum als einen intelligenten Organismus, von dem alle Lebewesen, auch wir, ein Teil sind. Die Muster, die wir in der Natur sehen, so behaupteten sie, spiegeln die Intelligenz der Natur wider, so wie unsere Hand eine Manifestation der biologischen Intelligenz ist. Im Gegensatz dazu glaubten die Epikureer, dass das Universum aus Atomen – oder winzigen Materieteilchen – besteht, die willkürlich zusammenstoßen und sich zufällig zusammenfügen. Heben wir diese beiden Worte für einen Moment hervor: *willkürlich* und *zufällig*. Der Atomismus ist zwar ein interessanter Gedanke, aber er erklärt nicht die Art von Ordnung und Mustern, die wir in der Natur oder im biologischen Leben sehen, die alles andere als zufällig sind.[253]

Ein weiterer großer Unterschied zwischen den beiden Schulen besteht in ihren Vorstellungen darüber, wie der Mensch etwas zur Gesellschaft beitragen sollte. Als Epikur seine philosophische Schule in Athen gründete, kaufte er ein Stück Land außerhalb der Stadt, das »der Garten« genannt wurde. Die Studenten von Epikur hielten sich im Garten auf, der einer Hippie-Kommune ähnelte. Die Epikureer lebten zwar ein gemeinschaftliches Leben, allerdings als gesellschaftliche Aussteiger. Während das Ziel darin bestand, Seelenfrieden zu erlangen, bedeutete dies in der Praxis, sich von allem zu lösen, was die Seele aus der Fassung bringen könnte, einschließlich der Frustrationen, die aus der Ehe, dem Kinderkriegen und dem Engagement in der Politik entstehen. Als ob er seinen Glauben an die soziale Loslösung auf den Punkt bringen wollte, riet Epikur: »Lebe im Verborgenen.«[254]

Für die Stoiker warf die Aussteigerkultur der Epikureer ernste ethische Fragen auf, bot aber auch Gelegenheit für Humor. Epiktet zum Beispiel hatte einen sehr scharfen Humor, der auch heute noch lustig ist. Eines Tages fragte er seine Schüler scherzhaft: »Könnt ihr euch eine Stadt voller Epikureer vorstellen? ›Ich werde nicht heiraten‹, sagt einer. Ein anderer stimmt zu: ›Ich auch nicht, denn man soll nicht heiraten!‹ ›Auch keine Kinder! Und wir sollten auch keine Bürgerpflichten erfüllen!‹« [255]

Im Gegensatz dazu betonten die Stoiker nachdrücklich die Bedeutung des bürgerlichen Engagements, weil sie verstanden, dass wir als soziale Wesen geboren sind. Für die Stoiker gehören wir zu zwei verschiedenen Städten oder zwei verschiedenen Gemeinwesen. Das erste Gemeinwesen ist die Stadt oder die Gemeinschaft, in der wir geboren wurden (oder in der wir jetzt leben). Das zweite Gemeinwesen ist die Kosmopolis, die »Weltstadt« oder »Gemeinschaft des Kosmos«, die die ganze Welt und die gesamte Menschheit umfasst. Aufgrund dieser Bruderschaft der Menschheit, zu der wir gehören, lehrten die Stoiker, dass es unsere Pflicht ist, die Gesellschaft zu verbessern – nicht, indem wir aussteigen und einer Kommune beitreten, sondern indem wir aktiv unseren lokalen Gemeinschaften und der Gesellschaft als Ganzes dienen. Deshalb waren so viele Stoiker, wie Seneca und Mark Aurel, Staatsmänner oder Beamte im Römischen Reich. Der Stoizismus forderte sie dazu auf, die Lebensbedingungen der Menschen nach besten Kräften zu verbessern.

Für die Stoiker bedeutet ein authentisches Leben, dass sie in irgendeiner Weise einen Beitrag zur Gesellschaft leisten, der anderen zugutekommt. Da die Menschen jedoch unterschiedlich sind, kann dieser Dienst an den anderen verschiedene Formen annehmen. Schließlich sind wir nicht alle mit derselben Plätzchenform ausgestochen. Deshalb besteht der erste Schritt zu einem authentischen Leben darin, sich selbst und seine einzigartige Natur zu verstehen.

SICH SELBST ERKENNEN

> Jeder erwirbt seinen Charakter für sich selbst, die Pflichten aber bestimmt der Zufall.
>
> Seneca, *Briefe an Lucilius* 47.15

An der Wand des Apollo-Tempels in Delphi im antiken Griechenland stand der berühmte Spruch »Erkenne dich selbst«. Dieser bezieht sich zwar auf jeden Aspekt des Lebens, gilt aber ganz besonders für die Frage: »Wie kann ich authentisch leben und einen Beitrag zur Gesellschaft leisten?« Da jeder Mensch anders ist, sind wir für unterschiedliche Aufgaben und Berufe geeignet. Und dann gibt es noch den Faktor Zufall oder Glück, der in den Mix einfließt. Wie Seneca erklärte, sind wir zwar alle für die Qualität unseres Charakters verantwortlich, aber was jeder für seinen Lebensunterhalt tut, liegt nicht ganz in unserer Hand.

Auch wenn wir nicht die volle Kontrolle über unsere berufliche Laufbahn oder über das haben, was wir im Leben erreichen können, sollten wir auf jeden Fall nach dem Besten streben – oder nach der besten Arbeit, die für uns geeignet ist. Deshalb, so schreibt Seneca, »ist es notwendig, sich selbst einzuschätzen« und dann zu überlegen, was wir unternehmen wollen. Wie er erklärt, müssen wir uns selbst genau verstehen, weil die Menschen oft glauben, sie könnten mehr erreichen, als sie tatsächlich können.[256] Natürlich ist oft das Gegenteil der Fall. Manchmal erreichen die Menschen weniger, als sie könnten, einfach weil sie an ihren Fähigkeiten zweifeln.

Wenn Seneca diese Dinge erörtert, scheint er den Gedanken eines früheren römischen Stoikers, Panaitios (ca. 185–ca. 110 v. Chr.), zu folgen. In seinen Schriften beschrieb Panaitios die »vier Rollen« (oder vier *personae*), die zur Stellung eines Menschen in der Gesellschaft beitragen, einschließlich unserer Arbeit und Berufswahl.[257] Anstatt sie »Rollen« zu nennen, sollten wir sie jedoch besser als *Faktoren* bezeichnen.

Der erste Faktor, der uns beeinflusst, ist unsere universelle Natur als menschliche Wesen, was für einen Stoiker bedeutet, dass wir rationale Wesen sind, denen es möglich ist, die Welt zu verstehen und auf gute Weise zu handeln. Der zweite Faktor, der uns beeinflusst, sind all die Eigenschaften, die die Natur uns als Individuen zuweist und die sehr unterschiedlich sind. Wie Seneca feststellte, bleiben uns die Eigenschaften, die uns von Geburt an gegeben sind, in der Regel ein Leben lang erhalten.[258] Die Menschen unterscheiden sich enorm in ihren körperlichen Eigenschaften. Manche Menschen sind zum Beispiel von Natur aus sportlich, andere nicht. Noch größere Unterschiede gibt es bei den psychischen Veranlagungen, den Persönlichkeitsmerkmalen und der großen Bandbreite an Talenten, die wir alle besitzen.[259] Seneca stellt dazu Folgendes fest:

> Manche Menschen sind zu schüchtern für die Politik, die ein kühnes Auftreten erfordert. Andere sind zu arrogant für den Königshof. Einige wissen ihren Zorn nicht zu beherrschen, und jeder erdenkliche Ärger reißt sie zu unbedachten Worten hin. Wieder andere können ihre spitze Zunge nicht zügeln und verzichten nicht auf gefährliche Witze. All diesen Menschen ist Zurückgezogenheit nützlicher als ein Leben in der Öffentlichkeit. Ein aufbrausender und ungeduldiger Charakter sollte die Verführungen zu einer freien Gesinnung vermeiden, die ihm nur Schaden bringen.[260]

Neben dem Verständnis für unsere individuellen Eigenschaften und Fähigkeiten ist ein dritter Faktor, der uns beeinflusst, der Zufall, der sich unserer Kontrolle entzieht: zum Beispiel die Umstände unserer Erziehung, ob unsere Eltern reich oder arm waren, ob wir gute oder schlechte Lehrer hatten und viele andere Dinge dieser Art. Der vierte und letzte Faktor ist unser eigener Wille oder unser persönliches Handeln: unsere Absichten und Entscheidungen. Das, wofür wir uns entscheiden, und die Energie, mit der wir unsere Absichten verfolgen, haben einen bedeutenden Einfluss auf unsere berufliche Laufbahn und unseren Beitrag zur Gesellschaft.

Nach stoischer Auffassung müssen wir unsere Eigenschaften verstehen, damit wir nicht gegen die Natur ankämpfen und versuchen, etwas zu verfolgen, was unsere Fähigkeiten übersteigt. Es ist schlichtweg unmöglich, authentisch und selbstbewusst zu leben, wenn man nicht versteht, wer man ist. Schließlich ist es unmöglich, authentisch oder glücklich zu leben, wenn man versucht, jemand anderen zu kopieren, und wenn man dabei seine eigene Natur ignoriert.[261]

Wie wir sehen, betonten die römischen Stoiker unsere universelle Natur als menschliche Wesen oder das, was allen Menschen gemeinsam ist. Aber sie erkannten auch die Bedeutung unserer Eigenschaften als Individuen an, die uns ebenfalls von der Natur gegeben sind. Um ein glückliches und erfülltes Leben in der Gesellschaft zu führen, müssen wir beides beachten. Auf diese Weise erweiterten die Stoiker die Idee, »der Natur zu folgen«, auf unsere persönlichen Eigenschaften.

SICH SELBST TREU BLEIBEN

> Sorge vor allem dafür, dir selbst treu zu bleiben.
>
> Seneca, *Briefe an Lucilius* 35.4

Für Seneca bedeutet ein Leben in Authentizität, dass man eine Person mit einer stabilen Persönlichkeit ist. Ohne dieses zuverlässige Selbstempfinden ändert ein Mensch seine Absichten wie der Wind, der sich dreht. »Ich meine nicht«, erklärt Seneca, »dass der Weise immer in einem gleichmäßigen Schritt, sondern dass er einen einzigen Weg gehen sollte.«[262] Dieser Gedanke steht in engem Zusammenhang mit Senecas Metapher, dass es auf Reisen wichtig ist, ein wirkliches Ziel zu haben, anstatt nur wahllos umherzuziehen.

Beständigkeit und eine Art »Ziel« zu haben, ist ein Nebenprodukt einer echten Lebensphilosophie. Ein Mensch mit einem stabilen Charakter ist *eine* Person und nicht viele, er hat ein Ziel im Leben und eine entsprechende Absicht. Aber viele Menschen sind sich nicht sicher, was sie wirklich wollen, bis zu dem Moment, in dem sie es sich wünschen. Wie Seneca es ausdrückt, lassen sich viele Menschen nicht von ihren Absichten leiten, sondern sind nur »vom Impuls getrieben«.[263] An anderer Stelle veranschaulicht er diesen Gedanken mit einer lustigen Beschreibung dessen, was wir heute als neurotisches Verhalten bezeichnen würden:

> Es gibt niemanden, der nicht jeden Tag seine Pläne und Wünsche ändert. Im einen Moment will er eine Frau, im nächsten nur eine Freundin. Im einen Moment will er herrschen wie ein König, im nächsten ist er zuvorkommender als der unterste Diener. Im einen Moment handelt er so großspu-

> rig, dass er Neid auf sich zieht, im nächsten agiert er bescheidener als der Bescheidenste. Im einen Moment verstreut er großzügig Geld, im nächsten stiehlt er es.
>
> Das ist das deutlichste Zeichen für einen Geist, dem es an Bewusstsein mangelt: Er ändert ständig seine Identität. Meiner Meinung nach gibt es nichts Beschämenderes als einen Geist, der mit sich selbst nicht im Einklang ist. Betrachte es als eine große Leistung, als eine Person zu handeln. Doch nur die Weisen spielen eine einzige Rolle. Der Rest von uns trägt viele Masken. Im einen Moment erscheinen wir sparsam und ernst, im nächsten verschwenderisch und albern. Wir wechseln ständig unseren Charakter, nehmen wieder und wieder eine neue Rolle an, die nicht mit unserem Geist übereinstimmt. Du solltest von dir selbst verlangen, dass du eine einzige Rolle spielst, bis der Vorhang fällt.[264]

Ein guter Charakter zeichnet sich unter anderem dadurch aus, dass er »zufrieden mit sich selbst ist und sich treu bleibt. Aber ein schlechter Charakter ist unzuverlässig: Oft wandelt er sich nicht, um besser zu werden, sondern um anders zu werden«.[265] Deshalb fordert Seneca Lucilius auf: »Nimm dir einmal eine Richtschnur, nach der du leben sollst, und richte dein ganzes Leben danach aus!«[266]

Eine weitere Möglichkeit, authentisch und beständig zu leben, besteht darin, sich der Welt so zu präsentieren, wie man wirklich ist. Seneca schreibt darüber, wie Menschen in der Öffentlichkeit

Masken tragen und schauspielern: Sobald wir in der Öffentlichkeit und vor einem Publikum stehen, präsentieren wir uns anders, als wir uns normalerweise zu Hause verhalten würden. Dazu gehört oft eine gewisse Verstellung und Inszenierung. Das Problem ist, dass jemand, der eine unaufrichtige, an die Öffentlichkeit angepasste Rolle konstruiert, gleichzeitig Angst davor hat, dass sein Bild als falsch entlarvt wird. Seneca stellt fest: »Für den, der ständig hinter einer Maske lebt, kann das Leben weder sorglos noch angenehm sein.« Und: »Es ist besser, aufgrund seiner schlichten Lebenseinstellung herabgesetzt zu werden, als wegen steter Verstellungskunst gequält zu werden.«[267]

Um authentisch zu leben, müssen unsere Taten mit unseren Worten und Überzeugungen übereinstimmen. Heute sagen wir dazu: »Auf Worte Taten folgen lassen« und »Praktiziere, was du predigst«. Seneca war in dieser Hinsicht besonders kritisch gegenüber Berufsphilosophen, weil sie oft große Töne spuckten, aber ihr Leben nicht entsprechend lebten. »Die Philosophie ist keine Allerweltskunst, um die Aufmerksamkeit des Publikums zu erregen und sie ist auch nicht für die Zurschaustellung geeignet. Es geht nicht um Worte, sondern um Taten«, schrieb Seneca.[268] Kurz gesagt: »Lasst uns meinen, was wir aussprechen, und aussprechen, was wir meinen. Unsere Worte sollen mit unserem Leben übereinstimmen. Ein Mensch erfüllt sein Versprechen, wenn die Person, die wir sehen, und die Person, die wir hören, ein und dieselbe ist.«[269]

INTELLEKTUELLE FREIHEIT

> Wir sollten nicht wie ein Herdenvieh lediglich den Vorangehenden nachlaufen.
>
> Seneca, *Vom glücklichen Leben* 1.3

Seneca selbst lebte unter anderem dadurch authentisch, dass er intellektuelle Freiheit energisch bejahte. Diese Eigenschaft machte ihn zu einem der besten Denker seiner Zeit. Sie lässt ihn auch völlig modern erscheinen. Während viele Menschen heute die intellektuelle Freiheit auf eine leicht trotzige oder arrogante Weise annehmen, war Senecas Ansatz ein anderer: Er nahm die intellektuelle Freiheit aus Demut an. Mit anderen Worten: Er erkannte, dass das menschliche Wissen begrenzt und unsicher ist. Er erkannte, dass neue Entdeckungen uns im Laufe der Jahrhunderte ein viel tieferes Verständnis der Welt und des Universums ermöglichen werden. Da sich das wissenschaftliche Verständnis weiterentwickelt, müssen wir aufgeschlossen sein. Außerdem können wir durch kritisches Denken selbst zur Erweiterung des menschlichen Wissens beitragen. Wie Seneca feststellt, werden wir und künftige Zeitalter das Wissen erweitern, das wir von denen erbten, die vor uns gelebt haben.[270] Seneca schreibt zum Beispiel über wissenschaftliche Entdeckungen:

> Es wird der Tag kommen, an dem die Zeit und die Forschung langer Jahrhunderte das heute Verborgene ans Licht bringen wird. Ein einziges Menschenleben, selbst eines, das ganz der Astronomie gewidmet ist, reicht für die Erforschung solch großer Dinge nicht aus. … Die Zeit wird kommen, da

> unsere Nachkommen sich wundern, dass wir solch offenkundige Dinge nicht wussten.[271]

Wie er es so schön beschreibt, haben frühere Denker den Weg für künftige Entdeckungen »geebnet« und nicht die Möglichkeiten des menschlichen Wissens erschöpft.[272] Für Seneca gilt dies für den Stoizismus ebenso wie für die Astronomie und andere Wissenschaften. Da der Stoizismus eine Philosophie und keine Religion ist, basiert er auf Argumenten und nicht auf Überzeugungen. Wenn Sie die Argumente des Stoizismus für glaubwürdig halten, indem Sie Wege finden, sie zu überprüfen, werden Sie ihn vielleicht als Lebensphilosophie für nützlich halten. Aber ein echter Stoiker würde Sie niemals auffordern, etwas zu glauben. Vielleicht ist das ein Grund, warum der Stoizismus heute viele Menschen anspricht, die sich selbst als säkulare Humanisten bezeichnen.

Es überrascht nicht, dass Seneca als unabhängiger Denker den früheren Stoikern manchmal kritisch gegenüberstand. So wies er beispielsweise auf Probleme in einigen Argumenten von Zenon, dem Gründer der Schule, hin. Er zögerte auch nicht, die Logik des Chrysipp (ca. 279–ca. 206 v. Chr.), eines der einflussreichsten frühen Stoiker, als zu abstrakt und wenig überzeugend zu kritisieren.[273] Für Seneca bedeutet, ein Philosoph zu sein, dass eine Person ein kritischer Denker und nicht nur ein Gläubiger ist. Obwohl er den früheren Stoikern größtenteils folgte und mit ihnen übereinstimmte, schrieb er: »Ich tue es, aber ich gestatte mir auch, neue Entdeckungen zu machen, Änderungen vorzunehmen und Dinge abzulehnen, wenn es nötig ist. Ich stimme mit ihnen überein, aber ich richte mich nicht nach ihnen.«[274]

Auch wenn dies nur wenigen Menschen aufgefallen ist, hat Seneca das stoische Denken auf bedeutende Weise erweitert. Er führt es weiter, indem er es mit seinen eigenen tiefgreifenden Erkenntnissen zur menschlichen Psychologie und menschlichen Motivationen kombinierte. Frühere Stoiker wussten, dass falsche Überzeugungen zu psychischem Leiden führen. Aber Seneca war der erste Stoiker, der viel ausführlicher erklärte, wie diese falschen Überzeugungen durch Sozialisation und soziale Konditionierung übernommen werden. In einer sehr denkwürdigen Passage erklärt er, dass er in den Fußstapfen seiner Vorgänger wandeln und gleichzeitig offen für neue Entdeckungen sein wird:

> Ich werde zwar den alten Weg benutzen, doch wenn ich einen entdecke, der kürzer und ebener ist, werde ich einen neuen Weg einschlagen. Diejenigen, die vor uns solche Entdeckungen gemacht haben, sind nicht unsere Herren, sondern unsere Führer. Die Wahrheit liegt offen für alle – niemand besitzt ein Monopol darauf. Und es gibt noch viel zu entdecken für diejenigen, die nach uns kommen werden.[275]

STOISCHE BEHARRLICHKEIT: »UNBESIEGBAR WERDEN«

> Es gibt tausend Beispiele dafür, dass Beharrlichkeit jedes Hindernis überwunden und demonstriert hat, dass nichts zu schwierig ist, wenn der Geist sich auferlegt, es durchzuhalten.
>
> Seneca, *Über die Wut* 2.12.4

Stellen wir uns vor, Sie kennen sich selbst und Ihre Fähigkeiten. Sie haben sich ein Bild von dem Projekt oder der Karriere gemacht, die Sie anstreben, und alles sieht gut aus. Es scheint perfekt zu Ihren Talenten und Fähigkeiten zu passen. Aber dann, als Sie es in Angriff nehmen, scheitert das Projekt.

Während die Stoiker für Geduld und Ausdauer plädierten, habe ich gelernt, dass es Zeiten gibt, in denen es die beste rationale Entscheidung ist, sich einem anderen Projekt zuzuwenden. Weiterzumachen könnte eine weitere Möglichkeit sein, Beharrlichkeit zu zeigen und Widrigkeiten in etwas Positives zu verwandeln – es könnte auch durch andere Gründe gerechtfertigt sein. Beharrlichkeit bedeutet nicht, dass man ein Masochist sein muss, der Tag für Tag mit dem Kopf gegen dieselbe Wand rennt. Ebenso wenig bedeutet es, dass es tugendhaft oder eine gute Idee ist, etwas weiterzuverfolgen, das vielleicht nicht einmal in Ihrem langfristigen Interesse ist. Ausdauernd zu sein bedeutet, dass man vorankommt oder ganz allgemein »Fortschritte« macht. Die Einzelheiten werden von Fall zu Fall variieren.

Für die Stoiker war Durchhaltevermögen eine wesentliche menschliche Eigenschaft. Seneca schrieb, dass »man auch nach einer schlechten Ernte wieder säen muss. Oft hat die Fruchtbarkeit eines einzigen Jahres alles ersetzt, was durch andauernde Unfruchtbarkeit unergiebigen Bodens verloren gegangen war.« Gleichermaßen: »Nach einem Schiffbruch versuchen sich die Seeleute erneut auf dem Meer … Wenn wir gezwungen wären, alles aufzugeben, was uns Schwierigkeiten bereitet, würde das Leben selbst aufhören, sich nach vorn zu bewegen.«[276]

Die Stoiker glaubten, dass einem weisen Menschen, der Tugend besitzt, nichts Äußerliches schaden kann, solange seine Tugend intakt bleibt. Seneca schrieb darüber ein langes Werk, das man immer noch lesen kann. Heute heißt es *Von der Unerschütterlichkeit des Weisen*, aber ursprünglich trug es den Titel *Wie der Weise weder verletzt noch beleidigt wird.*[277] Unbesiegbar zu sein bedeutet nicht, dass ein Stoiker in physischer Hinsicht nicht verwundbar ist. Wie Seneca betonte, kann auch ein stoischer Weiser geschlagen werden, ein Glied verlieren oder extreme körperliche Schmerzen erleiden. Für einen Stoiker wären das unglückliche Ereignisse, aber es wäre keine Verletzung. Die einzige Möglichkeit, einen Stoiker wirklich zu *verletzen*, wäre, seine Tugend, seine Güte oder seinen Charakter zu beschädigen.

Zur Veranschaulichung der Beharrlichkeit verwendet Seneca das Beispiel von jemandem bei den Olympischen Spielen, der einen Gegner durch bloße Geduld zermürbt. (Das lateinische Wort *patientia* bedeutet »Ausdauer«.) Ähnlich verhält es sich mit der geistigen Ausdauer: Ein weiser Mensch erwirbt durch langes Training die Geduld, jeden Angriff auf seinen Charakter zu überstehen oder einfach zu ignorieren. Epiktet verwendet auch eine Analogie aus dem sportlichen Wettkampf. Er erklärt, dass, selbst wenn man in einem sportlichen Wettkampf strauchelt, niemand einen daran hindern kann, wieder aufzustehen und den Wettkampf fortzusetzen. Selbst wenn man in einem speziellen Wettstreit versagt, kann man weiter trainieren und den Wettkampf wieder aufnehmen. Wenn man dann schließlich den Sieg davonträgt, ist es so, als hätte man nie aufgegeben.[278] Manchmal ist es schon ein großer Sieg, wenn man in der Lage ist, weiter Fortschritte zu machen.

Stoiker werden, wie jeder andere auch, Widrigkeiten und Unglück erleben. Was Stoiker unbesiegbar macht, ist, dass sie nicht aufgeben. Sie machen das Beste aus den gegebenen Umständen, selbst inmitten von Misserfolgen, Katastrophen oder finanziellen

Schwierigkeiten. Wenn sie am Boden liegen, stehen Stoiker auf, klopfen den Staub ab, trainieren weiter und gehen weiter.

WIE MAN EINEN BEITRAG ZUR GESELLSCHAFT LEISTET

Die Römer liebten eine Frage, die ursprünglich aus den griechischen Philosophenschulen stammte. Sie formulierten sie folgendermaßen: Was ist besser – ein Leben im Dienst der römischen Regierung oder ein Leben in Muße, das der Philosophie gewidmet ist?

Epikur hatte gesagt, dass ein weiser Mensch es tunlichst vermeiden sollte, ein politisches Amt zu übernehmen, da dies die geistige Ruhe des Menschen gefährden würde. Im Gegensatz dazu sagten die frühen griechischen Stoiker, dass ein weiser Mensch ein politisches Amt bekleiden sollte, sofern dies nicht unmöglich sei, da die Politik dem Philosophen die Möglichkeit gebe, einen Beitrag zur Gesellschaft zu leisten.[279]

Natürlich ist die tatsächliche Situation für uns heute weitaus komplexer und nuancierter als eine solch einfache Schwarz-Weiß-Dichotomie. In der Antike bestand einer der sichersten Wege, einen Beitrag zur Gesellschaft zu leisten, in einer politischen Karriere. Sie konnte auch ein Weg zu Wohlstand sein. Doch heute ist die Politik kaum die einzige Möglichkeit, sich im Dienst an der Öffentlichkeit zu engagieren. In manchen Fällen ist es sogar eine der schlechtesten Möglichkeiten, einen Beitrag zur Welt zu leisten, indem man seine Zeit mit dem Versuch vergeudet, ein gestörtes System zu reparieren. Es ist auch ein großer Unterschied, ob man heute als

Regierungsbeamter irgendwo arbeitet oder zu Senecas Zeiten Chefberater des römischen Kaisers war.

Wie wir es heute tun, lehnte auch Seneca die antike, schwarzweiße Sichtweise darüber ab, wie jemand zur Gesellschaft beitragen konnte. So wie wir heute, vertrat auch er eine weitaus differenziertere Sichtweise. Während Seneca sich wie ein guter Stoiker in der Politik engagierte, wirkt es manchmal, als würde er seinen Freunden in seinen verschiedenen Schriften immer wieder raten, sich von ihren offiziellen Ämtern zurückzuziehen und stattdessen Philosophie zu studieren.

Ironischerweise sagten die frühen griechischen Stoiker zwar, dass sich ein Philosoph an der Politik beteiligen sollte, aber keiner von ihnen tat dies tatsächlich. Doch wie Seneca hervorhebt, haben die Gründer der Stoa zwar Gesetze erlassen, aber nicht nur für einen Staat. Stattdessen leiteten sie »das ganze Menschengeschlecht« und dienten nicht nur den Menschen ihrer eigenen Zeit, sondern »Menschen aller Völker, die leben und leben werden«.[280] Seneca schreibt: »Natürlich ist es erforderlich, dass wir anderen nützen – wenn es möglich ist, vielen; wenn nicht vielen, dann einigen; wenn nicht einigen, dann denen, die uns am nächsten stehen; wenn nicht diesen, dann uns selbst. Denn wenn wir uns für andere nützlich machen, leisten wir einen öffentlichen Dienst.«[281]

Seneca vertrat die Ansicht, dass ein stoischer Weiser sich in keinem Gemeinwesen und in keiner Situation an der Politik beteiligen würde.[282] Wenn eine Situation aussichtslos wäre, was würde es dann nützen? Und wenn ein Weiser beschloss, stattdessen ein Leben in Muße zu führen, würde er sich auf andere Weise für die Gesellschaft oder die Nachwelt einsetzen.[283] Seneca sah sein eigenes Leben und seine Arbeit auf ähnliche Weise. Mit ziemlicher Sicherheit bedauerte er die Zeit, in der er für Nero gearbeitet hatte, und wollte die

Dinge wieder gutmachen, solange er noch am Leben war. So schrieb Seneca an Lucilius:

> Ich arbeite im Interesse der Nachwelt. Für sie zeichne ich manches auf, was ihr zugutekommen kann. Es gibt bestimmte gesunde Ratschläge, gleichsam Rezepten für nützliche Heilmittel, die ich nun schriftlich festhalte ... Ich weise anderen den rechten Weg, den ich erst spät im Leben und müde von Verirrungen erkannt habe.[284]

Bezeichnenderweise sagte Seneca zu Lucilius, dass seine gegenwärtige Arbeit nun darin bestehe, für künftige Generationen zu schreiben – in der Tat für uns. Er glaubte, dass diese zukunftsweisende Arbeit viel wichtiger war als alles, was er im römischen Senat oder in der korrupten sozialen und politischen Sphäre seiner Zeit hätte tun können.

Seneca hatte ein unglaubliches Vertrauen in seine Arbeit. Er hatte keinen Zweifel daran, dass seine Schriften noch weit in der Zukunft Leser finden würden. »Ich werde bei der Nachwelt Geltung haben«, schrieb er. Seneca wies Lucilius sogar darauf hin, dass er dessen Namen mit auf diese Reise nehmen würde, um ihn für künftige Leser zu bewahren.[285] Erstaunlicherweise lag Seneca mit dieser unglaublich kühnen Vorhersage völlig richtig. Heute, 2000 Jahre später, gehören Senecas Briefe an Lucilius zu den meistverkauften Werken der antiken Philosophie. Seinem Freund vertraute er an: »Nur für wenige ist geboren, wer nur an das Volk seiner eigenen Lebenszeit denkt. Es werden viele tausend Jahre vergehen, viele tausend Völker kommen: Denke auch an sie.«[286]

Ob man nun für die Menschen arbeitet, die einem jetzt am nächsten stehen, oder für künftige Generationen, beide Ansätze sind bewundernswert. Seneca zeigt uns, dass es unzählige Möglichkeiten gibt, wie wir alle einen Beitrag zur Gesellschaft leisten können, sei es zum Wohle eines Einzelnen oder vieler. Unabhängig von unseren individuellen Fähigkeiten und Neigungen gibt es für jeden einen Weg.

KAPITEL 11

Ungeachtet des Todes in vollen Zügen leben

Wie lange ich lebe, liegt nicht in meiner Hand, aber wie ich lebe, liegt bei mir.

Seneca, *Briefe an Lucilius* 93.7

Ob man ein langes Leben führt, ist vom Schicksal abhängig, ob man ein gutes führt, von der Geisteshaltung.

Seneca, *Briefe an Lucilius* 93.2

DIE ULTIMATIVE CHARAKTERPRÜFUNG

»Wohin ich mich auch wende, überall sehe ich die Anzeichen meines Alters«, schrieb Seneca an Lucilius. Seneca war gerade in seiner Villa außerhalb von Rom angekommen, wo er sich mit seinem Hausverwalter über die hohen Kosten für die Instandhaltung des verfallenden alten Gebäudes unterhielt. Doch dann erklärte Seneca:

»Der Verwalter sagte mir, es sei nicht die Schuld seiner Nachlässigkeit, er habe alles getan, was möglich war, aber das Landhaus sei alt. Dieses Landhaus wurde unter meiner Aufsicht gebaut! Was soll aus mir werden, wenn Steine meines eigenen Alters schon so morsch sind?«[287]

Zu dieser Zeit war Seneca Ende 60 und spürte bereits die Leiden des Alters. Zwar konnte er dem Alter auch Positives abgewinnen, doch je älter man wird, desto schwieriger werden die Dinge. Extremes Alter sei wie eine dauerhafte Krankheit, von der man sich nie mehr erholt, sagte Seneca. Und wenn der Körper wirklich nachlässt, sei er wie ein Schiff, das ein Leck nach dem anderen bekommt.

In Sarajevo sehe ich sehr alte Menschen, bei denen jeden Tag der Tod an die Tür klopfen könnte. Es scheint, dass einige meiner Nachbarn – dünn, gebrechlich und gebückt, mit einem Gehstock im Schneckentempo über die alten Steinstraßen schleichend – jeden Moment umfallen und sterben könnten. Trotzdem ist es für mich eine inspirierende und anrührende Erfahrung, hochbetagte Menschen draußen und unterwegs zu sehen. Erstens ist es schön, Menschen zu begegnen, die so lange gelebt haben, oft trotz widriger Umstände, und es ist unmöglich, keine Zuneigung für sie zu empfinden. Zweitens sind sie eine rechtzeitige Erinnerung an meine eigene Sterblichkeit. Es unterscheidet sich auch von dem, was ich in den Vereinigten Staaten erlebt habe.

Im Gegensatz zu vielen anderen Ländern haben die Vereinigten Staaten eine Weltklasseleistung vollbracht, ältere Menschen (und alle anderen Erinnerungen an den Tod) aus den Augen und aus dem Sinn zu bekommen. Mit ihren schicken Gebäuden aus Glas und Stahl, den Einkaufszentren und den weitläufigen Vorstädten ist die amerikanische Landschaft so sterilisiert und künstlich »gesäubert« worden, dass hochbetagte Menschen in der Öffentlichkeit kaum noch zu sehen sind. Aber hier in Sarajevo, einer historischen europäischen Stadt mit jahrhundertealten Steingebäuden, fest etablierten Vierteln und Kopfsteinpflaster, sind hochbetagte Menschen, die humpelnd daherkommen, ein glücklicher Teil des täglichen Lebens. Sie erinnern mich daran, dass das Leben nicht ohne extreme Anstrengungen abläuft. Und wenn Menschen sterben, was in jedem Alter vorkommen kann, hängen die örtlichen Religionsgemeinschaften in den Vierteln der Stadt Todesanzeigen mit Fotos der Verstorbenen aus. Das ist ein weiterer schöner Brauch, der uns an unsere Sterblichkeit erinnert.

Ein Stoiker will gut leben; und gut leben heißt auch, gut zu sterben. Ein Stoiker lebt gut, weil er einen guten Charakter hat, und der Tod ist der letzte Test für diesen Charakter. Obwohl jeder Tod ein wenig anders ist, glaubten die römischen Stoiker, dass ein guter Tod dadurch gekennzeichnet ist, dass wir nicht jammern, seelische Gelassenheit zeigen und Dankbarkeit für das Leben empfinden, das uns gegeben wurde. Mit anderen Worten: Ein guter Tod ist der letzte Akt des Lebens und zeichnet sich durch Akzeptanz und Dankbarkeit aus. Wenn man eine wahre Lebensphilosophie hat und an sich gearbeitet hat, um einen gesunden Charakter zu entwickeln, kann man auch ohne Bedauern sterben.[288]

Seneca dachte und schrieb häufig über den Tod. Einiges davon ist vermutlich auf seinen schlechten Gesundheitszustand zurückzuführen. Da er schon in jungen Jahren an Tuberkulose und Asthma litt, muss er sein Leben lang die Gewissheit und Nähe des eigenen Todes gespürt haben. In Brief 54 beschreibt er in anschaulicher Weise einen Asthmaanfall, der ihn fast umgebracht hätte. Aber schon viel früher, wahrscheinlich in seinen Zwanzigern, war Seneca so krank und dem Tod so nahe, dass er darüber nachdachte, sein eigenes Leben zu beenden, um dem Leiden endlich ein Ende zu setzen. Aus Liebe zu seinem Vater hat er es zum Glück nicht getan. Er schreibt:

> Oft habe ich den Drang verspürt, meinem Leben ein Ende zu setzen, aber der Gedanke an das hohe Alter meines lieben Vaters hielt mich davon ab. Denn obwohl ich dachte, dass ich tapfer sterben könnte, wusste ich, dass er den Verlust nicht tapfer ertragen könnte. Und so befahl ich mir, am Leben zu bleiben. Manchmal ist es nämlich auch ein Akt des Mutes, einfach weiterzuleben.[289]

Für einen Stoiker (und auch für andere antike Philosophen) war das *Memento mori* – sich die eigene Sterblichkeit bewusst zu machen – eine wesentliche philosophische Übung, die unerwartete Vorteile mit sich bringt. Als Vorwegnahme künftiger Widrigkeiten (siehe Kapitel 6) können wir uns auf diese Weise auf den Tod vorbereiten und unsere Ängste vor dem Tod abbauen. *Memento mori* ermutigt uns auch dazu, unser gegenwärtiges Leben ernster zu nehmen, weil wir erkennen, dass es begrenzt ist. In praktischer Hinsicht habe ich festgestellt, dass das Nachdenken über meinen eigenen Tod – und den unvermeidlichen Tod derer, die mir nahestehen – einen völlig unerwarteten und starken Nutzen hat: ein tieferes Gefühl der Dankbarkeit für die Zeit, die uns noch bleibt.

MEMENTO MORI: BEDENKE DEN TOD

Die lateinische Redewendung *Memento mori* bedeutet wörtlich »Bedenke, dass du sterben musst«. Oftmals hatten Gelehrte in früheren

Jahrhunderten ein Symbol für *Memento mori* in ihrem Arbeitszimmer, zum Beispiel einen Totenkopf, um sich an ihre eigene Sterblichkeit zu erinnern.

In der Welt der Philosophie war Sokrates das Vorbild für jemanden, der gut und ohne Angst sterben kann. Unter der erdichteten Anklage, die Jugend Athens verdorben zu haben, wurde Sokrates 30 Tage lang inhaftiert, bevor er sein Todesurteil durch das Trinken von Schierlingsgift umsetzen musste. Zum Zeitpunkt seines Todes im Jahr 399 v. Chr. war Sokrates etwa 70 Jahre alt. Wenn er gewollt hätte, hätte er mithilfe seiner Freunde leicht aus dem Gefängnis fliehen und sich irgendwo in Griechenland ein neues Leben aufbauen können. Aber das hätte gegen alles verstoßen, woran er glaubte. Außerdem hätte die Flucht seinem Ruf dauerhaft geschadet. Da eines der Hauptziele von Sokrates darin bestand, die Gesellschaft zu verbessern, musste er sich an die Gesetze der Gesellschaft halten, auch wenn er ungerecht behandelt worden war.

So blieben Sokrates noch letzte 30 Tage, um sich mit seinen Freunden und Schülern zu treffen und philosophische Fragen zu diskutieren. Die Moral seiner Ankläger hatte er mit einem denkwürdigen Satz hinterfragt: »Wenn ihr mich tötet«, sagte er, »schadet ihr mir nicht so sehr wie euch selbst.«[290] Dieser Gedanke wurde von den späteren Stoikern sehr geschätzt, da ihrer Ansicht nach dem Charakter eines weisen Menschen nichts schaden kann. Bei seinem letzten Treffen mit seinen Schülern, kurz vor seinem Tod, diskutierte Sokrates die Möglichkeit eines Lebens nach dem Tod und stellte dieses infrage. Bedeutungsvoll ist auch seine Aussage, dass »Philosophie eine Vorbereitung auf den Tod ist«, was wahrscheinlich den Ursprung der Tradition des *Memento mori* darstellte (zumindest für Philosophen). Als sein letztes Gespräch beendet war, leerte Sokrates den Schierlingsbecher und starb friedlich, umgeben von seinen Schülern.[291]

Laut Seneca sagte der Philosoph Epikur, man solle für den Tod üben, eine Praxis, die Seneca selbst sehr befürwortete. Für Seneca und die anderen römischen Stoiker war der Tod »die Hauptangst«, und wenn man erst einmal gelernt hat, sie zu überwinden, gibt es kaum noch andere Ängste.

Der stoische Philosoph Epiktet sagte seinen Schülern, wenn man seinem Kind einen Gutenachtkuss gebe, solle man sich daran erinnern, dass es morgen sterben könnte. Obwohl es buchstäblich wahr ist, dass ihr Kind morgen sterben *könnte,* schrecken viele heutige Leser vor der Vorstellung zurück, einen solchen Gedanken auch nur in Erwägung zu ziehen. Das mag daran liegen, dass sie die Unausweichlichkeit des Todes nicht akzeptieren wollen, oder daran, dass sie die Tatsache verdrängen, dass der Tod jeden Moment unerwartet eintreten kann. Als jemand, der diese Praxis persönlich anwendet, kann ich Ihnen sagen, dass sie völlig harmlos ist, sobald man das anfängliche Unbehagen überwunden hat. Der große Vorteil, den diese Übung mit sich bringt, ist das größere Gefühl der Dankbarkeit für Ihre geliebten Menschen. Wenn Sie diese Übung durchführen, machen Sie sich bewusst, dass Sie eines Tages, den niemand vorhersagen kann, zum letzten Mal zusammen sein werden – deshalb empfinden Sie eine viel größere Dankbarkeit für die Zeit, die Sie *jetzt* miteinander verbringen. Wie Seneca weise empfahl, sollten wir unsere Freunde und unsere Lieben jetzt in vollen Zügen genießen, solange wir sie noch haben.[292]

Wie fühlt es sich an, über den eigenen Tod oder den Tod eines nahen Familienmitglieds nachzudenken? Ich experimentiere damit schon seit einiger Zeit und kann nur Positives berichten. Wenn ich nämlich an die Sterblichkeit eines geliebten Menschen denke und an die Tatsache, dass unsere gemeinsame Zeit per definitionem begrenzt ist, dann verbessert sich meine Lebensqualität. Ich empfinde dann ein viel tieferes Gefühl der Wertschätzung für die Zeit, die wir zusammen sind. Wenn man sich nicht daran erinnert, dass die Zeit begrenzt und endlich ist, neigt man dazu, Dinge als selbstverständlich anzusehen.

Am häufigsten denke ich an den Tod, wenn ich mit meinem Sohn Benjamin zusammen bin, der siebeneinhalb Jahre alt ist, während ich dies schreibe. Das ist ein wunderbares Alter, denn er ist sehr verspielt und jetzt in der Lage, lustige Unterhaltungen zu führen. Wir fangen auch an, über philosophische Dinge zu sprechen.

Natürlich ist es für die meisten Kinder in seinem Alter unmöglich, den Ernst oder die Endgültigkeit des Todes zu begreifen, denn die meisten von ihnen haben nie aus erster Hand erfahren, wie es ist, einen geliebten Menschen zu verlieren. Kinder leben in ihrer Gedankenwelt in einer Art Goldenem Zeitalter, in dem alle ihre Bedürfnisse auf magische Weise gedeckt zu sein scheinen. Da sie in einer geschützten Sphäre aufwachsen, sind die meisten Kinder noch nicht mit den schwierigeren Aspekten des Lebens konfrontiert worden.

Aus diesem Grund habe ich versucht, Benjamin etwas über den Tod und die Tatsache beizubringen, dass Papa, Mama und er eines Tages sterben werden. Diese Bemühungen sind eine Art stoisches Grundtraining für ein Kind, und ich bin neugierig, ob es möglich ist, seine Wertschätzung für die begrenzte Zeit, die wir zusammen haben, zu erhöhen, selbst in einem so jungen Alter. Zumindest hoffe ich, dass es den Schock, den er erlebt, wenn jemand stirbt, der ihm nahesteht, deutlich verringert, weil er damit rechnen wird.

Als wir neulich nach einer Fast-Food-Schlemmerei nach Hause fuhren, sprach Benjamin zum ersten Mal in seinem Leben mit mir über Gott. Mit jungenhafter Begeisterung erklärte er mir: »Gott hat erstaunliche Kräfte, zum Beispiel kann er alles sehen und hören. Aber seine größte Superkraft ist, dass er unsichtbar ist!«

Ich musste lachen, als er das Wort »Superkraft« benutzte, das Gott wie einen Superhelden erscheinen ließ, genau wie Spider-Man. Aber Spaß beiseite, er hatte die Tür geöffnet, um über tiefgründige Themen zu reden, also brachte ich das Thema Tod zur Sprache.

»Benjamin«, fragte ich, »weißt du, dass Mami, Papi und du eines Tages sterben werden?«

»Ja«, antwortete er.

»Ich bin fast 60«, erklärte ich, »ich könnte also noch 20 Jahre leben.«

»Ich glaube nicht, dass du *ganz* so lange leben wirst«, sagte er. »Aber vielleicht so ungefähr.« (Danke, Benjamin! Wir müssen einfach abwarten, wie es weitergeht.)

Dann fragte ich: »Wusstest du, dass *du* jederzeit sterben kannst?«

Er sagte: »Ich glaube nicht, dass ich in nächster Zeit sterben werde.«

»Aber«, antwortete ich, »du *könntest* es. Das liegt nicht in unserer Hand. Du bist jung, also könntest du noch sehr lange leben. Aber da wir in einem Auto fahren, könnten wir in fünf Minuten einen Unfall haben, bei dem wir beide auf der Stelle tot sind. Auch wenn man sehr, sehr jung ist, kann man also jederzeit sterben. Wenn man gesund bleibt, steigen die Chancen, dass man ein langes Leben hat. Aber wann wir sterben, liegt letztlich nicht in unserer Hand.«

Benjamin nickte und schien zu verstehen. Und zum Glück kamen wir ein paar Minuten später sicher zu Hause an.

Das war vor ein paar Tagen. Gestern holte ich Benjamin von der Schule ab. Er verließ das Schulgebäude zusammen mit ein paar anderen Kindern in seinem Alter, die alle einen Mund-Nasen-Schutz trugen. Auch ich trug einen.

Zu diesem Zeitpunkt schreiben wir das Jahr 2021, das erste Jahr der weltweiten Covid-19-Pandemie neigt sich dem Ende. Eine neue Infektionswelle schwappt derzeit über Europa, und die Zahl der Fälle hierzulande ist so hoch wie nie zuvor. Die Weltgesundheitsorganisation gab vor Kurzem bekannt, dass die kommende Todesrate durch Covid-19 fünfmal höher sein könnte als die, die Europa während der ersten Welle erlebte. Das *könnte* durchaus passieren – wer weiß? Was ich weiß, ist, dass der Stoizismus uns dabei helfen kann, dem Tod gelassen und mit emotionalem Gleichgewicht zu begegnen – er ist also eine ideale Philosophie für diese unsicheren Zeiten.

Nachdem ich Benjamin von der Schule abgeholt hatte, mussten wir ein paar Besorgungen zu Fuß machen, wobei wir unsere Masken trugen. Als wir eine schöne, belebte Straße in der Altstadt von Sarajevo überquerten, schob Benjamin seine kleine Hand zur Sicherheit in meine. Das Überqueren einer Straße kann hier bereits für Erwachsene ziemlich gefährlich sein, von Kindern ganz zu schweigen.

Eine der stoischen Übungen, die ich von Seneca gelernt habe, besteht darin, jeden Tag so zu behandeln, als wäre er mein letzter. Aus diesem Grund frage ich Benjamin jeden Tag: »Weißt du, dass ich dich liebe?« Er sagt immer »Ja«, und ich stelle ihm diese Frage aus einem Grund: Wenn es wirklich mein letzter Tag sein sollte, möchte ich, dass er das weiß.

Jetzt, im Alter von siebeneinhalb Jahren, ist Benjamin sehr geschickt darin, seine Zuneigung auszudrücken. Wenn wir Hand in Hand die Straße hinuntergehen, kann ich förmlich spüren, wie die Liebe zwischen uns strömt, von einer Hand in die andere, zwischen zwei Lebewesen. Ein Kind zu haben, hat mich die Schönheit der *Philostorgia* gelehrt, ein Wort, das die Stoiker benutzten und das »Familienliebe« bedeutet.

Auf manche Menschen wirkt Epiktet makaber oder abschreckend, weil er seine Schüler lehrte, sich daran zu erinnern, dass ihre Kinder sterblich sind. Aber wenn ich Benjamins Hand halte und wir die Straße entlanggehen, ist meine Erfahrung eine ganz andere. Die stoische Praxis, sich unserer Sterblichkeit zu erinnern, macht mich noch dankbarer für die Zeit, die wir zusammen haben. Sie öffnet mein Herz.

DIE GRÖSSTE ANGST ÜBERWINDEN

> Befreie dich zuerst von der Furcht vor dem Tod …
> dann befreie dich von der Furcht vor Armut.
>
> Seneca, *Briefe an Lucilius* 80.5

In Senecas Philosophie ist der Tod »die größte Angst«, weil er normalerweise das Schlimmste ist, das man sich vorstellen kann. Angenommen, Sie sind Psychologe, und Ihr Patient hat Angst, dass ihm etwas Schreckliches zustoßen könnte. Sie könnten dann sagen: »Okay, stellen wir uns vor, dass das *tatsächlich* passiert. Was ist das Schlimmste, was als *Nächstes* passieren könnte?«

Wenn Sie dieselbe Frage immer wieder stellen, um herauszufinden, wie schlimm es tatsächlich werden könnte, wird Ihr Patient schließlich antworten: »Und dann könnte ich sterben.« Da der Tod per definitionem den Schlussstrich darstellt, ist schwer vorstellbar, dass danach etwas noch Schlimmeres passieren könnte.

Auf diese Weise wird uns bewusst, dass der Tod »die größte Angst« ist. Ausgehend von dieser Einsicht waren Seneca und die anderen römischen Stoiker der Meinung, dass alles andere viel leichter wird, wenn wir uns von der Angst vor dem Tod befreien können. Wenn die Angst vor dem Tod aus dem Weg geräumt ist, verlieren auch andere Ängste ihre Macht.

Die eigene Angst vor dem Tod zu überwinden, ist also eine wesentliche Voraussetzung, um frei zu werden. Seneca schreibt:

> Wer mit der gleichen Zufriedenheit stirbt, mit der er geboren wurde, ist im Besitz der Weisheit. Nun aber zittern wir, wenn eine Gefahr naht: Unser Verstand lässt uns im Stich, wir wechseln die Gesichtsfarbe. Wir vergießen nutzlose Tränen. Was gibt es Schlimmeres, als gerade an der Schwelle zur Ruhe beunruhigt zu sein?[293]

Epiktet und Mark Aurel sahen die Dinge ähnlich. Wie Epiktet feststellte, ist die Quelle allen Übels und aller Feigheit der Menschen »nicht der Tod, sondern die Furcht vor dem Tod«.[294] Seneca sagte, dass jemand, der die Furcht vor dem Tod überwunden hat, das Leben zufrieden und gefasst loslassen kann, während andere Schrecken empfinden. Diejenigen aber, die den Tod fürchten, »klammern sich an das Leben und hallten es fest wie jene, die vom reißenden Wasser mitgerissen werden und sich an Dorngestrüpp und rauen Felsen festhalten«.[295]

Aus diesem Grund, so behauptet Seneca, ist der Tod der ultimative Test für den Charakter. Wie er Lucilius erklärt (wobei er allerdings von sich selbst spricht), kann jemand zu Lebzeiten alles sagen und glauben und mutig handeln. Aber im Augenblick des Todes wird sich zeigen, ob er die Wahrheit gesagt hat. Zum Zeitpunkt seines Todes, so Seneca, wird sich zeigen, »welche Fortschritte ich wirklich gemacht habe«. Auf diese Weise wird der Tod ein Urteil über uns fällen und unseren wahren Charakter offenbaren. Seneca schreibt:

> Debatten, gelehrte Seminare, aus Lehrmeinungen der Philosophie zusammengestellte Worte und gebildete Gespräche – all das offenbart noch keine wahre Seelenstärke. Selbst die feigsten Menschen führen kühne Reden. Was du geleistet hast, wird sich erst dann zeigen, wenn du deinen letzten Atemzug nimmst. Ich begrüße diese Prüfung und schrecke vor dem Urteil nicht zurück.[296]

Wie kann man also die Angst vor dem Tod überwinden? Da die Stoiker Philosophen waren, versuchten sie, den Tod auf rationale Weise zu betrachten. Sie brachten rationale Argumente vor, um die Ängste zu zerstreuen. Einige dieser Argumente werden im Folgenden kurz aufgeführt. Sie werden in den Schriften von Seneca und den anderen römischen Stoikern ausführlicher erläutert:

1. ***Der Tod ist nur ein natürlicher Teil des Lebens.*** Als wir geboren wurden, gingen wir eine Vereinbarung ein, dass wir eines Tages sterben werden. Der Tod ist lediglich ein natürlicher Teil des Lebens. Aus diesem Grund, und weil das Leben und die Natur gut sind, sollten wir den Tod ohne Angst und ohne Klage akzeptieren.

   Als Seneca seine Briefe schrieb, besuchte er seinen alten Freund und Lehrer Demetrius, einen epikureischen Philosophen, der gerade im Sterben lag. Demetrius erklärte Seneca, dass das Einzige, was die Menschen am Tod fürchten, seine Ungewissheit ist. Demetrius sagte:

> Jemand, der nicht sterben will, hat nie leben wollen, denn das Leben wird uns unter der Bedingung gegeben, dass es endet. Der Tod ist eine für alle gleiche und unausweichliche Notwendigkeit. Wer könnte sich darüber beklagen, dass er den gleichen Bedingungen unterworfen ist wie alle anderen? Die Grundvoraussetzung der Gerechtigkeit ist die Gleichheit.[297]

Mit anderen Worten: Der Tod ist keine Strafe, sondern lediglich eine Konsequenz des Lebens. Und da er ein Naturgesetz ist, das für alle Lebenden gleichermaßen gilt, gibt es nichts zu befürchten.

2. ***Was auch immer beim Tod geschieht, es wird uns so oder so gut gehen***. Um es mit den Worten von Seneca zu sagen: »Der Tod vernichtet uns entweder oder er erlöst uns. Werden wir entlassen, bleibt uns das Bessere erhalten, da unsere Last beseitigt worden ist. Werden wir aber vernichtet, bleibt uns nichts übrig; Gutes wie Böses wird gleichsam entfernt.«[298] Mit anderen Worten: Wenn die Seele zerstört wird, bleibt nichts mehr übrig, um Leiden zu erfahren. Und wenn die Seele überlebt, beginnt sie ein neues Abenteuer in einer neuen Form. Was auch immer tatsächlich geschehen mag, keine der beiden Möglichkeiten ist abträglich.

3. ***Was ist so schlimm daran, dorthin zurückzukehren, wo man hergekommen ist?*** Dies ist als »Symmetrieargument« bekannt und wurde von vielen antiken Philosophen verwendet. Wenn der Tod einfach eine Nichtexistenz ist, kehrt man nach dem Tod in denselben Zustand zurück, in dem man sich vor der Geburt befand. Wenn diese Interpretation richtig ist, folgt für uns nach dem Tod der Zustand, der vor unserer Geburt herrschte: Auf beiden Seiten des Lebens herrscht großer Frieden, ohne jegliches Leid.[299]
   Als Epikur bekanntlich sagte: »Der Tod bedeutet uns nichts«, wollte er nicht überheblich klingen oder mit Verachtung auf den Tod herabblicken. Er bezog sich lediglich auf dieses Argument. Seiner Ansicht nach ist der Tod für uns nichts Schlimmes, *weil wir nicht mehr da sind,* um darunter zu leiden.[300]
   Die Stoiker glaubten, dass die Seele, also unsere geistige und biologische Lebenskraft, Materie ist. Aus diesem Grund ließen sie die Möglichkeit offen, dass die Seele in irgendeiner Weise nach unserem physischen Tod oder für eine gewisse Zeit weiterleben könnte. Oder aber sie könnte mit der Intelligenz und der Lebenskraft des gesamten Universums verschmelzen. Seneca und Mark Aurel waren sich nicht sicher, ob dies wahrscheinlich war, aber beide standen dieser Möglichkeit aufgeschlossen gegenüber. Unabhängig davon, was tatsächlich geschieht, glaubte keiner der Stoiker, dass der Tod irgendetwas Abträgliches mit sich bringt, selbst wenn wir im schlimmsten Fall einfach ausgelöscht werden.

WAS MACHT DAS LEBEN LEBENSWERT?

> Der Wert des Lebens hängt nicht von seiner Dauer ab, sondern davon, wie wir es nutzen.
>
> Seneca, *Briefe an Lucilius* 49.10

Ein Stoiker versucht, *Fortschritte* zu machen, und Fortschritt ist eine Reise. Für Seneca gibt es einen bestimmten Zielpunkt auf dieser Reise: tugendhaft zu werden oder ein »vollendeter« Mensch zu sein. Im Stoizismus geht es darum, unseren Charakter und unsere Vernunft zu entwickeln, damit wir verstehen und besitzen können, was im Leben wirklich gut ist. Wenn jemand dieses Endziel erreicht hat, hat er nicht nur einen soliden Charakter entwickelt, sondern auch menschliche Freiheit, Gelassenheit und dauerhafte Freude (siehe Kapitel 14). An diesem Punkt ist für Seneca das Leben wahrhaftig vollendet, und man lebt so vollständig, wie es nur möglich ist. Dann hat der Mensch das erreicht, was Seneca »das glückliche Leben« nennt – einen Zustand tiefen und dauerhaften Wohlbefindens. Auch wenn ich mich scheue, Parallelen zwischen verschiedenen Traditionen zu ziehen, ist es schwierig, Senecas Ideen über diesen Zustand zu lesen, ohne an die Worte »Erleuchtung« oder »Befreiung« in den östlichen Traditionen zu denken.

Wenn ein Mensch das glückliche Leben erlangt hat, ist sein Leben wahrhaftig vollständig, unabhängig von der Dauer. Für Seneca bedeutet dies, dass wir, sobald wir das wahre Glück oder einen gesegneten Geisteszustand erreicht haben, durch ein längeres Leben nicht glücklicher werden können. Ein längeres Leben macht uns zwar nicht zufriedener, aber die zusätzlichen Tage oder Jahre sind wie ein Sahnehäubchen auf einem glücklichen Leben. Ein tugendhaftes oder glückliches Leben zeichnet sich vor allem dadurch aus, dass es »nicht auf die Zukunft angewiesen ist und die Tage nicht zählt«, schreibt er. Denn »in einer beliebig kurzen Zeitspanne genießt man ein zeitloses Gut«.[301] Für Seneca besteht das wahre Glück darin, etwas Zeitloses zu erleben, das nicht übertroffen werden kann; es ist »der Gipfel«, der ganze Sinn des Lebens.

Wie Seneca mehr als ein Dutzend Mal in verschiedenen Schriften betont, kommt es auf die Qualität des Lebens an, nicht auf seine Quantität oder seine Länge. In der von mir bevorzugten Beschreibung sagt er, das Leben sei wie ein Theaterstück: Es kommt nicht auf die Länge des Stücks an, sondern auf die Qualität der Aufführung.[302] Für Seneca ist die Erlangung eines tugendhaften Charakters das Entscheidende im Leben. Das glückliche Leben zu erreichen, bedeutet, voll und ganz zu leben, unabhängig davon, wie lange das Leben dauert. Im Gegensatz dazu weist Seneca darauf hin, dass viele ältere Menschen lange Zeit einfach nur »existiert«, aber nie wirklich gelebt haben. Manche Menschen sterben leider, bevor sie überhaupt begonnen haben, in vollen Zügen zu leben.

Seneca gibt dafür ein Beispiel. Er schreibt an Lucilius über einen gemeinsamen Freund, einen Philosophen namens Metronax, der recht jung, in der Blüte seines Lebens, starb. Aber obwohl Metronax jung starb, hatte er einen sehr guten Charakter entwickelt. Jemand könnte beklagen, dass Metronax in seiner Blütezeit gestorben ist. Aber Seneca antwortet darauf:

> Aber er hat die Pflichten eines guten Bürgers, eines guten Freundes und eines guten Sohnes erfüllt. Er hat in keiner Hinsicht versagt. Mag auch seine Lebenszeit unvollendet sein, sein Leben selbst war vollendet. Ein anderer Mensch mag 80 Jahre zu leben scheinen. Nein, er war vielmehr

> 80 Jahre da – es sei denn, du sprichst von seinem Leben so wie man auch vom Leben der Bäume spricht. Ich beschwöre dich, Lucilius: Arbeiten wir darauf hin, dass unser Leben wie die wertvollsten Gegenstände gemessen werden – nicht an ihrer Größe, sondern an ihrem Wert. Messen wir also auch unser Leben an seiner Leistung, nicht an seiner Dauer.[303]

Noch einmal: Für Seneca ist es letztlich die *Qualität* des Lebens, die es einem Menschen ermöglicht, in vollen Zügen zu leben, nicht die Dauer.

DER SEGEN UND DIE GEFAHREN DES HOHEN ALTERS

> Nicht nur im *Leben* liegt das Gut, sondern *im guten Leben*. Deshalb wird der Weise leben, solange er muss, nicht solange er kann ... Er bedenkt immer die Qualität, nicht die Quantität seines Lebens.
>
> Seneca, *Briefe an Lucilius* 70.4

Niemand weiß, wie lange er leben wird; das liegt außerhalb unserer Kontrolle. Angesichts der erheblichen Fortschritte in Medizin und Technik ist die Wahrscheinlichkeit, dass jemand ein hohes Alter erreicht und sogar älter als 90 Jahre wird, seit Senecas Zeiten drastisch gestiegen. Doch mit dem hohen Alter kommen auch Schwierigkeiten – wie die bröckelnden Steine von Senecas Landhaus zeigen, bricht irgendwann ein immer älter werdendes Bauwerk einfach zusammen, Stück für Stück. Das gilt auch für den alternden Körper.

Für Seneca kann das hohe Alter ein Segen und eine der schönsten Zeiten des Lebens sein. Er schreibt:

> Lasst uns das hohe Alter annehmen und lieben. Es ist voller Freude, wenn man versteht, wie man es leben kann. Am besten schmeckt das Obst, wenn es reif ist, kurz bevor es verdirbt. Die Anmut der Kindheit ist gegen Ende am größten. Liebhaber des Weins ergötzt der letzte Trunk, jener, der sie betäubt und den Rausch vollkommen macht. Jedes Vergnügen zögert seine süßesten Momente bis zum Schluss hinaus. Die genussvollste Zeit des Lebens ist jene, in der es bergab geht, aber bevor man über die Klippe stürzt. Selbst jene Zeit, in der man an der Schwelle des Todes steht, hat, so meine ich, ihre eigenen Freuden.[304]

Seneca war der Meinung, dass das hohe Alter etwas ist, das man schätzen sollte. Ihm zufolge kann das hohe Alter eine der glücklichsten Zeiten des Lebens sein. Aber es gibt einen Punkt, an dem das Leben eines Menschen, wenn er lange genug lebt, »einem schleichenden Tod« gleicht. Vielleicht aufgrund ihrer eigenen Angst vor dem Tod glauben manche Menschen, dass das Leben um jeden Preis und unter allen Bedingungen erhalten werden sollte, selbst wenn das bedeutet, einen geliebten Menschen bewusstlos und ohne Hoffnung auf Besserung an einer Maschine am Leben zu erhalten. Wie Sie sich vielleicht denken können, wäre Seneca mit diesem Ansatz nicht einverstanden gewesen. Er schrieb: »Was ist das für ein Leben, lange zu sterben? Findet sich auch nur ein Mensch, der unter Qualen dahinsiechen, Glied um Glied sterben und Stück für

Stück seinen Atem verlieren wollte, anstatt sein Leben mit einem Male auszuhauchen?«[305]

Seneca stellte wiederholt fest: »Es kommt nicht darauf an, wie lange du lebst, sondern wie edel.«[306] Allein in einem Krankenhauszimmer zu liegen und Glied für Glied zu zerfallen, ist nicht die edelste Art, von dieser Welt zu scheiden. Senecas Philosophie hat daher heute bedeutende Auswirkungen auf das Nachdenken über das Ende des Lebens.

Sowohl die griechischen als auch die römischen Stoiker tolerierten Selbstmord bei extremen Bedingungen, die in der antiken Welt viel wahrscheinlicher waren als heute. Aber abgesehen von der Selbsttötung würde Seneca zweifellos die *euthanasia* oder einen »guten Tod« befürworten, anstatt jahrelang in einem entmündigten Zustand weiterzuleben. Er schreibt: »Nur wenige haben das hohe Alter ohne Beeinträchtigung bis zum Tod überstanden, für viele war es ein untätiges Dasein, da sie unfähig waren, ihren Körper zu benutzen. In diesem Fall ist der grausamste Verlust im Leben der Verlust des Rechts, es zu beenden.«[307]

Seneca hielt das hohe Alter nicht für etwas, das man herbeisehnen sollte, aber er hielt es auch nicht für etwas, das man ablehnen sollte. Da jedes Leben anders ist, kann es letztlich ein Segen oder ein Hindernis sein. Er schrieb: »Es ist angenehm, so lange wie möglich mit sich selbst zusammen zu sein – sobald man sich zu jemandem gemacht hat, mit dem es sich lohnt, Zeit zu verbringen.«[308] Trotzdem gab es einen bestimmten Punkt, an dem Seneca sagte, dass er persönlich die Grenze ziehen würde. So schrieb er Folgendes an Lucilius:

> Ich will das Alter nicht hinter mir lassen, solange es mein ganzes Selbst bewahrt, womit ich meinen

> ganzen besseren geistigen Teil meine. Aber wenn es den Verstand zu erschüttern und Teile von ihm zu zerstören beginnt, wenn ich nicht mehr leben, sondern nur noch atmen kann, dann werde ich aus dem morschen und einstürzenden Gebäude springen.[309]

Das ergibt durchaus Sinn, denn für einen Stoiker wäre das bloße Weiteratmen ohne seine geistigen Fähigkeiten – die Fähigkeit zu denken, zu wissen und zu würdigen – überhaupt kein Leben.

JEDEN TAG SO LEBEN, ALS WÄRE ES DER LETZTE

> Darum bemühe ich mich, jeden Tag so zu leben, als ob er ein ganzes Leben wäre.
>
> Seneca, *Briefe an Lucilius* 61.1

Jeder kennt den Spruch: »Einen Tag nach dem anderen leben.« Ob dieses Sprichwort nun auf Seneca zurückgeht oder nicht, von der Idee her geht es auf jeden Fall auf ihn zurück.

Wie Seneca immer wieder betont, werden die Menschen ängstlich, weil sie sich Sorgen um die Zukunft machen. Aber das liegt daran, dass sie noch nicht hinreichend »zu sich selbst gefunden« haben, um den gegenwärtigen Augenblick voll und ganz zu genießen. Seneca schlägt vor, dass wir jeden Tag als ein »vollständiges Leben« leben sollten, so als wäre es der letzte Tag unseres Lebens. Für Seneca wird diese Idee zu einer brillanten inneren Übung, die viele verschiedene Themen in seinem Werk miteinander verbindet: die Fülle des glücklichen Lebens, die Bedeutung des Lebens im gegenwärtigen Augenblick, das *Memento mori* und die Befreiung von jeglicher Furcht, einschließlich der Angst vor dem Tod.

Steve Jobs sagte in einer Rede vor College-Studenten einmal Folgendes:

> Als ich 17 war, las ich ein Zitat, das ungefähr so lautete: »Wenn du jeden Tag so lebst, als wäre es dein letzter, wirst du eines Tages ganz sicher recht haben.« Das hat mich beeindruckt, und seitdem, seit 33 Jahren, schaue ich jeden Morgen in den Spiegel und frage mich: »Wenn heute der letzte Tag meines Lebens wäre, würde ich dann das tun wollen, was ich heute tun werde?« Und wenn die Antwort an zu vielen Tagen hintereinander »Nein« lautet, weiß ich, dass ich etwas ändern muss.[310]

Leider werden wir nie erfahren, ob ein Zitat von Seneca Steve Jobs zu diesem täglichen Ritual inspirierte. Aber unabhängig davon ist es zweifelsohne eine gute Praxis. Es regt einen Menschen dazu an, über sein Leben als Ganzes nachzudenken, einschließlich der Qualität des eigenen Lebens in diesem Moment.

Seneca glaubte fest daran, dass jeder Tag unser letzter sein könnte. Er war der Meinung, dass wir unseren bevorstehenden Tod ohne jede Spur von Angst, aber mit freudiger Akzeptanz in Betracht ziehen sollten, selbst wenn dieser Tod heute eintreten sollte. In der Praxis bedeutet dies, dass wir nichts Wichtiges unerledigt lassen sollten, wenn wir abends ins Bett gehen. »Daher wollen wir unseren Geist so unterweisen«, schrieb er, »als ob wir das Ende erreicht hätten. Wir wollen nichts aufschieben. Jeden einzelnen Tag wollen wir mit dem Leben abrechnen.«[311] Diese Praxis ermutigt uns, nichts als selbstverständlich anzusehen und mit Dankbarkeit auf unser Leben zurückzublicken. Sie erinnert uns daran, so vollständig wie möglich zu leben, entsprechend unseren tiefst empfundenen Werten.

Für Seneca war die Fähigkeit, voller Dankbarkeit einzuschlafen und zu denken, dass das Leben wirklich vorbei sein könnte, ein Zeichen für jemanden, der ein erfülltes Leben gelebt hat. Aber wenn wir dann am Morgen aufwachen, »nehmen wir es mit Freude an«. Wir nehmen jeden neuen Tag mit Dankbarkeit an. »Derjenige ist ein glücklicher und sorgloser Besitzer seiner selbst«, schrieb Seneca, »der den nächsten Tag ohne ängstliche Unruhe erwartet. Wer sagt ›Ich habe gelebt‹, steht täglich zu seinem Gewinn auf, denn er hat einen zusätzlichen Tag gewonnen.«[312]

KAPITEL 12

Der Trauer Raum geben

Tränen fallen, ganz gleich, wie sehr wir versuchen, sie zurückzuhalten, und sie zu vergießen, befreit den Geist.

Seneca, *Briefe an Lucilius* 99.15

LASS DIE TRÄNEN FLIESSEN

Die frühen griechischen Stoiker vertraten eine ungewöhnlich strenge und seltsame Theorie: Wenn ein stoischer Weiser oder ein weiser Mensch einen engen Freund an den Tod verlor, würde er diesen Tod nicht beweinen, weil solche Emotionen von falschen Bewertungen herrühren. Seneca lehnte diese Sichtweise energisch ab und fand, dass Tränen der Trauer völlig angemessen seien. Er schrieb: »Ich weiß, dass sich Männer finden lassen, deren Weisheit eher hart denn mutig ist, und welche behaupten, ein Weiser werde nie Kummer empfinden.«[313] An anderer Stelle schrieb er: »Ich hebe den Weisen nicht aus der Gattung der Menschen heraus und spreche ihm auch nicht das Gefühl des Schmerzes ab, als wäre er irgendein Felsen ohne jegliche Gefühle.«[314]

Für Seneca entstammen die Tränen, die wir weinen, wenn wir einen nahestehenden Menschen verlieren, nicht falschen Beurteilungen. Ihm zufolge sind sie das Ergebnis natürlicher menschlicher Gefühle auf der tiefsten Ebene unseres Seins. Anders ausgedrückt sind sie instinktiv. In einem seiner anderen Briefe erklärt Seneca, wie er den Tod eines engen Freundes beweinte. Wir können mit ziemlicher Sicherheit annehmen, dass Seneca auch den Tod seines Kindes beweinte, das im Kleinkindalter 20 Tage vor Senecas Verbannung durch Kaiser Claudius auf die Insel Korsika verstarb. Seneca beschrieb, wie das Kind in den Armen seiner Großmutter starb – Senecas Mutter Helvia –, während sie das Kind mit Küssen bedeckte. Mark Aurel verlor ebenfalls viele Kinder an den Tod, und er ist bekannt dafür, in der Öffentlichkeit den Tod von seinen Freunden beweint zu haben.

Seneca war davon überzeugt, dass unser Weinen lediglich eine natürliche, körperliche Reaktion sei, ein natürliches menschliches Gefühl (siehe Kapitel 4). Weil Trauer und Weinen instinktiv sind, basieren sie nicht auf falschen Überzeugungen oder Beurteilungen, wie es negative Emotionen tun. Seneca war sich sehr wohl bewusst, dass sogar Tiere den Verlust ihres Sprösslings betrauern. Vogelmütter sind bekümmert, wenn sie zum Nest zurückkehren und feststellen, dass eines der Eier fehlt. Selbst auf speziesübergreifender Ebene betrauern Hunde oft den Verlust des geliebten Herrchens, wenn diese Person stirbt, genauso wie Menschen den Verlust eines Haustiers betrauern.

Seneca nahm die Trauer ernst. Tatsächlich schrieb er fünf separate Texte, um Freunde und Familienangehörige zu trösten, die einen geliebten Menschen verloren hatten.[315] Und in diesen Texten gibt er uns wertvolle Ratschläge, wie man gut trauert, wie man den Schmerz der Trauer verringern kann, bereits bevor sie auftritt, und wie man Trauer in etwas Besseres umwandelt – in glückliche Erinnerungen an jene, die wir verloren haben.

Senecas grundlegende Herangehensweise an Trauer besteht darin, dass wir der Trauer ihren Raum geben sollten. Anders ausgedrückt sollten wir den Tränen gestatten, frei zu fließen, sie jedoch nie erzwingen. Ebenso sollten wir unsere Trauer nie größer erscheinen lassen, nur weil wir im Beisein anderer sind.

Für Seneca gibt es unterschiedliche Arten von Tränen. *Tränen der Erschütterung* fließen, wenn wir vom bitteren Verlust eines geliebten Menschen erfahren und wenn wir seinen leblosen Körper sehen, zum Beispiel bei einer Beerdigung. Über diese Tränen haben wir keine Kontrolle. Es ist, als würde die Natur selbst sie aus uns heraustreiben, wenn der Schmerz oder Kummer einen Menschen dazu bringt, tief zu schluchzen, und den ganzen Körper schüttelt. Diese Art von Tränen ist unfreiwillig und liegt außerhalb unserer Kontrolle.[316]

Eine andere Art von Tränen, die wir als *Tränen der Freude* bezeichnen können, fließt, wenn wir uns liebevoll an jemanden erinnern, den wir verloren haben. Wir denken an die angenehme Stimme dieser Person, die guten Gespräche, die wir einst führten, und an diese oder jene denkwürdige Aktion. Im Gegensatz zu den heftigeren Tränen der Erschütterung werden uns diese Tränen nicht aufgezwungen, liegen nicht außerhalb unseres Willens, sondern entspringen schönen und liebevollen Erinnerungen, die wir wachrufen.[317]

Und manchmal passiert es sogar einem stoischen Weisen, dass Tränen einfach von allein aufsteigen. Wenn das passiert, ist es keine negative Emotion, sondern lediglich ein Zeichen der Menschlichkeit des Betreffenden. Genauso, hebt Seneca hervor, ist es möglich, dass Tränen fließen, wenn jemand sich ruhig und friedvoll fühlt.[318]

DIE GOLDENE MITTE FINDEN

> Weder trocken sollen die Augen sein beim Verlust eines Freundes, noch sollen sie überfließen. Wir dürfen weinen, aber wir dürfen nicht jammern.
>
> Seneca, *Briefe an Lucilius* 63.1

> Selbst bei der Trauer gibt es ein gewisses Maß.
>
> Seneca, *Trostschrift an Marcia* 3.4

Weil wir menschliche Wesen sind, die eine tiefe Bindung zu jenen haben, die wir lieben, ist es für Seneca nur natürlich, dass wir beim Verlust eines geliebten Menschen Trauer empfinden und Tränen vergießen. Das ist auch kathartisch, also reinigend. Die ganze Trauer kann nicht im Inneren festgehalten werden; sie muss freigegeben werden. Weinen ist ein komplexes Phänomen, dass wir noch nicht gänzlich verstehen. Aber wir wissen, dass durch Weinen Oxytocin und Endorphine ausgeschüttet werden. Diese Hormone helfen uns, Schmerzen zu lindern und als Stimmungsaufheller dafür zu sorgen, dass sich der Betreffende besser und ruhiger fühlt.[319]

Seneca hatte kein Problem mit Trauer und fließenden Tränen, solange sie ehrlich und natürlich waren. Aber manche Menschen steigern ihre Trauer über das von der Natur Geforderte hinaus. Und manche Menschen steigern ihre Trauer bis in den Wahnsinn. Zum Beispiel ist wenig über Marcia bekannt, die erste Person, der Seneca je schrieb, um ihr beim Überwinden ihrer Trauer zu helfen. Seneca schrieb ihr, weil sie wegen des Verlustes ihres Sohnes, der drei Jahre zuvor das Leben verloren hatte, immer noch völlig verzweifelt war. Obschon Seneca davon überzeugt war, dass Marcia über Mut und einen starken Charakter verfügte, hatte er das Gefühl, dass sie die erste Erschütterung ihrer Trauer so sehr lebendig hielt, dass es sich zu einer ernsten Erkrankung verhärtet hatte. Wie er es ausdrückte: »Du hältst deinen Schmerz fest umschlungen, hältst ihn an deines Sohnes Stelle am Leben.«[320]

Seneca war der Meinung, dass wir bei der Trauer eine gewisse Mäßigkeit anstreben sollten und dass es unnatürlich sei, extreme Trauer über lange Zeiträume auszudehnen. Seneca sprach sich auch dagegen aus, wie Menschen manchmal ihre Trauer schlimmer erscheinen lassen, als sie ist, wenn sie diese in der Öffentlichkeit zur Schau stellen. Wie er zu Lucilius sagte, sollten wir unseren Tränen erlauben, zu fließen, »sie jedoch nicht dazu zwingen. Weinen wir nach unserem wahren Gefühl, aber nicht, indem wir andere imitieren. Fügen wir unserer wirklichen Trauer nichts hinzu und machen wir sie nicht größer, indem wir das Beispiel anderer nachahmen. Die öffentliche Zurschaustellung von Trauer verlangt mehr, als echte Trauer erfordert.«[321]

Seneca merkte an, dass Menschen oft lauter lamentieren, wenn sie von anderen umgeben sind, damit diese sie hören. Aber sobald die Zuschauer fortgehen, nimmt die Trauer ab, da sie nicht länger zur Schau gestellt wird. Seneca schätzte Authentizität und deshalb war er davon überzeugt, dass unsere Sorgen echt sein beziehungsweise auf dem basieren müssen, was wir und die Natur benötigen. Trauer sollte nie zu einer Form des Theaterspielens vor einem Publikum werden. Deshalb suchte Seneca nach einer Art von Mäßigung in der Trauer. Wir wollen nicht, dass unsere Trauer einen Mangel an

Liebe oder echtem Gefühl aufweist, aber wir wollen auch nicht, dass sie zu einer Form von Theaterspielen wird oder – schlimmer noch – einer Form von Wahnsinn gleicht. Wenn wir jemanden verloren haben, der uns nahesteht, kann es zu einer ungesunden Form von Selbstkasteiung werden, wenn wir beständig vom Kummer überwältigt werden. Alternativ wäre es gefühllos und unmenschlich, nicht zu trauern. Selbst in der Trauer sollten wir eine Ausgewogenheit zwischen Vernunft und echter Zuneigung anstreben.[322] Wie Seneca seinem Freund Polybius rät, der seinen Bruder verloren hat:

> Lass die Vernunft ein Maß aufrechterhalten, das weder einem Liebesmangel noch Wahnsinn gleicht, und lass sie uns in einem Geisteszustand halten, der mitfühlend, aber nicht quälend ist. Lass deine Tränen fließen, aber lass sie auch aufhören. Lass die Seufzer aus deiner tiefsten Brust aufsteigen, aber lass auch sie ein Ende finden. Beherrsche deinen Geist, damit du sowohl die Zuneigung der Weisen als auch jene deiner eigenen Familie erlangst.[323]

Letztlich ist es natürlich, dass sich Kummer mit der Zeit auflöst. Noch besser ist jedoch, wenn wir aus dem Kummer herauswachsen, statt seiner nur überdrüssig zu werden. Wie Seneca seinem Freund Lucilius riet: »Ich möchte lieber, dass du die Trauer aufgibst, als dass deine Trauer dich aufgibt.«[324]

DEN SCHOCK DER TRAUER MILDERN

> Beweint einer ein Ereignis, von dem er wusste, dass es unvermeidbar ist? Jeder, der den Tod irgendeines Menschen beklagt, klagt darüber, dass dieser Mensch sterblich war.
>
> Seneca, *Briefe an Lucilius* 99.8

Wenn wir einen geliebten Menschen verlieren, ist es unmöglich, das Aufsteigen von Trauer zu verhindern. Aber es ist möglich, die Erschütterung zu verringern, indem wir uns im Vorfeld bewusst machen, dass alle, die wir kennen, sterblich sind und sich unsere Wege eines Tages für immer trennen werden. Seneca ging so weit, vorzuschlagen, dass es gut ist für jemanden, der ein Kind auf die Welt bringt, zu denken: »Ich habe ein sterbliches Wesen zur Welt gebracht.«[325] Dieser Gedanke ist nicht etwa herzlos, sondern entspricht lediglich der Wahrheit über die menschliche Natur.

Zu wissen, dass jemand im Sterben liegt, verringert drastisch die Erschütterung durch die Überraschung, denjenigen zu verlieren. Als ich 27 Jahre alt war, wurde mein Vater, der ein bemerkenswertes Leben geführt hatte, ins Krankenhaus eingeliefert. Es war klar, dass sein Ende nahte. Etwa einen Monat später, am 31. Dezember, starb er. Wie ich zu sagen pflegte: »Er ging mit dem alten Jahr.« Hätte er nur sechs Tage länger gelebt, wäre er 75 Jahre alt geworden. Damals empfand ich tiefe Trauer. Aber da alle mit seinem Ableben rechneten, war die Erschütterung im ersten Moment längst nicht so intensiv, wie sie es gewesen wäre, wenn mein Vater ohne Vorwarnung verstorben wäre.

Wie Seneca anmerkt: »Wer ein Leiden lange vorher in Gedanken durchläuft, nimmt ihm die Kraft, wenn es schließlich eintrifft.«[326]

Es ist jedoch schwierig, sich vorzustellen, dass diejenigen, die jung sind, in der Blüte ihres Lebens stehen oder sogar sehr viel jünger als wir selbst sind, jeden Moment plötzlich sterben könnten. Aus diesem Grund ist es hilfreich, uns von Zeit zu Zeit daran zu erinnern, dass es passieren könnte. Selbst Seneca versäumte es, sich an diesen Rat zu halten, als es um seinen engen Freund Annaeus Serenus ging, der jung starb. Wie Seneca gegenüber Lucilius gestand: »Ich weinte so maßlos um meinen lieben Freund.« Das lag daran, dass Serenus so viel jünger war. Seneca sagte: »Ich hatte es nie für möglich gehalten, dass sein Tod dem meinen vorausgehen würde.« Er schloss mit den Worten: »Lass uns beständig an unsere eigene Sterblichkeit denken und an die von allen, die wir lieben. ... Was immer zu jeder Zeit geschehen kann, kann auch heute geschehen.[327]

Eine meiner Lieblingsvorstellungen der Stoiker ist, dass alles, was wir haben oder zu besitzen glauben, lediglich vom Universum »geliehen« ist. *Alles*. Und eines Tages müssen all diese Dinge zurückgegeben werden. Seneca spricht das in seiner Nachricht an Marcia an, die wegen des Todes ihres Sohnes immer noch solch extremen Kummer litt, als wäre es erst gestern geschehen. Seneca sagt Marcia: »All die außergewöhnlichen Dinge, die um uns herum glänzen«, einschließlich Kinder, Ehre, Wohlstand und alles, was vom ungewissen Zufall abhängt, »gehören uns nicht, sondern sind nur geliehen«.[328] Nichts davon ist ein dauerhaftes Geschenk. Seneca erklärt weiter:

> Daher müssen wir sie in dem Bewusstsein lieben, dass uns weder versprochen wurde, dass wir sie für immer haben, noch, dass wir sie für lange Zeit haben. Wir müssen uns selbst immer wieder daran erinnern, dass wir die Dinge so lieben sollten,

> als würden sie uns mit Sicherheit verlassen oder als würden sie uns bereits verlassen. Nimm alles, was das Glück dir gegeben hat, aber sei dir bewusst, dass es keine Garantie dafür gibt.[329]

Epiktet sagte: »Sag nie von einer Sache: ›Ich habe sie verloren‹, sondern sage: ›Ich habe sie zurückgegeben‹«,[330] – selbst wenn es ein geliebter Mensch ist. Wie Seneca an Polybius schrieb, als dessen Bruder starb: »Freuen wir uns also dessen, was uns gegeben wird, und geben wir es wieder zurück, wenn wir darum gebeten werden.«[331] An anderer Stelle erklärt Seneca, dass jemand, der die Welt richtig sieht, erkennen wird, dass all sein Besitz und sogar sein Leben eine vorübergehende Gabe vom Schicksal ist. Dann wird er so leben, als sei alles nur eine Leihgabe, und er wird darauf vorbereitet sein, all diese Gaben ohne Trauer zurückzugeben, wenn das Universum sie schließlich zurückfordert.[332]

Manche Leser haben irrtümlich angenommen, dass die Stoiker wegen dieser Denkweise eine emotionale Loslösung von den Menschen um sie herum befürworteten. Aber nichts könnte der Wahrheit ferner sein. Zu wissen, dass nichts von Dauer ist, bedeutet lediglich, eine Tatsache der Natur zu akzeptieren. Das hat nichts mit der Fähigkeit einer Person zu tun, innig zu lieben. Zu erkennen, dass all meine Lieben nicht von Dauer sind, ermuntert mich, sie stärker wertzuschätzen. Es macht mich sogar dankbarer für die begrenzte Zeit, die wir miteinander haben.[333]

TRAUER IN DANKBARKEIT VERWANDELN

> Gedenke weiter, aber höre auf zu trauern.

Seneca, *Briefe an Lucilius* 99.24

> So klage nicht darüber, was dir genommen worden ist, sondern sei dankbar dafür, was dir gegeben wurde.
>
> Seneca, *Trostschrift an Marcia* 12.1

Seneca hat die brillanteste Strategie, um Trauer langfristig zu vertreiben. Wenn wir einen geliebten Menschen verlieren, werden wir ganz sicher eine Weile trauern. Aber sobald dieser Kummer zu verblassen beginnt, können wir die Gefühle der Trauer durch glückliche und freudige Erinnerungen ersetzen.

Senecas tiefe Erkenntnis besteht darin, dass Trauer auf gewisse Weise selbstsüchtig ist, da sie mehr oder weniger die Dankbarkeit überschattet, die wir ebenfalls für unsere Lieben empfinden. Statt undankbar und traurig zu sein, lasst uns dankbar sein für die wundervollen Erfahrungen, die wir gemeinsam hatten. Einem Freund, der einen Sohn im Kindesalter verloren hatte, schrieb Seneca: »Die meisten Menschen rechnen sich nicht aus, wie viele Geschenke ihnen zuteilwurden und welch große Freude sie gehabt haben. Das ist nur ein Grund, weshalb deine Art der Trauer schlecht ist: Sie ist nicht nur unnötig, sondern überdies ein Beweis von Undankbarkeit.«[334]

Er fährt fort:

> Begräbst du die Freundschaft zusammen mit deinem Freund? Und wieso trauerst du um ihn, als hättest keinen Nutzen daraus gezogen, ihn gehabt zu haben? Glaube mir: Ein wesentlicher Teil von jenen, die wir geliebt haben, bleibt bei uns, auch

> wenn der Zufall sie entfernt hat. Die Zeit, die vergangen ist, gehört uns, und nichts ist in sichererem Gewahrsam als das, was war.[335]

Seneca hat recht, dass Trauer, mit der Zeit, durch glückliche Erinnerungen ersetzt werden kann. Über etliche Jahre nach dem Tod meines Vaters spürte ich jedes Mal am Jahresende, also um den Zeitpunkt seines Todes herum, Traurigkeit. Als gäbe es dort, wo er sein müsse, eine leere Stelle. Viele andere, die Familienmitglieder verloren haben, kennen diese Art »saisonaler« Trauer. Aber das ist lange her. Wenn ich heute zurückschaue auf meinen Vater oder sogar auf seinen Todestag, spüre ich rein gar keine Trauer mehr – sondern nur noch Glück und ein Gefühl der Dankbarkeit für die Zeit, die wir miteinander verbracht haben. Sind die Gedanken eines Menschen dagegen voller Kummer und Trauer, fällt es schwer, Platz zu schaffen für die glücklichen Erinnerungen und die Dankbarkeit, die einen geliebten Menschen sehr viel mehr ehren würden. In der Lage zu sein, Trauer durch Dankbarkeit zu ersetzen, ist nicht nur möglich; es ist entscheidend, um glücklich leben zu können.

Seneca sagt, dass dies sogar für Menschen gilt, die ein kleines Kind verloren haben. Die Erinnerung an dieses Kind kann uns Freude geben, selbst wenn sein Leben nur kurz war. Wie Seneca an Marcia schreibt: »Dein Sohn hat es verdient, dich jedes Mal glücklich zu machen, wenn du an ihn denkst oder wenn du seinen Namen erwähnst – und du wirst ihn umso mehr ehren, wenn du sein Andenken heiter und fröhlich begrüßt, so wie du ihn zu Lebzeiten zu begrüßen pflegtest.«[336] Statt zu trauern, so sagt Seneca, sollte Marcia an all die glücklichen Zeiten denken, die sie mit ihrem Sohn verbracht hat, sie sollte an »*seine kindlichen und süßen Schmeichelworte*« denken.[337]

KAPITEL 13

Liebe und Dankbarkeit

> Angst verträgt sich nicht mit einem dankbaren Gemüt. Im Gegenteil, alle Sorgen sollten durch tiefes Selbstvertrauen und das Bewusstsein wahrer Liebe vertrieben werden.
>
> Seneca, *Über die Wohltaten* 6.42.1

STOISCHE LIEBE UND ZUNEIGUNG

Wie wir gesehen haben, stimmt es einfach nicht, dass der Stereotyp des Stoikers kalt und gefühllos ist. Tatsächlich halten die Stoiker Liebe und Zuneigung für die wichtigsten menschlichen Gefühle. Sie teilten der Liebe als Gefühl eine eigene Kategorie zu. In Senecas Sicht brachten die Stoiker der Menschheit mehr Liebe entgegen als andere philosophische Schulen. Liebe und Zuneigung, so behaupteten sie, bildet die Basis der menschlichen Gesellschaft. Sie erkannten, dass Eltern instinktiv ihre Kinder lieben. Sie waren auch der Meinung, dass diese Liebe ausgedehnt werden kann, um die gesamte Menschheit zu umfassen. Aus diesem Grund schrieb Seneca: »Eine soziale Gemeinschaft kann nur durch den gegenseitigen Schutz und liebende Fürsorge für ihre Teile unversehrt bestehen.«[338] Deshalb ist es keine Übertreibung, zu sagen, dass die stoische Ethik letztlich auf Liebe basiert. Die Tatsache, dass Menschen einander lieben, ist ein weiterer Aspekt des Naturgesetzes, das eine natürliche Grundlage für menschliche Gemeinschaft und die Gesellschaft herstellt.

Als der menschlichste Autor der Stoiker erwähnt Seneca häufig die Bedeutung von Liebe, Zuneigung und Dankbarkeit. Aber in Senecas Schriften lernen wir am meisten über die Bedeutung der Liebe durch die Art und Weise, wie er voller Freundlichkeit und Zuneigung über andere Menschen in seinem Leben spricht. Wie die Klassische Philologin Anna Lydia Motto anmerkte: »Seneca lernte viel über Liebe, Freundlichkeit und Großzügigkeit von den Mitgliedern seiner eigenen Familie.« In seinen Schriften »findet man ein tiefes Verständnis für das echte Gefühl der Liebe in ihren verschiedenen Aspekten – Liebe für die eigene Familie, die eigenen Freunde, den Ehepartner, die Mitmenschen und das Heimatland.«[339]

Wir alle können Liebe als Gefühl nachempfinden, aber die römischen Stoiker betonten eine besondere Art von Liebe, *philostorgia*. Dieser Begriff kann übersetzt werden als »familiäre Liebe« oder »natürliche Liebe« oder auch »menschliche Zuneigung«. Mark Aurel erwähnt diese Art von Liebe mehrfach. Wie er sich selbst oft in Erinnerung ruft, sind wir geboren, um andere und die Menschheit an sich zu lieben. »Liebe die Menschen, mit denen dich das Schicksal zusammengebracht hat«, schreibt er, »aber liebe sie aufrichtig.«[340]

Mark schrieb auch, um die Dankbarkeit gegenüber seinen verschiedenen Lehrern zum Ausdruck zu bringen. Aber in einem Kommentar, den er über einen seiner Lehrer, den Philosophen Sextus, macht, scheint er die gesamte Haltung der Stoiker gegenüber Liebe und Emotionen zusammenzufassen. Mark erzählt uns, dass Sextus nie das geringste Anzeichen von Wut oder einer anderen negativen Emotion zeigte. Stattdessen »zeigte er niemals auch nur den Anschein irgendeiner Leidenschaft, sondern war voller menschlicher Zuneigung.«[341] Tatsächlich ist genau dies das Ideal der Stoiker: Voller Liebe für andere zu sein und völlig frei von heftigen negativen Emotionen.

Letztlich waren die Stoiker der Meinung, dass eine Person frei und großzügig lieben sollte, ohne etwas als Gegenleistung zu erwarten. Mit den Worten des Philosophen William O. Stephens: »Man kann jemanden lieben, ohne diese Liebe davon abhängig zu machen, dass sie immer oder auch nur jemals erwidert wird. Das ist die Überzeugung, dass Liebe großzügig voller Freude und ohne Beimischung von Kummer gegeben werden muss.«[342]

DANKBARKEIT IM STOIZISMUS, IN DER ANTIKE UND HEUTE

Ein anderes Gefühl des Stoizismus, das beinahe vollständig übersehen wurde, ist die Dankbarkeit. Dankbarkeit war besonders für die römische Kultur sehr wichtig, und Seneca und die anderen römischen Stoiker betonten beständig die Bedeutung der Dankbarkeit. Cicero sagte, »Dankbarkeit ist nicht nur die größte Tugend, sie ist auch die Mutter aller anderen«.[343] Seneca seinerseits schrieb, dass »unter all den vielen und großen Lastern keines häufiger ist als der Undank«.[344] Seneca verfasste ein umfangreiches Buch *Über die Wohltaten*, das als die »erste (und über viele Jahrhunderte einzige) große Abhandlung über Dankbarkeit im westlichen Gedankengut«, bezeichnet wurde.[345] In diesem Werk geht es unter anderem um die Kunst des Gebens, Wertschätzens und Erwiderns von »Leistungen« oder »Gefallen«.

Zu Senecas Zeit und auch davor hatten wohlhabende römische Schutzherren »Klienten«, die sie morgens für Leistungen oder Gefallen empfingen – finanzieller, sozialer oder politischer Art. Sie wandelten dann gemeinsam durch das Forum Romanum. Die Leistungen wurden zumeist auf irgendeine Weise zurückgezahlt oder erwidert, sodass es einen kompletten sozialen Kodex und Kreislauf gab, der das Geben, das dankbare Empfangen und das Zurückgeben von Leistungen beinhaltete.[346] Dies war eine Art Klebestoff, der die Gesellschaft zusammenhielt, vor allem unter den Elitebürgern Roms, es war jedoch nicht das Hauptaugenmerk in Senecas Schriften über Dankbarkeit. Tatsächlich war in der gesamten Philosophie der Dankbarkeit niemand »so revolutionär und radikal« wie Seneca. Grund dafür ist, wie der Philosoph Ashraf Rushdy erklärt, dass Seneca die gesamte Art und Weise veränderte, wie das Thema der Dankbarkeit von späteren Denkern betrachtet werden würde. Rushdy hebt hervor, dass Seneca *alle* Arten von Dankbarkeit diskutierte, mit denen sich die nach ihm folgenden Denker beschäftigten, einschließlich der heiligen Dankbarkeit, der kosmischen Dankbarkeit, der säkulären Dankbarkeit, der persönlichen Dankbarkeit und so weiter.[347]

Wie wir sehen werden, gibt es drei Haupttypen von Dankbarkeit, die die Menschen seit Tausenden von Jahren verspürten. Aber obwohl die Dankbarkeit für den römischen Stoizismus so bedeutend war, wurde sie seltsamerweise nahezu vollständig ignoriert.[348]

Liebe und Dankbarkeit gehören zusammen, weil beide *Wertschätzung* beinhalten. Es wäre schwierig, wenn nicht gar unmöglich, einen Menschen zu lieben, ohne ihn wertzuschätzen. Auch Dankbarkeit ist eine Form von Wertschätzung. Donald Robertson, Autor von Werken über Stoizismus, hielt einst einen Vortrag über »Stoizismus und Liebe«, in dem er sagte: »Man kann den Stoizismus grundsätzlich als eine Philosophie der Liebe betrachten.«[349] Wir könnten auch sagen: »Wertschätzung und Dankbarkeit bilden den Rahmen, wie wir die Welt sehen.« Obwohl wir und alle um uns herum sterbliche Wesen sind, kann ein Stoiker ihnen mit Liebe, Wertschätzung und Dankbarkeit begegnen.[350] Daran ist nichts Geheimnisvolles. Es gibt jedoch eine weitere Dimension der Dankbarkeit im Stoizismus, die manche Leser im ersten Moment vielleicht verwirrend finden. Diese »andere Art von Dankbarkeit« wurde unter anderem als »kosmische« oder »nicht persönliche« Dankbarkeit bezeichnet, weil sie auf keine konkrete Person gerichtet ist.[351]

Als ich anfing, mit philosophischen Übungen oder Meditationen des Stoizismus zu experimentieren, stellte ich überrascht fest, dass diese zu Gefühlen der Dankbarkeit und Wertschätzung führten, und habe ein paar dieser Fälle an früherer Stelle in diesem Buch aufgeführt. Als ich zum Beispiel »Vorhersehung künftiger Widrigkeiten« übte und mir vorstellte, mein Haus würde durch ein Feuer oder ein Erdbeben zerstört werden (siehe Kapitel 6), machte mich das erneut dankbar für ein Haus, das ich angefangen hatte wegen seiner Vertrautheit langweilig zu finden. Mark Aurel erwähnte diese Art der Dankbarkeit sogar als Ziel stoischer Übungen. Statt nach etwas Neuem zu streben, erklärte er uns, wie wir Glück finden, indem wir die Dinge wertschätzen, die wir bereits haben. Wie er sich selbst ermahnt: »Träume nicht von dem, was du noch nicht besitzt. Denke stattdessen an die großen Geschenke, die dir gegeben wurden und für die du dankbar bist – und erinnere dich daran, wie sehr du diese Dinge begehren würdest, wenn du sie nicht schon hättest.«[352]

Mein nächstes Dankbarkeitserlebnis hatte ich beim Praktizieren von *Memento mori*, der Meditation der Stoiker, bei der man sich an die eigene Sterblichkeit erinnert und die Tatsache, dass dies auch für von uns geliebte Menschen gilt (siehe Kapitel 11). Als ich einmal mit meinem kleinen Sohn an der Hand während des Höhepunkts der Covid-19-Pandemie die Straße entlang spazierte, wir beide Schutzmasken trugen und ich die Wärme seiner Hand in meiner spürte, erinnerte ich mich daran, dass wir beide sterblich sind und irgendwann für immer getrennt werden würden. Das verschaffte mir ein tiefgreifendes Gefühl der Dankbarkeit – nicht nur, in exakt jenem Moment mit ihm gemeinsam zu leben, sondern für all die Zeit, die uns noch bleiben würde. Durch das Reflektieren unserer eigenen Sterblichkeit schätzen wir nicht nur das Leben stärker: Es kann auch unser Gefühl intensivieren, sich in genau diesem Moment lebendig zu fühlen.

Ein weiteres Beispiel dafür, wie ich Dankbarkeit im Sinne des Stoizismus anwandte, ist, als ich meine Trauer über den Tod meines Vaters durch Dankbarkeit ersetzte. Zu dem Zeitpunkt hatte ich noch nicht angefangen, Seneca zu lesen, aber auf ganz natürliche Weise verflüchtigte sich meine Trauer mit der Zeit und wurde durch glückliche Erinnerungen ersetzt. Ich begann, Dankbarkeit für die guten Zeiten zu fühlen, die wir miteinander verbracht hatten (siehe Kapitel 12). Seneca empfahl diese Praxis, um Menschen zu helfen, ihre Trauer zu überwinden. Im Nachhinein betrachtet wäre mein

Schmerz wohl sehr viel schneller geschwunden, wenn ich mich *bewusst* auf die Dankbarkeit für sein Leben konzentriert hätte.

Eine weitere Vorstellung der Stoiker bezüglich der Dankbarkeit ist jene, dass wir dankbar sein sollen für das Leben und all die Erfahrungen, die das Universum uns gegeben hat, wenn wir sterben. Diesen Gedanken werden wir am Ende dieses Kapitels weiter erforschen.

DANKBARKEIT VERSTEHEN

> Wir müssen alles tun, um so dankbar wie möglich zu sein.
>
> Seneca, *Briefe an Lucilius* 81.19

Die Dankbarkeit ist deshalb so interessant, weil sie sowohl eine Emotion als auch eine Tugend ist. Und dennoch, um mit den Worten des Philosophen Robert Solomon zu sprechen, ist sie »eine der am meisten vernachlässigten Emotionen und eine der am meisten unterschätzten Tugenden.«[353] Bezeichnenderweise, so merkt er an, geht es bei der Dankbarkeit um die Art und Weise, wie wir mit anderen Menschen umgehen, deshalb »befindet sie sich im Zentrum der Ethik«. Aus der Perspektive der Stoiker ist dies ein weiterer Weg, wie Liebe und Dankbarkeit als Formen der Wertschätzung zusammenkommen: Beide ermöglichen eine funktionierende ethische Gesellschaft. Im Hinblick auf die ethische Entwicklung würden wir Menschen, denen es an Liebe oder Dankbarkeit mangelt, nicht als tugendhaft ansehen. In unseren Augen würde ihr Charakter einen erheblichen Mangel aufweisen. Anders ausgedrückt: Ohne Liebe und Dankbarkeit ist es schlichtweg unmöglich, gut zu leben.

Oder wie Seneca es beschrieben hat: Es ist unmöglich, ohne Liebe und Wertschätzung ein »glückliches Leben« zu führen.

Durch die gesamte Geschichte der modernen Psychologie haben sich Psychologen darauf konzentriert, menschliches Leid und Krankheiten zu verstehen, obschon die meisten Menschen den größten Teil der Zeit glücklich sind. In einer Studie aus dem Jahr 2000 beschrieben 89 Prozent ihren Zustand als glücklich, und nur ein sehr viel geringerer Prozentsatz sah sich in einem Zustand der Traurigkeit. Die am häufigsten verspürte negative Emotion war Angst.[354] Wenig überraschend leben laut einer Studie aus dem Jahr 2017 glückliche Menschen 14 Prozent länger als unglückliche Menschen.[355]

In den vergangenen Jahren hat das Studium der »positiven Psychologie«, das das Studium der Dankbarkeit einschließt, ein neues Forschungsgebiet hervorgebracht. Psychologen wie P. C. Watkins fanden heraus, dass Dankbarkeit nicht nur »eine wichtige Facette emotionalen Wohlbefindens« ist. Dankbarkeit sorgt vielmehr »für eine *Steigerung* des Glücklichseins«.[356] Das liegt daran, »dass Dankbarkeit eindeutig identifiziert, wer und was gut ist für Individuen«.[357] Offenbar waren die Stoiker (und die religiösen Traditionen dieser Welt) etwas Wichtigem auf der Spur, als sie die Bedeutung der Dankbarkeit für das tägliche Leben betonten. Tausende Jahre später beginnen Psychologen gleichzuziehen, indem sie die Dankbarkeit und andere positive Emotionen wissenschaftlich untersuchen.

Aber was ist Dankbarkeit eigentlich? Im Grunde genommen kann man Dankbarkeit beschreiben als »das positive Anerkennen erhaltener Leistungen«.[358] Es ist ein Gefühl der Anerkennung oder Wertschätzung von etwas Wertvollem, das man bekommen hat, ein Gut oder ein Geschenk. Viele Menschen denken, dass man *jemandem* oder *einer Person* dankbar sein muss, um diese Dankbarkeit zu erleben. Das trifft zwar auf manche Arten der Dankbarkeit zu, aber nicht auf *alle*.

Im Wesentlichen erleben Menschen, wie bereits angesprochen, drei Hauptarten von Dankbarkeit, die ich in Abbildung 8 zusammenfasse.

1. **Die erste Art der Dankbarkeit nenne ich *persönliche* oder *soziale* Dankbarkeit, denn sie richtet sich an eine andere Person.** Es ist die Art von Dankbarkeit, die wir im privaten oder sozialen Leben erfahren, wenn jemand uns etwas Nettes tut oder uns ein Geschenk macht.
2. **Die zweite Art der Dankbarkeit bezeichne ich als *theistische Dankbarkeit*, denn sie richtet sich an Gott (oder die Götter, wenn Sie Polytheist sind).** Wenn Sie ein religiöser Mensch sind – vor allem wenn Sie Jude, Christ oder Moslem sind –, ähnelt diese Art der Dankbarkeit stark der persönlichen Dankbarkeit, weil diese Religionen Gott als *Person* ansehen. Zudem betrachten sie Gott als den höchsten Geber.
3. **Die dritte Art der Dankbarkeit bezeichne ich als *kosmische, existenzielle oder unpersönliche Dankbarkeit*.** Sie unterscheidet sich von den ersten beiden Arten, weil sie nicht an eine Person gerichtet ist (wie einen Menschen oder Gott). Stattdessen gilt sie der Natur, dem Kosmos oder der Existenz selbst. Manchmal ist sie auch an gar nichts gerichtet, sondern eine Anerkennung der erhaltenen Segen. In gewisser Weise ist dies eine spirituelle Art der Dankbarkeit, und es war diese Art der Dankbarkeit, die die Stoiker empfanden. Mit anderen Worten unterscheidet sie sich sowohl von der persönlichen als auch von der theistischen Dankbarkeit.

Arten der Dankbarkeit	Objekte
persönlich oder sozial	andere Person
theistisch	Gott oder Götter
kosmisch, existenziell oder unpersönlich	die Natur, der Kosmos oder die Existenz

Abbildung 8: Drei Arten der Dankbarkeit

Manchmal können sich diese verschiedenen Arten der Dankbarkeit miteinander vermischen. Zum Beispiel bringt mir meine Frau jeden Morgen eine Tasse schwarzen Tee mit Milch ans Bett, den ich dann trinke, während ich langsam wach werde. (Wenn sie mir keinen Tee bringt, ist das für mich die wichtige Botschaft, dass ich sie verärgert habe!) Wenn sie mir Tee bringt, bin ich natürlich ihr als Person dankbar und bringe das auch zum Ausdruck. Aber wenn ich dann meinen Tee schlürfe, verspüre ich auch andere Arten der Dankbarkeit, was eine perfekte Möglichkeit ist, den Tag zu beginnen. Manchmal bin ich dankbar für den Tee und seine anregende Wirkung, wenn mein Bewusstsein in den Fokus rückt. Manchmal verspüre ich Dankbarkeit für das angenehme Gefühl, in einem warmen, bequemen Bett zu sitzen und ein festes Dach über dem Kopf zu haben, vor allem, da manche Menschen obdachlos und gezwungen sind, draußen zu schlafen. Manchmal bin ich dankbar dafür, saubere Luft zum Atmen zu haben. Manchmal bin ich dankbar, dass ich schreiben kann, während ich meinen Tee trinke. Und manchmal bin ich kurz hintereinander dankbar für all diese Dinge. Abgesehen für die Dankbarkeit gegenüber meiner Frau sind die anderen Arten der Dankbarkeit nicht an eine Person gerichtet. Wie erklären wir diese anderen Arten der Dankbarkeit dann?

Wenn Sie ein religiöser Mensch sind, nehmen Sie mir hoffentlich nicht übel, dass ich selbst meine Dankbarkeit nicht an Gott als Person richte. Aber bin ich deshalb Atheist? Die Antwort lautet »Nein«. Ein Theist bin ich deshalb aber auch nicht. Ich persönlich hasse es, in diese Arten von Schubladen gesteckt zu werden. Aber wenn ich gezwungen wäre, mich in eines dieser Konzepte packen zu lassen, würde ich vermutlich sagen: »Ich bin eher ein Pantheist, wie es die Stoiker waren, wie Spinoza und Einstein es waren und sogar bekannte Persönlichkeiten wie Carl Sagan.«[359]

Pantheisten glauben, dass es keinen Gott »außerhalb« des Universums gibt. Stattdessen glauben sie, dass das gesamte Universum Gott ist, einschließlich der Gesetze und Prinzipien, die das Universum gestalten. Natürlich sind Atheismus, Theismus und Pantheismus keine wissenschaftlich überprüfbaren Konzepte. Aber so wie Carl Sagan finde auch ich, dass Pantheismus eine sehr viel nützlichere *Metapher* ist als die Idee von Gott als Person, die außerhalb des Kosmos als jemand existiert, der einen Plan für das Universum entworfen hat.[360] Ganz sicher dachte keiner der Philosophen der griechischen Antike an diese Art von Gott.[361] So gesehen kann ich mit jedem gut auskommen, unabhängig vom religiösen (oder auch nicht vorhandenen) Glauben des Betreffenden, vor allem, wenn diejenige Person die Bedeutung der Liebe und Dankbarkeit anerkennt. Dies sind Charaktereigenschaften und grundlegende menschliche Werte, die alle Menschen miteinander verbinden sollten, unabhängig von religiösem Glauben oder von Überzeugung.

EIN ANDERES GEFÜHL VON DANKBARKEIT

Manche Menschen – vor allem analytische Philosophen (die sich auf Sprache fokussieren) oder Theologen (die an Gott als Person glauben) – behaupten, dass es nur Sinn ergibt, dass jemand *einer Person* dankbar ist: also einem anderen menschlichen Wesen oder Gott. Mit anderen Worten glauben sie, dass kosmische oder unpersönliche Dankbarkeit unmöglich ist. Ich finde diese Denkweise fragwürdig und zudem diskriminierend gegenüber Menschen, die nicht auf die gleiche Weise denken. Sie impliziert nämlich, dass man bestimmte, begrenzte Überzeugungen teilen muss, um Dankbarkeit zu erleben. Zudem legt es nahe, dass bestimmte Arten der Dankbarkeit, welche die Menschen seit Jahrtausenden erfahren, intellektuell nicht glaubwürdig sind, sondern »tabu«.

Seneca war davon überzeugt, dass Menschen sowohl »Gott« als auch der »Natur« dankbar sein sollten. Aber da die Stoiker Pantheisten waren, hob Seneca eingehend hervor, dass die Begriffe »Gott« und »Natur« *austauschbar* sind.[362] Pantheismus ist kein Atheismus, aber auch kein Theismus. Während mich die Vorstellung von einem Gott nicht im Geringsten stört, weiß ich, dass sich manche Menschen mit dem Gedanken an Religion und die Vorstellung eines Gottes unbehaglich fühlen. Wenn Sie also einen Text der Stoiker der Antike lesen und auf das Wort »Gott« stoßen, steht es Ihnen völlig frei, diesen Begriff in Ihrem Kopf durch das Wort »Natur« zu ersetzen. Kein Stoiker würde Ihnen das übel nehmen.

Dankbarkeit ist eine Reaktion auf Großzügigkeit, vor allem auf ein freiwillig gegebenes Geschenk. Der persische Dichter Rumi (1207-1273) bezeichnete die Sonne als ein perfektes Symbol für Großzügigkeit, da, in seinen Worten, »ihre einzige Eigenschaft darin besteht, zu geben und zu schenken; sie nimmt nichts«.[363]

Seneca, der seine Texte etwa 1200 Jahre vor Rumi verfasste, hätte dieser wunderschönen Metapher zugestimmt. Erstaunlicherweise verwendete Seneca sie sogar selbst. Für Seneca und die Stoiker ist die Natur, oder das Universum, großzügig. In einer Passage wies Seneca darauf hin, dass das ultimative Modell der freiwillig gegebenen Großzügigkeit die Arbeit »der Götter« sei, womit er die Sonne und die Himmelskörper zu meinen schien:

> Es ist unsere Aufgabe, der Natur gemäß zu leben, und dem Beispiel der Götter zu folgen. ... Sieh, wie viel sie täglich ausrichten, wie viele Gaben sie austeilen; sieh den Reichtum der Ernten, mit denen sie die Erde anfüllen! ... Das alles tun sie ohne jeden Lohn, ohne jeden Vorteil für sich selbst.[364]

Als Philosophen glaubten die Stoiker nicht an die traditionellen Götter der Griechen und Römer. Stattdessen sahen die Stoiker die Götter als symbolische Personifizierungen der Elemente der Natur und ihre lebensspendenden Kräfte an – zum Beispiel das Meer, lebensspendender Regen und die in der Natur vorhandene Fruchtbarkeit.[365] Bei anderen Gelegenheiten verwendeten die Stoiker den Ausdruck »die Götter« als Bezeichnung für die Sonne und die Himmelskörper. Die Sonne und die Planeten bewegen sich über die Zeit in geordneten, rationalen vorhersagbaren Bahnen, was den Glauben der Stoiker an ein rationales Universum, das den Naturgesetzen unterliegt, untermauerte.

Als Pantheisten glaubten die Stoiker nicht an einen Gott als Person, der außerhalb des Universums stand, wie der Gott des Theismus und des Christentums.[366] Aber sie waren auch keine Atheisten. Stattdessen glaubten sie an eine tiefe, vereinende Kraft, die in der

Natur und im Kosmos vorhanden ist, die wir als rational, »göttlich«, prachtvoll, die Quelle von Ordnung und Schönheit in der Natur oder als etwas, das Bewunderung verdient, beschreiben können. Seneca fasste die Sichtweise der Stoiker klar zusammen: »Was ist denn die Natur anderes als Gott und die göttliche Vernunft, die die ganze Welt und all ihre Teile durchdringt?«[367] Wir dürfen auch nicht vergessen, dass Gott für die Stoiker nicht übernatürlich war, sondern stofflich – wie Atem oder Lebenskraft, das oder die den Kosmos durchdringt.

Wir können sicher sein, dass die Stoiker, die sich als Philosophen für Logik und Naturwissenschaft interessierten, deutlich anders über Ideen wie Gott dachten als die meisten ihrer Nachbarn. Zum Beispiel nahmen sie Geschichten und Mythen über die Götter nicht wörtlich. Stattdessen interpretierten sie diese als Symbole oder Allegorien in Harmonie mit der Vernunft. Gleichzeitig scheuten sie jedoch nicht die religiösen Praktiken ihrer Zeit. So wie Liebe und Dankbarkeit betrachteten die Stoiker auch Ehrfurcht und Frömmigkeit als wichtige Tugenden, die die Gesellschaft zusammenhalten.

Für die römischen Stoiker und für viele Menschen heutzutage kann Dankbarkeit mehr sein als nur eine zwischenmenschliche oder soziale Emotion. Es gibt viele Wege, wie wir Dankbarkeit verspüren können für Geschenke und Zuwendungen, die nicht von anderen Menschen kommen. Zum Beispiel betonte Seneca, was für unglaubliche Geschenke wir von der Natur erhalten. In einer Passage führt er einige davon auf. Er erwähnt »so viele Tugenden ... so viele Fähigkeiten ... unser Verstand, dem nichts verborgen bleibt«, der »schneller ist als die Himmelskörper«. Uns wurden »so viel Nahrung, so viel Reichtum, so viele Gaben, die aufeinandergehäuft werden«, gegeben. Die Natur gibt uns so viele Geschenke, sagte er, es wäre absurd, *nicht* dankbar zu sein. Er kommt zu dem Schluss:

»Wenn man die Großzügigkeit der Natur richtig einschätzt, wird man zugeben müssen, dass man selbst ihr Liebling war.«[368]

Der Philosoph Friedrich Nietzsche war bekennender Atheist, der den »den Tod Gottes« verkündete. Manche sehen ihn als Propheten des Nihilismus. Aber gegen Ende seiner Laufbahn erlebte Nietzsche einen »perfekten Tag« und ein spontanes Gefühl tiefer Dankbarkeit. An jenem Tag reiften nicht nur die Trauben in der Herbstsonne heran, sondern, wie er es beschrieb, fiel ihm »ein Sonnenblick« auf sein Leben. Er schrieb, er sehe »nie so viel und so gute Dinge auf einmal.« Und dann fragt sich Nietzsche, wie er nicht seinem ganzen Leben dankbar sein solle.[369]

Richard Dawkins, der berühmteste und freimütigste Atheist unserer Zeit, wurde gefragt, ob er je eine religiöse Erfahrung hatte. Obwohl Dawkins erwiderte: »Ich würde es nicht als *religiöse* Erfahrung bezeichnen«, sagte er, dass er eine tiefgreifende *Dankbarkeit* für seine eigene Existenz verspürte. Er erklärte ein paar dieser Erfahrungen in tief bewegtem Tonfall:

> Wenn ich in einer klaren Nacht auf dem Rücken liege, zur Milchstraße hinaufschaue und die riesigen Entfernungen des Raums sehe, wird mir bewusst, dass es sich dabei gleichzeitig um riesige Zeitunterschiede handelt. Wenn ich den Grand Canyon betrachte und sehe, wie die Schichten abwärts gehen, immer weiter und weiter abwärts, durch Zeiträume, die der menschliche Verstand nicht erfassen kann, dann überwältigt mich ein Gefühl, das beinahe an Anbetung grenzt. Ich meine damit nicht das Anbeten einer Person – genauso wenig wie Einstein eine Person angebetet hätte.

> Es ist ein Gefühl abstrakter *Dankbarkeit* dafür, dass ich am Leben bin, um diese Wunder wertzuschätzen. Wenn ich durch ein Mikroskop schaue, ist es das gleiche Gefühl. Ich bin dankbar, am Leben zu sein, um diese Wunder sehen und wertschätzen zu dürfen.[370]

Als Atheisten bedanken sich weder Nietzsche noch Dawkins bei Gott für ihre Existenz. Ebenso wie das, was ich erfahre, wenn ich aufwache und meinen Tee schlürfe, richten sich viele Gefühle von Dankbarkeit nicht an *jemanden*. Ich glaube auch, dass diese Erfahrungen von kosmischer, unpersönlicher oder existenzieller Dankbarkeit ziemlich verbreitet sind. Sie erscheinen vielen Menschen und steigern ihr Wohlgefühl. Sie können sogar bei Atheisten auftreten. Aber wie können wir sie erklären?

Wie der Philosoph Robert Solomon betont, sollten wir Dankbarkeit nicht immer im Sinne einer persönlichen Beziehung verstehen. Solomon ist vielmehr der Auffassung: »*Dankbarkeit ist eine philosophische Emotion* [Hervorhebung hinzugefügt]. Es geht, kurz gesagt, darum, das große Ganze zu sehen.«[371] In diesem Sinne entsteht kosmische Dankbarkeit dadurch, dass man das Leben im Kontext eines größeren Ganzen erfährt. Dankbar zu sein für das ganze Leben, für die Existenz eines geliebten Menschen oder für die erhabene Schönheit der Natur ist keine Frage danach, wem wir dankbar sind. Wie Solomon erklärt, regt es vielmehr zu tiefer Wertschätzung an, dass einem diese Dinge in einem größeren Kontext *bewusst sind*. Solomon drückt es so aus: »Wie viele andere Emotionen geht auch die Dankbarkeit darüber hinaus, dass man sich auf ein bestimmtes Objekt konzentriert. Man nimmt stattdessen die Welt als Ganzes in den Blick.«[372] Diese Art von Dankbarkeit ist sehr viel mehr als nur eine Reaktion auf eine soziale Handlung. Und als solche verdient sie ganz sicher unsere Aufmerksamkeit.

WERTSCHÄTZUNG IM STOIZISMUS

In manchen Fällen kann Dankbarkeit eine Form von Liebe sein. Wenn Sie einer anderen Person sagen: »Ich bin dankbar, dass es dich gibt«, verleihen Sie einer Art von Liebe Ausdruck. Um meine eigene Liebe auszudrücken, sage ich manchmal nur: »Ich schätze dich.«

Zentral für den Stoizismus als philosophische Lebensweise ist ein Gefühl tiefer Wertschätzung, aus dem sowohl Liebe als auch Dankbarkeit hervorgehen. Wir können die Schönheit eines Sonnenuntergangs schätzen, obwohl er sich mit jedem Moment verändert und schon bald vorbei sein wird. Seine Vergänglichkeit trägt zu seiner einzigartigen Schönheit bei. Auf ähnliche Weise kann ein Stoiker verstehen, dass alles in der Natur – einschließlich unseres eigenen Lebens – sich verändert und vergänglich und nicht von Dauer ist. Diese Sichtweise schmälert die Tiefe der Wertschätzung, die der Stoiker empfindet, keineswegs.

Stoiker suchen nicht nach äußeren Dingen, um glücklich zu werden, denn Glück kommt von innen. (Auch Zufriedenheit hängt davon ab, wie wir uns entscheiden, die Welt wahrzunehmen, basierend auf unseren Beurteilungen.) Aber ein Stoiker kann einen tiefen Sinn der Wertschätzung und Dankbarkeit in den einfachsten Geschenken des Lebens finden: nämlich darin, einen Sonnenuntergang zu sehen, die Hand eines geliebten Menschen zu halten oder auch das bescheidenste Mahl zu sich zu nehmen. Während die wahren Güter im Innern liegen, können wir immer noch ein tiefes Gefühl der Dankbarkeit für jedes Geschenk verspüren, das das Universum uns anbietet. Gleichzeitig können wir durch die Augen der Wertschätzung zu der Überzeugung gelangen, dass die besten Geschenke des Universums oft gratis oder freiwillig gegeben sind. Deshalb können wir uns an einfachen Dingen erfreuen, etwa einer Tasse Tee an einem sonnigen Morgen. Wir können auch tiefgreifende Freude und Zufriedenheit erleben, ohne nach endlos vielen teuren Luxusartikeln zu streben. Wie Seneca hervorhob, ist jemand, der genug hat, bereits reich. Wenn wir die Welt mit einem Gefühl der Wertschätzung betrachten, sind sogar die einfachsten Erlebnisse wertvoll.

Für Seneca wird jemand, der das Glück oder Wohlergehen gefunden hat, im Angesicht des Todes in der Lage sein, auf sein Leben zurückzuschauen und Dankbarkeit für alles zu empfinden, was das Universum ihm gegeben hat. Auf ähnliche Weise beschrieb Epiktet wiederholt das Leben und die Welt als etwas, das einem Fest gleicht. Seiner Ansicht nach sollten wir, wenn wir das Ende des Lebens erreichen, dankbar sein für die Zeit, die wir gelebt haben. Wir sollten dankbar für die Chance sein, die wir hatten, an diesem Fest teilzunehmen. Epiktet sagte auch, dass ein Philosoph dankbar sein sollte für die Gelegenheit, die er hatte, die Wunder des Universums zu betrachten und die der Natur zugrunde liegende Ordnung zu erforschen. Er sagte seinen Schülern: »Möge ich solche Gedanken denken, schreiben und lesen, wenn mich der Tod überwältigt!«[373]

Mark Aurel hinterließ uns ein noch anschaulicheres Bild der Art von Dankbarkeit, die ein Stoiker am Ende seines Lebens möglicherweise verspürt. So ermahnt er sich selbst in den Selbstbetrachtungen:

> Durchlauft diesen kurzen Moment der Zeit, indem ihr im Einklang mit der Natur lebt, und macht euer Ende fröhlich, so wie eine reife Olive vom Baum fällt, die Erde preist, die sie hervorbrachte, und dem Baum dankt, der sie wachsen ließ.[374]

Für Mark Aurel ist die Tatsache, dass wir eines Tages sterben werden, Bestandteil der vorhersehbaren natürlichen Ordnung, die wir ohne Klagen, aber mit Dankbarkeit akzeptieren sollten. Die Stoiker erkannten, dass unser Leben winzig und auf gewisse Weise unbedeutend ist im Vergleich zu der Unermesslichkeit des gesamten Kosmos. Aber die Tatsache, dass uns die Chance geboten wurde, an einem solch bemerkenswerten Universum und an der menschlichen Gemeinschaft teilzuhaben, sollten wir sowohl als Geschenk als auch als Ehre ansehen.

Letztlich erleben wir Dankbarkeit für etwas Gutes oder Schönes, das wir erhalten – entweder von einer Person oder von der Natur, die uns beständig solche Geschenke liefert. Wie das von der Sonne gespendete Licht haben wir uns auch die Großzügigkeit nicht verdient, aber sie wird allen freiwillig gegeben. Während die Sonne jedem das Geschenk des Lebens macht, lässt sie die Wiesen dieser Erde grünen. Aber sie verlangt nichts als Gegenleistung. Vielleicht haben die Stoiker recht, wenn sie sagen, die Natur, das Leben und jedes Geschenk, das wir erhalten, spiegele das Strahlen von Großzügigkeit wider, freiwillig gegeben vom Universum selbst.

KAPITEL 14

Freiheit, Gelassenheit und dauerhafte Freude

> Freiheit ist der Preis und das Ziel unserer Bemühungen. Freiheit bedeutet, kein Sklave von irgendetwas zu sein – keinem Zwang und keinen Zufällen untertan zu sein. Freiheit bedeutet, die Macht des Schicksals auf ein gleiches Maß zu reduzieren.
>
> Seneca, *Briefe an Lucilius* 51.9

FREI WERDEN

Das ultimative und radikalste Versprechen des Stoizismus ist, dass das wahre Glück in diesem Augenblick in unserer direkten Reichweite liegt. Für die Stoiker »obliegt uns das Glück und ist nicht dem Glück geschuldet, denn der Mensch, der einen gesunden Charakter entwickelt, wird eine tiefe innere Zufriedenheit und die beste und dauerhafteste Art des Glücks besitzen«.[375]

Besonders hervorzuheben ist, dass die Stoiker uns genau lehren, wie wir diese Art von dauerhaftem Glück erreichen können. Auch wenn es einige Mühe kostet, es zu erreichen, so liege das letztendliche Ziel eines »wirklich lebenswerten Lebens« in greifbarer Nähe, sagen die Stoiker. In diesem letzten Kapitel werden wir genau untersuchen, wie dieses dauerhafte Glück nach Seneca zustande kommt.

Für die römischen Stoiker bestand das praktische Ziel der Philosophie darin, einen gesunden oder ausgezeichneten Charakter zu entwickeln. Ein Resultat eines guten Charakters ist es, Gelassenheit und inneren Frieden zu erfahren und ein wirklich lebenswertes Leben zu führen. Ein guter Charakter und Glück (*eudaimonia*) gehören also zusammen.[376]

Für Seneca – und für Epiktet, den auf Seneca folgenden Lehrer des Stoizismus – liegt der Schlüssel zur Entwicklung eines guten Charakters und der Schlüssel zum Glück in der Vorstellung von *Freiheit* und dem Prozess des Freiwerdens. Wie Seneca feststellt, ist »Freiheit der Preis, den wir suchen«, und wie er an anderer Stelle schreibt, ist das Versprechen des Stoizismus »dauerhafte Freiheit«.[377] In der Tat waren für Seneca »Freiheit«, »einen guten Charakter zu besitzen« und »Glück« so eng miteinander verbunden, dass sie sich überschneiden.

Freiheit bedeutet für Seneca, nicht von falschen Beurteilungen, extremen negativen Emotionen, Ärger, Zwängen, Unglücklichsein, Zukunftsangst, dem Verlangen nach äußeren Dingen, Gefühlen der emotionalen Verletzung und den Meinungen oder Handlungen anderer versklavt zu sein. Diese Ideen haben wir in diesem Buch bereits erkundet. Aber in einem anderen Sinne bedeutet Freiheit auch, zu sich selbst zu gehören, ein Leben zu führen, das bereits vollständig ist, und sich selbst zu genügen.

Als ehemaliger Sklave war Epiktet nicht weniger an der Freiheit interessiert als Seneca. Es überrascht nicht, dass die Freiheit eines der Hauptthemen in seinen Lehren war. Epiktet sagte seinen Schülern: »Freiheit ist das höchste Gut, und niemand, der wirklich frei ist, kann unglücklich sein. Wenn wir also jemanden sehen, der unglücklich oder elend ist, können wir mit Sicherheit verstehen, dass diese Person nicht frei ist.«[378]

Im stoischen Sinne bedeutet frei zu sein, dass man von allem, was »nicht unserer Kontrolle unterliegt«, also allem, was dem Zufall oder dem Schicksal unterstellt ist, unbehelligt bleibt. Freiheit bedeutet auch, keinen falschen Beurteilungen zu unterliegen, die Sorgen, Ängste, Zorn und andere Formen des emotionalen Leidens hervorrufen.

In einer Definition, die Seneca für die *Freiheit* bietet, heißt es: »Es bedeutet, keine Angst vor Menschen oder den Göttern zu haben, sich nicht nach Dingen zu sehnen, die nieder oder übertrieben sind, und völlige Macht über sich selbst zu haben. Einfach nur die eigene Person zu sein, ist ein unbezahlbares Gut.«[379] Wenn Seneca davon spricht, »völlige Macht über sich selbst zu haben«, bezieht er sich zumindest teilweise auf die Freiheit, fundierte Beurteilungen treffen zu können – das Gegenteil davon, durch falsche Überzeugungen und negative soziale Konditionierung versklavt zu sein.

Für einen Stoiker wird die endgültige Freiheit durch die Fähigkeit erreicht, vernünftige Beurteilungen vorzunehmen. Nur dann werden wir wirklich »uns selbst gehören«. Nur dann besitzen wir wirkliche Freiheit und Autarkie. Nur dann sind wir in der Lage, auf das Schicksal herabzusehen und unser geistiges Glück nicht von zufälligen Ereignissen abhängig zu machen, die sich unserer Kontrolle entziehen.

AUTARKIE UND DAS GLÜCKLICHE LEBEN: ÜBER SCHICKSAL UND ZUFALL HINAUSWACHSEN

> Darum muss man zur Freiheit entfliehen; dies aber gelingt nur durch Gleichgültigkeit gegenüber dem Schicksal.
>
> Seneca, *Vom glücklichen Leben* 4.4–5

Jemand wird frei oder autark, indem er über das Schicksal hinauswächst. Je mehr wir äußeren Dingen Bedeutung beimessen, die nicht unserer Kontrolle unterliegen, desto unfreier werden wir. Blinde Gier, stellt Seneca fest, treibt uns dazu, nach Dingen zu suchen, die uns niemals zufriedenstellen werden. Wenn diese äußeren Dinge uns befriedigen *könnten*, wären wir bereits zufrieden. Aber, wie Seneca betont, denken wir oft nicht daran, »wie angenehm es ist, nichts zu begehren, wie großartig es ist, wunschlos glücklich und nicht vom Zufall abhängig zu sein«.[380] Er schreibt: »Ich kann dir viele Dinge zeigen, die, einmal erworben, uns die Freiheit rauben. Wir würden immer noch uns selbst gehören, würden diese Dinge nicht uns gehören.«[381]

Die Alternative dazu, das Glück in äußeren Dingen zu suchen, besteht darin, zu erkennen, dass unsere wirklichen Güter, unsere wahren Quellen des Glücks, im Inneren zu finden sind. Die Menschen jagen nach endlosen Vergnügungen in der äußeren Welt, nach Dingen, die glitzern und glänzen. Aber diese glänzenden Dinge sind auf lange Sicht nie zufriedenstellend. Im Gegensatz dazu bringt die Entwicklung eines gesunden Charakters dauerhaftes Glück und ermöglicht es uns, den Wert äußerer Dinge dafür zu schätzen, was sie sind. So kann ein Stoiker – oder jeder andere Mensch – echte Erfüllung erfahren.

Seneca beschreibt den Weg zur Autarkie und Erfüllung auf vielerlei Weise, manchmal mit farbenfrohen Metaphern. Er beschreibt ihn als einen Aufstieg, so als würden wir einen Berg besteigen. Wenn wir den Gipfel erreicht haben und über das Schicksal hinauswachsen, können wir »von oben auf die Dinge des Schicksals herabblicken«, weil wir nicht mehr geistig oder psychisch im Bann des Schicksals stehen. Stattdessen sind wir frei. In einem dramatischen Bild beschreibt Seneca diese Art der Autarkie als vollkommenen Schutz vor den Angriffen des Schicksals: »Alle Pfeile des Schicksals, die das Menschengeschlecht angreifen«, erklärt er, »prallen an einem weisen Menschen ab wie Hagel, der auf ein Dach prallt, es dann herunterrieselt und schließlich schmilzt, ohne dem Menschen unter dem Dach Schaden zuzufügen.[382]

Für Seneca bedeutet »den Gipfel erreichen«, die Quelle des wahren Glücks zu finden. Es bedeutet auch, eine innere Freude zu besitzen, die einem niemand mehr nehmen kann. Er schreibt: »Den Höhepunkt hat erreicht, wer die Quelle wahren Glückes kennt – er findet sein Glück jenseits fremder Macht.«[383]

Es ist jedoch wichtig, zu erkennen, dass dieses Gefühl der Autarkie nicht bedeutet, dass man anderen gegenüber distanziert oder gleichgültig ist. Für Seneca zeichnet sich der weise Stoiker durch seine menschliche Güte aus. Das bedeutet auch nicht, dass wir die Dinge, die wir in der Welt besitzen, nicht schätzen sollten. Der weise Mensch schätzt und nutzt alle Gaben des Schicksals, die er besitzt, aber er verlässt sich nicht auf diese Dinge, um glücklich zu sein. Wir sollten nicht nur die Menschen, die wir lieben, zutiefst wertschätzen, sondern auch die Gaben des Schicksals, die wir im Moment besitzen, in vollem Umfang nutzen, aber uns darüber im Klaren sein, dass all diese Dinge eine Leihgabe des Universums sind. Sie unterliegen nicht unserer Kontrolle. Ein Mensch, der autark ist, kann alles zutiefst schätzen, ist aber nicht von äußeren Ereignissen oder Besitztümern abhängig, um dauerhaftes Glück zu erfahren. Das Glück eines Stoikers kommt von innen, von einem ausgezeichneten Charakter.

Wenn ein Stoiker beginnt, »ein Leben zu leben, das bereits vollendet ist«, gehört er sich in diesem Moment selbst und hat einen Zustand innerer Freiheit erreicht. Anstatt darauf zu warten, dass der Tod das Leben »vollendet«, sollte ein Stoiker das Leben jetzt vollenden. Wenn man voller Frieden und Gelassenheit im gegenwärtigen Moment lebt, braucht man sich keine Sorgen über die Zukunft zu machen. In diesem Zustand haben wir zu uns selbst gefunden. Ein Stoiker, der ganz »bei sich« lebt, kann den Rest seiner Tage in einem Glück verbringen, das ihm niemand nehmen kann. Wie Seneca an Lucilius schreibt: »Stell dir immer wieder vor, wie schön es ist, das Leben vor dem Tod zu vollenden, und dann in Seelenfrieden und Selbstgenügsamkeit deine dir verbleibenden Tage zu verbringen, im Besitz eines glücklichen Lebens.«[384] Diese Idee, »ein Leben zu leben, das bereits vollständig ist«, ist eng verwandt mit Senecas Idee, jeden Tag so zu leben, als wäre es der letzte, oder »zu versuchen, jeden Tag so zu leben, als wäre er ein vollständiges Leben«, was in Kapitel 11 behandelt wird. Das Endergebnis beider Ansätze ist ein Gefühl der Freiheit, dass man sein Leben ganz im gegenwärtigen Moment lebt und keine Furcht empfindet.

Anders ausgedrückt: Das glückliche Leben ist vollkommen präsent, hier und jetzt, wenn wir uns nur dafür entscheiden würden, es einzufordern. Wenn man es jedoch anderswo oder in anderen Dingen sucht, verliert man die Freiheit der unerschütterlichen Zuversicht und des Friedens, die man sonst besitzen würde.[385]

STOISCHE FREUDE UND DAUERHAFTES GLÜCK

> Glaubt mir, wahre Freude ist eine ernste Sache!
>
> Seneca, *Briefe an Lucilius* 23.4

> Freude ist dein Ziel, aber du kommst vom Kurs ab! Du glaubst, du kommst inmitten von Reichtum und offiziellen Auszeichnungen an. Das heißt, du suchst die Freude mitten in Beunruhigungen! Du jagst diesen Dingen hinterher, als ob sie Fröhlichkeit und Vergnügen bringen würden, während sie in Wirklichkeit die Ursache von Schmerzen sind.
>
> Seneca, *Briefe an Lucilius* 59.14

Für die Stoiker und andere griechische Philosophen unterschied sich das wahre Glück, *eudaimonia*, erheblich von unserer heutigen Vorstellung von Glück. Für den modernen Menschen ist Glück ein vorübergehendes Gefühl, eine Stimmung oder ein vorübergehender emotionaler Zustand. Für die Griechen hingegen war *eudaimonia* die dauerhafte Vortrefflichkeit des Charakters – »ein beständiger, kontinuierlicher und verhältnismäßig stabiler Geisteszustand«.[386] Dieser große Unterschied zwischen heutigen und antiken Ansichten erklärt, warum die antiken Philosophen das Glück so ernst nahmen.

Für Seneca »ist das die wahre Ruhe, zu der gute Seelenhaltung sich entwickelt«.[387] Das Ergebnis, einen ausgezeichneten Charakter zu besitzen, der aus der Tugend erwächst, ist »beständige Freude«. Seneca schreibt an Lucilius: »Du hast also sogar einen guten Grund, dir Weisheit zu wünschen, wenn es dem Weisen niemals an Freude mangelt. Diese Freude jedoch entsteht nur, wenn man sich der Tugenden bewusst ist. Um diese Freude zu erleben, musst du tapfer sein, gerecht und maßvoll.«[388]

Wir alle tragen den Keim dieser Tugenden (und anderer Tugenden) in uns, aber damit sie voll erblühen können, müssen sie gepflegt werden. Wie ein Garten muss auch unser Charakter gepflegt werden. In diesem Prozess müssen wir auch unsere Vernunft einsetzen. Wir müssen unsere falschen Beurteilungen und Meinungen ausmerzen, von denen wir viele unbewusst übernommen haben, ermuntert durch soziale Konditionierung. Dazu gehört auch, dass wir Dinge aus unserem Geist entfernen, die nicht wirklich »unsere eigenen« sind: Dinge wie Furcht, Sorge, die falschen Versprechungen der Gesellschaft, das Verlangen nach leeren Vergnügungen und der Schmerz und das emotionale Leiden, die aus falschen Überzeugungen entstehen. Seneca schreibt: »Unser Geist ist nie größer als dann, wenn er die Dinge verbannt, die ihm nicht gehören: Er schafft sich Frieden, indem er nichts fürchtet; er schafft sich Reichtum, indem er nichts begehrt.«[389]

Durch die Beseitigung der Dinge, die uns nicht gehören, und durch die Entwicklung eines beständigen Charakters, der auf einem gesunden Urteilsvermögen beruht, findet eine bemerkenswerte Umwandlung der Persönlichkeit statt, die zu dauerhafter Freude führt. Seneca erklärt:

> Wenn wir alle Dinge, die uns stören oder ängstigen, vertrieben haben, folgt eine ununterbrochene Ruhe und unendliche Freiheit. Denn wenn Vergnügungen und Schmerzen verbannt sind, kommt eine grenzenlose Freude, die alles Triviale, Zerbrechliche und Schädliche ersetzt – eine Freude,

> die unerschüttert und unerschütterlich ist. Dann folgen Frieden und Eintracht im Herzen, und wahre Größe gepaart mit Sanftmut. Denn Wildheit wird immer aus Schwäche geboren.[390]

Meiner Meinung nach ist diese Passage Senecas detaillierteste und überzeugendste Beschreibung des Endziels der stoischen Ausbildung. Sie bringt uns auch zurück zu der Metapher von der Sonne und den Wolken, die am Ende von Kapitel 3 erwähnt wurde.

Wenn wir psychisch autark werden und stoische Freude erleben, wird unsere Persönlichkeit beständig und strahlend. Auf diese Weise gleicht sie metaphorisch der Sonne, die immer scheint, auch wenn Wolken unter ihr schweben, die ihr Licht für einen Moment verdunkeln könnten.[391]

Seneca sagt uns, dass selbst der am weitesten fortgeschrittene Stoiker manchmal kleine Störungen erleben wird. Wie jeder andere wird auch ein voll entwickelter stoischer Weiser natürliche menschliche Gefühle und instinktive Reaktionen zeigen und von unerwarteten Ereignissen aufgeschreckt werden. Aber diese Störungen werden vorübergehend sein, so wie Wolken, die über das Antlitz der Sonne ziehen. Dank der Beständigkeit des stoischen Charakters wird der stoische Weise schnell »zu sich selbst« zurückkehren, zu einem Zustand innerer Harmonie, Freude und Gelassenheit.

DANKSAGUNG

Mein Dank gilt Giles Anderson, Quynh Do und Alane Mason, weil sie dieses Buch ermöglicht haben, sowie Nancy Green für ihr ausgezeichnetes Lektorat. Besonderer Dank geht auch an das Team bei Norton für die herausragende Arbeit: Drew Elizabeth Weitman, Rebecca Munro, Elisabeth Kerr, Nicola DeRobertis-Theye und Jason Heuer.

Ich danke John Sellars, Donald Robertson und Massimo Pigliucci für die anregenden Gespräche, die ich mit ihnen während der Entstehung dieses Buches führte. Natürlich sind sie nicht verantwortlich für meine Sichtweise. Herzlichen Dank auch William O. Stephens für sein Feedback zur Einleitung und zu Kapitel 1, und Rob Colter für seine Kommentare zum gesamten Manuskript. Genauso wertvoll war das Feedback von Kai Whiting, Judith Stove und Sandra Muratović.

Die Zitate der Stoiker für die englische Ausgabe habe ich in Zusammenarbeit mit Elizabeth Mercier, Professorin für Latein und Griechisch an der Purdue University neu übersetzt. Mit Liz daran zu arbeiten, eine Brücke zu schlagen zwischen Senecas Gedanken und der heutigen Welt war ein denkwürdiges Unterfangen. Wir hoffen beide, dass Sie diese frischen Übersetzungen von Seneca genießen und, noch wichtiger, den Zugang, den sie zu seinen immer noch aktuellen Ideen und Überlegungen liefern.[392]

PRAKTISCHE ÜBUNGEN DER STOIKER

Die Stoiker waren Philosophen, deren Ideen und Schlussfolgerungen auf dem rationalen Denken basierten. Gleichwohl verstärkten sie genauso wie andere philosophische Schulen der Antike ihre Ideen durch praktische Übungen. Außerdem nutzten sie die Meditation für therapeutische Zwecke, um Situationen psychisch neu zu gestalten und menschliches Leiden zu lindern. Andere Meditationen waren darauf ausgerichtet, sich an die Prozesse der Natur und unsere eigene Beziehung zum großen Ganzen zu erinnern.

Es folgt eine kurze Auflistung einiger philosophischer Übungen, die Sie in den Schriften der römischen Stoiker finden können. Etliche davon haben die Stoiker von früheren Philosophen übernommen. Viele, aber nicht alle, wurden in diesem Buch bereits vorgestellt. *Stoizismus – Das 5-Minuten-Journal* von Matthew Van Natta.

Denken Sie an die Dichotomie der Kontrolle. Manche Dinge liegen in unserer Hand, andere nicht. Richten Sie Ihren Fokus auf die Dinge, die in Ihrer Hand liegen, etwa, dass Sie einen guten Charakter entwickeln, und nicht auf die Dinge, die dem Zufall oder Schicksal unterliegen und die außerhalb Ihrer Kontrolle liegen.

Denken Sie an die Rolle der Beurteilung. Dinge an sich verärgern uns nicht. Es sind unsere Beurteilungen und unsere Meinungen über die Dinge, das das Leiden erzeugen.

Besinnung auf den Weisen. Stellen Sie sich vor, dass ein weiser Mensch wie Sokrates über Ihr Handeln wacht. Wenn Sie mit einer schwierigen Situation konfrontiert sind, fragen Sie sich, wie der weise Mensch in diesem Fall reagieren würde.

Philosophisches Tagebuch. Führen Sie Ihr persönliches Tagebuch bezüglich Meditation und Lehren des Stoizismus – so wie Mark Aurel es tat – als Gedankenstütze für Sie. Nehmen Sie zentrale Ideen des Stoizismus und formulieren Sie diese um, drücken Sie sie mit Ihren eigenen Worten aus oder erklären Sie in Ihrem Tagebuch, wie Sie diese anwenden können.

Die tägliche Überprüfung. Reflektieren Sie Ihre Handlungen am Ende jedes Tages. Stellen Sie sich folgende Fragen: Was habe ich gut gemacht? Was habe ich schlecht gemacht? Wie kann ich mich verbessern? Was ich habe ich unerledigt gelassen?

Verwandeln Sie Widrigkeiten in etwas Besseres. Wenn Sie mit Widrigkeiten konfrontiert sind, verwandeln Sie diese in etwas Besseres. Sie können immer, in jeder Situation, etwas Gutes erschaffen, wenn Sie tugendhaft reagieren.

Widrigkeiten im Voraus durchdenken. Gehen Sie im Kopf kurz alle Widrigkeiten durch, denen Sie in Zukunft begegnen könnten. Und dann lassen Sie diese Gedanken los. Indem Sie im Voraus über Widrigkeiten nachdenken, rauben Sie ihnen die Kraft, sollten sie tatsächlich eintreten.

Die Vorbehaltsklausel der Stoiker. Wenn Sie ein Projekt beginnen, auf eine Reise gehen oder einen Plan erstellen, sagen Sie sich: »So das Schicksal es will«. Behalten Sie im Hinterkopf, dass trotz

Ihrer besten Absichten etwas Ihre Pläne durchkreuzen kann, das außerhalb Ihrer Kontrolle liegt.

Die Betrachtung des Ganzen. Machen Sie sich klar, dass Sie zwar nur ein winziger Teil des gesamten Universums sind, aber dennoch ein Teil davon. Dehnen Sie für einen Moment Ihren Geist auf den gesamten Kosmos aus und nehmen Sie Ihre Verbindung mit dem großen Ganzen wahr.

Der Blick aus der Vogelperspektive. Stellen Sie sich vor, dass Sie hoch oben im Weltraum schweben und auf die Erde hinabblicken. Dann erinnern Sie sich daran, wie winzig Ihre Probleme im Gesamtzusammenhang der Dinge doch sind.

Besinnung auf Veränderung. Meditieren Sie darüber, wie alle Dinge in der Natur einer konstanten Veränderung unterliegen und wie alles über lange oder kurze Zeiträume einen kontinuierlichen Wandel durchläuft.

Besinnung auf die Vergänglichkeit. Machen Sie sich bewusst, dass alles, was Sie haben, nur geliehen ist. Denken Sie daran, dass es gut ist, die Leihgaben des Schicksals zu schätzen, während wir sie haben, aber dass wir sie eines Tages zurückgeben werden.

Memento mori. Denken Sie über Ihre eigene Sterblichkeit nach, über die Sterblichkeit jener, die Sie lieben, und über den Tod als lediglich das letzte, natürliche Stadium des Lebens. Seien Sie dankbar für die Zeit, die Ihnen noch bleibt, und strengen Sie sich an, diese klug zu nutzen.

Leben Sie voller Dankbarkeit. Machen Sie sich jeden Tag bewusst, dass alles, was wir haben, ein Geschenk des Universums ist. Schauen Sie am Ende des Lebens mit einem Gefühl der Dankbarkeit zurück auf Ihr ganzes Leben.

Leben Sie im aktuellen Moment. Lassen Sie Ihre Gedanken nicht vorauseilen und in Sorgen über die Zukunft verweilen, denn das ist eine Quelle der Angst. Planen Sie stattdessen rational für die Zukunft und denken Sie daran, dass der aktuelle Moment alles ist, was wir haben. Denken Sie daran, wenn Sie einmal Angst verspüren, und richten Sie Ihre Aufmerksamkeit wieder zurück auf den aktuellen Moment. Und denken Sie daran: Wenn zukünftige Ereignisse eintreten, werden Sie diesen mit der gleichen Rationalität begegnen, über die Sie heute verfügen.

Handeln Sie zum Wohl der Allgemeinheit. Denken Sie daran, dass Sie ein Teil der gesamten menschlichen Gemeinschaft sind, und dass wir alle geboren wurden, um einander zu helfen. Vergessen Sie nicht, zum Wohl der anderen zu handeln.

Wägen Sie Ihre Eindrücke sorgfältig ab. Nehmen Sie nicht alles für bare Münze und urteilen Sie nicht vorschnell. Treten Sie einen Schritt zurück und wägen Sie die Fakten sorgfältig ab, bevor Sie sich eine Meinung bilden. Sollte es nicht genügend eindeutige Fakten geben, schieben Sie das Fällen eines Urteils hinaus.

BIBLIOGRAFIE

Aristoteles. *Nikomachische Ethik.* Übersetzt von Ursula Wolf. 8. Auflage. Hamburg/Berlin: ROWOHLT Taschenbuch, 2006

Aristoteles. *Politik.* Herausgegeben von Otfried Höffe. 2. Auflage. Berlin: De Gruyter, 2011.

Armisen-Marchetti, Mireille. »Imagination and Meditation in Seneca: The Example of *Praemeditatio.*« In *Oxford Readings in Classical Studies: Seneca,* herausgegeben von John G. Fitch, S. 102–113. Oxford: Oxford University Press, 2008.

Arius Didymus. *Epitome of Stoic Ethics.* Übersetzt von Arthur J. Pomeroy. Atlanta: Society of Biblical Literature, 1999.

Asmis, Elizabeth. »Cicero on Natural Law and the Laws of State«, *Classical Antiquity* 27, NR. 1 (2008): S. 1–33.

Aurel, Marc. *Marcus Aurelius.* Herausgegeben und übersetzt von C. R. Haines. Loeb Classical Library. Cambridge, MA: Harvard University Press, 1916.

Aurel, Mark. *Selbstbetrachtungen.* In einer Neuübersetzung von Gregory Hays. München: FinanzBuch Verlag, 2020

Bailey, Cyril. Siehe *Epicurus: The Extant Remains.*

Bartsh, Shadi und Alessandro Schiessaro (Hrsg.). *The Cambridge Companion to Seneca*. New York: Cambridge University Press, 2015.

Becker, Lawrence C. *A Modern Stoicism*. 2. Auflage. Princeton: Princeton University Press, 2017.

Bobzien, Susanne. *Determinism and Freedom in Stoic Philosophy*. Oxford: Oxford University Press, 2001.

Brennan, Tad. *The Stoic Life: Emotions, Duties, and Fate*. Oxford: Oxford University Press, 2005.

Bridges, J. W. »Imitation, Suggestion, and Hypnosis.« Kapitel 18 in J. W. Bridges, *Psychology: Normal and Abnormal, with Special Reference to the Needs of Medical Students and Practitioners*, S. 311–324. New York: Appleton, 1930. Erhältlich von der American Psychological Association: https://psycnet.apa.org/record/2008–08475–018

Brower, Rene. *The Stoic Sage: The Early Stoics on Wisdom, Sagehood and Socrates*. Cambridge: Cambridge University Press, 2014.

Buzare, Elen. *Stoic Spiritual Exercises*. Lulu: 2011.

Cicero. *De Officiis / Vom pflichtgemässen Handeln*. Übersetzt von Heinz Gunermann. Stuttgart: Reclam, 1986.

— *De finibus bonorum et malorum / Über das höchste Gut und das grösste Übel*. Übersetzt von Harald Merklin. Stuttgart: Reclam, 1989.

— *De re Publica / Vom Staat*. Übersetzt von Michael Albrecht. Stuttgart: Reclam, 2013.

— *De legibus / Über die Gesetze*. Übersetzt von Rainer Nickel. Berlin: De Gruyter, 2011.

— *The Republic and The Laws*. Übersetzt von Niall Rudd. Oxford: Oxford University Press, 1998.

— *Pro Archia. Post Reditum in Senatu. Post Reditum ad Quirites. De Domo Sua. De Haruspicum Responsis. Pro Plancio.* Übersetzt von N. H. Watts. Loeb Classical Library. Cambridge, MA: Harvard University Press, 1923.

— *Tusculan Disputations.* Übersetzt von J. E. King. 2. Auflage. Loeb Classical Library. Cambridge, MA: Harvard University Press, 1945.

— *Fünf Bücher über das höchste Gut und Übel / De finibus bonorum et malorum.* Übersetzt von Julius Heinrich von Kirchmann, bearbeitet von Heinrich Süs. Essen: Magic Bookworld Verlag, 2019.

Cooper, John M. »Aristotle on the Forms of Friendship.« *The Review of Metaphysics* 30, Nr. 4 (1977): 619–648.

Damschen, Gregor und Andreas Heil, hrsg. *Brill's Companion to Seneca: Philosopher and Dramatist.* Leiden: E. J. Brill, 2014.

Diogenes Laertius. *Leben und Meinungen berühmter Philosophen.* Übersetzt von Otto Apelt, herausgegeben von Klaus Reich und Hans Günter Zekl. 2 Auflage. Hamburg: Felix Meiner Verlag, 2010.

— *Leben und Lehre der Philosophen.* Übersetzt von Fritz Jürß. Stuttgart: Reclam, 2020

De Wit, N. W. »The Epicurean Doctrine of Gratitude«, *American Journal of Philology* 58, Nr. 3 (1937): S. 320–328.

Domaradzki, Mikolaj. »Theological Etymologizing in the Early Stoa«, *Kernos* 25 (2012), S. 125–148. https://journals.openedition.org/kernos/2109.

Edwards, Catharine. »Free Yourself! Slavery, Freedom, and the Self in Seneca's Letters.« In *Seneca and the Self,* herausgegeben von Shadi Bartsch und David Wray, S. 139–159. Cambridge: Cambridge University Press, 2009.

— »Absent Presence in Seneca's Epistles: Philosophy and Friendship.« In *The Cambridge Companion to Seneca,* herausgegeben von Shadi Bartsch und Alessandro Schiessaro, S. 41–53. New York: Cambridge University Press, 2015.

Einstein, Albert. »Religion and Science« (veröffentlicht im *New York Times Magazine,* 9. November 1930). In Albert Einstein, *Ideas and Opinions.* New York: Modern Library, 1994, S. 39–43.

— »Science and Religion« (Ansprache auf dem theologischen Seminar in Princeton 19. Mai 1939). In Einstein, *Ideas and Opinions,* S. 44–52.

Ellis, Joseph J. *American Sphinx: The Character of Thomas Jefferson.* New York: Alfred A. Knopf, 1997.

Emmons, Robert A. und Michael E. McCullough (Hrsg.). *The Psychology of Gratitude.* New York: Oxford University Press, 2004.

Epiktet. *Handbüchlein der Moral und Unterredungen.* 3. Auflage. Zürich: Diogenes, 1995.

— *Über die Kunst der inneren Freiheit. Alte Weisheiten für ein Leben nach der Stoa.* Herausgegeben und mit einer Einleitung versehen von A. A. Long, übersetzt von Nicole Hölsken. München: FinanzBuch Verlag, 2019.

— *Handbüchlein der Moral.* Übersetzt von Kurt Steinmann. Stuttgart: Reclam, 2019

Epicurus: The Extant Remains. Überarbeitet und übersetzt von Cyril Bailey. Oxford: Clarendon Press, 1926.

Farnsworth, Ward. *Der praktizierende Stoiker. Ein philosophisches Handbuch für den Verstand.* München: FinanzBuch Verlag, 2021.

Fideler, David. *Restoring the Soul of the World: Our Living Bond with Nature's Intelligence.* Rochester, VT: Inner Traditions, 2014.

— *Seneca: A Reader's Guide.* https://www.stoicinsights.com/seneca-readers-guide.

Griffin, Mariam T. *Seneca: A Philosopher in Politics.* New York: Oxford University Press, 1976.

Gleiser, Marcelo. »The Trouble with Tribalism.« *Orbiter* (1. Juli 2019). https://orbitermag.com/the-trouble-with-tribalism/.

Gloyn, Liz. *The Ethics of the Family in Seneca.* Cambridge: Cambridge University Press, 2017.

Graver, Margaret R. *Stoicism and Emotion.* Chicago: University of Chicago Press, 2007.

— »Action and Emotion.« In *The Brill Companion to Seneca: Philosopher and Dramatist,* herausgegeben von Gregor Damschen und Andreas Heil, S. 257–276. Leiden: E. J. Brill, 2014.

Harpham, Edward J. »Gratitude in the History of Ideas.« In *The Psychology of Gratitude,* herausgegeben von Robert A. Emmons und Michael E. McCullough, S. 19–36. New York: Oxford University Press, 2004.

Hierokles. Siehe Ramelli, *Hierocles the Stoic: Elements of Ethics, Fragments, and Excerpts.*

Hill, Lisa und Prasanna Nidumolu. »The Influence of Classical Stoicism on John Locke's Theory of Self- Ownership«, *History of the Human Sciences* (May 2020): S. 1–22.

Holowchack, M. Andrew. *The Stoics: A Guide for the Perplexed.* New York: Continuum, 2008.

Honoré, Tony. *Ulpian: Pioneer of Human Rights.* 2. Ausgabe Oxford: Oxford University Press, 2002.

Horowitz, Maryanne Cline. »The Stoic Synthesis of Natural Law in Man: Four Themes«, *Journal of the History of Ideas* 35, Nr. 1 (1974): S. 3–16.

Inwood, Brad. *Reading Seneca: Stoic Philosophy at Rome.* Oxford: Clarendon Press, 2005.

Inwood, Brad. Siehe Seneca, *Selected Philosophical Letters.*

Irvine, William B. *On Desire: Why We Want What We Want*. New York: Oxford University Press, 2006.

— *Eine Anleitung zum guten Leben. Wie Sie die alte Kunst des Stoizismus für Ihr Leben nutzen*. München: FinanzBuch Verlag, 2020.

— *Von der Herausforderung, ein Stoiker zu sein. Ein philosophisches Handbuch für mehr Stärke, Seelenruhe und Resilienz*. München: FinanzBuch Verlag, 2022.

LaBarge, Scott. »How (and Maybe Why) to Grieve Like an Ancient Philosopher.« In *Virtue and Happiness: Essays in Honour of Julia Annas*, hrsg. von Rachana Kamtekar, S. 320–342. Oxford: Oxford University Press, 2012.

Llano Alonso, Fernando H. »Cicero and Natural Law«, ARSP: Archiv für Rechts- und Sozialphilosophie / Archives for Philosophy of Law and Social Philosophy 98, Nr. 2 (2012): S. 157–168.

Le Bon, Gustave. *The Crowd: A Study of the Popular Mind*. Public Domain Übersetzung des Originaltextes, *Psychologie des Foules* (1895). http://www.gutenberg.org/ebooks/445.

– *Psychologie der Massen*, Hamburg: Nikol, 2009.

Levine, Michael P. *Pantheism: A Non-Theistic Concept of Deity*. London: Routledge, 1994.

Loder, E. R. »Gratitude and the Environment: Toward Individual and Collective Ecological Virtue«, *Journal Jurisprudence* (2011): S. 383–435.

Long, A. A. *Epictetus: A Stoic and Socratic Guide to Life*. Oxford: Oxford University Press, 2002.

– Siehe Epiktet, *Über die Kunst der inneren Freiheit*.

Long, A. A. und D. N. Sedley. *The Hellenistic Philosophers. Volume 1: Translations of the Principal Sources with Philosophical Commentary*. Volume 2: *Greek and Latin Texts with Notes and Bibliography*. Cambridge: Cambridge University Press, 1987.

Margulis, Lynn, and Dorion Sagan. *Dazzle Gradually: Reflections on the Nature of Nature*. White River Junction, VT: Chelsea Green, 2007.

Margulis, Lynn und Dorion Sagan. *Dazzle Gradually: Reflections on the Nature of Nature*. White River Junction, VT: Chelsea Green, 2007.

May, Rollo. *The Courage to Create*. New York: W. W. Norton, 1975.

McIlwan, Charles. *The Growth of Political Thought in the West: From the Greeks to the Middle Ages*. New York: Macmillan, 1932.

Meany, Paul. »Why the Founders' Favorite Philosopher Was Cicero.« FEE (31. Mai 2018). https://fee.org/articles/why-the-founders-favorite-philosopher-was-cicero/.

Mitsis, Phillip. »The Stoic Origin of Natural Rights.« In *Topics in Stoic Philosophy*, hrsg. von Katerina Ierodiakonou, S. 153–177. Oxford: Clarendon Press, 1999.

Motto, Anna Lydia. »Seneca on Trial: The Case of the Opulent Stoic«, *The Classical Journal* 61, Nr. 6 (1966): S. 254–258.

— *Seneca Sourcebook: A Guide to the Thought of Lucius Annaeus Seneca*. Amsterdam: Adolf M. Hakkert, 1970 (Verzeichnis aller philosophischen Schriften von Seneca).

— »Seneca on Love«, *Cuadernos de Filologia Clasica. Estudios Latinos* 27, Nr. 1 (2007): S. 79–86.

— und John R. Clark, »Seneca on Friendship«, *Atena e Roma* 38 (1993): S. 91–96.

Naknikian, George. »On the Cognitive Import of Certain Religious States.« In *Religious Experience and Truth: A Symposium*, herausgegeben von Sidney Hook, S. 156–164. New York: New York University Press, 1961.

Nietzsche, Friedrich. *Ecce Homo: Wie man wird, was man ist*. Hamburg: Nikol, 2017.

Nussbaum, Martha. *The Therapy of Desire: Theory and Practice in Hellenistic Ethics.* Princeton: Princeton University Press, 1994.

Pigliucci, Massimo. *How to Be a Stoic: Using Ancient Philosophy to Live a Modern Life.* New York: Basic Books, 2017.

Platon. *Die Apologie des Sokrates.* Hamburg: AD FONTES Klassikerverlag, 2016.

Plato. *Euthyphro. Apology. Crito. Phaedo. Phaedrus.* Translated by Harold North Fowler. Loeb Classical Library. Cambridge, MA: Harvard University Press, 1914.

— *The Last Days of Socrates.* Translated by Hugh Tredennick and Harold Tarrant. New York: Penguin, 1993.

— *Lysis. Symposium. Gorgias.* Translated by W. R. M. Lamb. Loeb Classical Library. Cambridge, MA: Harvard University Press, 1925.

Plutarch. »Ob es eine richtige Vorschrift sei: ›Lebe im Verborgenen‹. (Gegen Epikur.)« In Plutarch, *Moralia*, Wiesbaden: marix Verlag ein Imprint von Verlagshaus Römerweg, 2012, S. 866 ff.

Ramelli, Ilaria. *Hierocles the Stoic: Elements of Ethics, Fragments, and Excerpts.* Atlanta: Society for Biblical Literature, 2009.

Ranocchia, Graziano. »The Stoic Concept of Proneness to Emotion and Vice«, *Archiv für Geschichte der Philosophie* 94, Nr. 1 (2012): S. 74–92.

Richter, Daniel S. *Cosmopolis: Imagining Community in Late Classical Athens and the Early Roman Empire.* New York: Oxford University Press, 2011.

Robertson, Donald. »The Stoic Influence on Modern Psychotherapy.« In *The Routledge Handbook of the Stoic Tradition,* hrsg. von John Sellars, S. 374–388. London: Routledge, 2017.

— *Denke wie ein römischer Herrscher. Die stoische Philosophie des Mark Aurel.* München: FinanzBuch Verlag, 2019.

— *The Philosophy of Cognitive- Behavioural Therapy (CBT): Stoic Philosophy as Rational and Cognitive Psychotherapy.* 2. überarbeitete Auflage. London: Routledge, 2020.

Rodrigues, Antonio Carlos und Aldo Dinucci. »A eucharistia em Epicteto.« In *Epistemologias da religiao e relacoes de religiosidade,* herausgegeben von Celma Laurinda Freitas Costa, Clovis Ecco und Jose Reinaldo F. Martins Filho, S. 17–44. Curitiba: Editora Prismas, 2017.

Romm, James. *Dying Every Day: Seneca at the Court of Nero.* New York: Knopf, 2014.

Rumi, Jalaluddin. *Signs of the Unseen: The Discourses of Jalaluddin Rumi.* Translated by W. M. Thackston, Jr. Boston: Shambhala, 1994.

Rushdy, Ashraf H. A. *Philosophies of Gratitude.* New York: Oxford University Press, 2020.

Sampson, Tony D. *Virality: Contagion Theory in the Age of Networks.* Minneapolis: University of Minnesota Press, 2012.

Sellars, John. *The Art of Living: The Stoics on the Nature and Function of Philosophy.* London: Bristol Classical Press, 2009.

— *Stoicism.* London: Routledge, 2014.

— »Stoicism and Emotions«, in *Stoicism Today: Selected Writings,* Volume 2, bearbeitet von Patrick Ussher, S. 43–48. CreateSpace, 2016.

— *Marcus Aurelius.* London: Routledge, 2021.

— (Hrsg.) *The Routledge Handbook of the Stoic Tradition.* London: Routledge, 2017.

Seneca. *Briefe an Lucilius über Ethik.* Aus dem Lateinischen übersetzt von Heinz Gunermann, Franz Loretto und Rainer Rauthe. Herausgegeben, kommentiert und mit einem Nachwort versehen von Marion Giebel. Stuttgart: Reclam 2018.

— *Selected Letters.* Übersetzt von Elaine Fantham. Oxford: Oxford University Press, 2010.

— *Selected Philosophical Letters.* Übersetzt und kommentiert von Brad Inwood. Oxford: Oxford University Press, 2007.

— *De Clementia / Über die Güte.* Übersetzt von herausgegeben von Karl Büchner. Stuttgart: Reclam 1970.

— *Naturales quaestiones / Naturwissenschaftliche Untersuchungen.* Übersetzt und herausgegeben von Otto und Eva Schönberger. Stuttgart: Reclam, 1998.

— *De ira / Über die Wut.* Übersetzt und herausgegeben von Otto und Eva Schönberger. Stuttgart: Reclam, 2007.

— *De tranquillitate animi / Über die Ausgeglichenheit der Seele.* Übersetzt und herausgegeben von Heinz Gunermann. Stuttgart: Reclam, 2018.

— *De vita beata / Vom glücklichen Leben.* Übersetzt und herausgegeben von Fritz-Heiner Mutschler. Stuttgart: Reclam, 2019.

— *De otio / Über die Muße / De providentia / Über die Vorsehung.* Übersetzt und herausgegeben von Gerhard Krüger. Stuttgart: Reclam, 2021.

— *Von der Kürze des Lebens.* Übersetzt von Marion Giebel. Stuttgart: Reclam, 2020.

— *Vom glückseligen Leben und andere Schriften.* Übersetzt von Ludwig Rumpel. Stuttgart: Reclam, 2021.

— *Trostschriften.* Hrsg. von Karl-Maria Guth. Berlin: Hofenberg, 2016. Der Text dieser Ausgabe folgt: Seneca. Ausgewählte Schriften. Übersetzt und erläutert von Albert Forbiger. Stuttgart: Hofmann, 1867).

Sherman, Nancy. »Aristotle on Friendship and the Shared Life.« *Philosophical and Phenomenological Research* 47, Nr. 4 (1987): S. 589–613.

Solomon, Robert C. Foreword. In *The Psychology of Gratitude*, hrsg. von Robert A. Emmons und Michael E. McCullough, S. v– xi. New York: Oxford University Press, 2004.

Stephens, William O. »Epictetus on How the Stoic Sage Loves«, *Oxford Studies in Ancient Philosophy* 14 (1996): S. 193–210.

— Stoic Ethics: *Epictetus and Happiness as Freedom*. New York: Continuum, 2007.

— Marcus Aurelius: *A Guide for the Perplexed*. New York: Continuum, 2012.

Tacitus. *Annalen*. Übersetzt und mit Anmerkungen von Walter Sontheimer. Stuttgart: Reclam, 2013

Tieleman, Teun. *Chrysippus' On Affections: Reconstruction and Interpretation*. Leiden: E. J. Brill, 2003.

Watkins, Philip C. *Gratitude and the Good Life: Toward a Psychology of Appreciation*. Dordrecht: Springer, 2014.

Wilson, Emily. *The Greatest Empire: A Life of Seneca*. New York: Oxford University Press, 2014.

Wood, Nathan. »Gratitude and Alterity in Environmental Virtue Ethics«, *Environmental Values* 29, Nr. 4 (2020): S. 481–498.

ÜBER DEN AUTOR

David Fideler arbeitete als Hochschulprofessor, Redakteur und Herausgeber sowie als Direktor eines geisteswissenschaftlichen Zentrums. Er studierte klassische griechische Philosophie und Religionen des Mittelmeerraums an der University of Pennsylvania und promovierte in Philosophie. Fideler ist Autor von *Restoring the Soul of the World* und weiteren Büchern. Geboren in den Vereinigten Staaten lebt er derzeit mit seiner Frau und seinem Sohn in Sarajevo.

ANMERKUNGEN

1 Seneca, *Briefe an Lucilius* 104.26.

2 Seneca, *Briefe an Lucilius* 5.4.

3 Massimo Pigliucci, *How to Be a Stoic: Using Ancient Philosophy to Live a Modern Life* (New York: Basic Books, 2017), S. 230.

4 Siehe John Sellars, *The Art of Living: The Stoics on the Nature and Function of Philosophy* (London: Bristol Classical Press, 2009), Kapitel 2, »The Socratic Origins of the Art of Living.«

5 Um eine Vorstellung davon zu bekommen, wie diese Stoa aussah, in der sich Gemälde befanden, siehe die Zeichnung https://www.stoicinsights.com/about-stoicism.

6 Epikur, zitiert und ins Englische übersetzt von Martha Nussbaum in *The Therapy of Desire: Theory and Practice in Hellenistic Ethics* (Princeton: Princeton University Press, 1994), S. 13.

7 Seneca, *Briefe an Lucilius* 8.2. Zum Vergleich antiker Philosophie mit medizinischer Kunst und »Lebenskunst«, siehe John Sellars, *The Art of Living*, Kapitel 2 und 3.

8 Seneca, *Briefe an Lucilius* 76.16.

9 Ich danke Massimo Pigliucci für seinen Hinweis auf die nuanciertere Bedeutung des Begriffs *eudaimonia*, die speziell für die Stoiker gilt.

10 Während Platon and Aristoteles die Voraussetzungen schufen, indem sie die bürgerlichen Pflichten analysierten und wie man das Leben des Stadt-Staates verbessern kann, gingen die Stoiker darüber hinaus und betonten die Brüderlichkeit der gesamten Menschheit in globalem Maßstab. Seneca schrieb, dass von allen philosophischen Schulen die Stoiker die größte Liebe für die Menschheit als Ganzes hegten. In seinen *Selbstbetrachtungen* ermahnte sich auch Mark Aurel ständig, dass er mit jeder seiner Handlungen versuchen sollte, das Gemeinwohl der Gesellschaft zu verbessern.

11 Emily Wilson, *The Greatest Empire: A Life of Seneca* (New York: Oxford University Press, 2014). Eine weitere Biografie von Seneca ist James Romm, *Dying Every Day: Seneca at the Court of Nero* (New York: Knopf, 2014). Dass es nahezu unmöglich ist, eine exakte Biografie von Seneca zu schreiben, beruht auf der Tatsache, dass die römischen Historiker nach modernen Maßstäben oft extrem unzuverlässig sind. Bedauerlicherweise gibt es keine schriftlichen Berichte aus erster Hand von Menschen, die Seneca kannten. Der von Cassius Dio (ca. 155–235 n. Chr.) in seinem Werk *Römische Geschichte* verfasste Bericht über Seneca scheint höchst unzuverlässig, da er mehr als ein Jahrhundert nach Senecas Tod verfasst wurde. Der Bericht von Tacitus (ca. 56 – ca. 120 n. Chr.) in seinen *Annalen* scheint wesentlich zuverlässiger zu sein.

12 Tacitus, *Annalen* 15.62.

13 Dieser Satz von Sokrates gehörte zu den beliebtesten bei den römischen Stoikern. Epiktet zitiert ihn am Ende seines »Ratgebers« oder »Handbuchs«; siehe Epiktet, *Handbüchlein der Moral* 53.4. Ein anderer römischer Senator, Thrasea Paetus, ebenfalls Stoiker und von Nero zum Tode verurteilt, soll gesagt haben: »Nero kann mich töten, aber er kann mir nicht schaden.« Siehe Emily Wilson, *The Greatest Empire*, S. 154.

14 Seneca, *Briefe an Lucilius* 123.6.

15 Seneca, *Briefe an Lucilius* 122.14.

16 Seneca, *Briefe an Lucilius* 115.9.

17 Wie Brad Inwood angemerkt hat, war Seneca ein origineller und innovativer Vertreter des Stoizismus. Er war jemand, dessen besonderer Beitrag darin zu bestehen scheint, dass er dafür sensibilisiert ist, wie wertvoll Erfahrungen aus erster Hand in der Ethik und der Moralpsychologie sind. Inwood, *Reading Seneca: Stoic Philosophy at Rome* (Oxford: Clarendon Press, 2005), S. 3.

18 Seneca, *Briefe an Lucilius* 48.2–3. Seneca verfasste auch ein Werk zur Freundschaft, wovon jedoch nur Fragmente erhalten sind. Zum Thema Freundschaft bei Seneca, mit reichlich Zitaten, siehe Anna Lydia Motto und John R. Clark, »Seneca on Friendship«, *Atena e Roma* 38 (1993): S. 91–96.

19 Seneca, *Briefe an Lucilius* 106.12.

20 Laut dem Stoiker Ariston, zitiert von Seneca in *Briefe* 94.16, rührt alle »Verrücktheit« und alles seelische Leiden daher, dass man falsche Meinungen vertritt, es sei denn, jemand leidet unter einer Krankheit. Seneca stimmte mit dieser Sichtweise überein. In *Über die Ausgeglichenheit der Seele* wird Seneca von seinem Freund Serenus angesprochen, als sei Seneca ein Arzt. Serenus, der Patient, erklärt sein seelisches Leiden, und Seneca antwortet als philosophischer Therapeut, um diesen Zustand zu heilen. Als Beispiel für einen Brief, der stark einer kognitiven Verhaltenstherapie zwischen Lucilius und Seneca ähnelt, siehe *Briefe an Lucilius* 24. Lucilius ist besorgt, weil er Ziel einer Klage geworden ist; Seneca bezweckt, Lucilius beim Überwinden

seiner Sorge zu helfen, indem er mit einem schrittweisen therapeutischen Ansatz vorgeht.

21 Seneca, *Briefe an Lucilius* 40.1.

22 Seneca, *Briefe an Lucilius* 9.12. Laut Cicero glaubten die Stoiker, dass Freundschaft wegen ihres intrinsischen Wertes angestrebt werden sollte und nicht wegen dem, was man nutzbringend aus ihr herausholen kann (Cicero, *Vom höchsten Gut und vom größten Übel* 3.70).

23 Siehe John M. Cooper, »Aristotle on the Forms of Friendship«, *The Review of Metaphysics* 30, Nr. 4 (1977): S. 648.

24 Siehe Nancy Sherman, »Aristotle on Friendship and the Shared Life«, *Philosophical and Phenomenological Research* 47, Nr. 4 (1987): S. 610.

25 Seneca, *Briefe an Lucilius* 6.1.

26 Seneca, *Briefe an Lucilius* 6.1.

27 Platon, *Symposium* 203E –204A.

28 Diogenes Laertius, *Von dem Leben und den Meinungen berühmter Philosophen* 6.54.

29 Als Beleg siehe John Sellars, *The Art of Living: The Stoics on the Nature and Function of Philosophy* (London: Bristol Classical Press, 2009), S. 59–64.

30 Für mehr Informationen zu der strengen Zweiteilung zwischen Weisen und Nichtweisen siehe John Sellars, *The Art of Living*, S. 59–64; Sellars, *Stoicism* (London: Routledge, 2014), S. 36–41; und Tad Brennan, *The Stoic Life: Emotion, Duties, and Fate* (Oxford: Oxford University Press, 2005), Kapitel 4. Der moderne Philosoph Lawrence C. Becker lehnte ebenfalls die Idee der frühen Stoiker als unhaltbar ab, dass Tugend eine Sache von ganz oder gar nicht sei; ebenso ablehnend stand er der strikten Trennung zwischen Weisen und Nichtweisen gegenüber. Siehe Becker, *A Modern Stoicism*, 2. Aufl. (Princeton: Princeton University Press, 2017), S. 132–133 ff.

31 Introduction to Seneca, *Letters on Ethics to Lucilius*, übersetzt von Margaret Graver und A. A. Long (Chicago: University of Chicago Press, 2015), S. xx.

32 Es gibt Anhaltspunkte, dass Zenon, der Begründer des Stoizismus, ebenfalls Sokrates als einen Weisen bezeichnete. Siehe René Brouwer, *The Stoic Sage: The Early Stoics on Wisdom, Sagehood and Socrates* (Cambridge: Cambridge University Press, 2014), S. 109, 164.

33 Emily Wilson, *The Greatest Empire: A Life of Seneca* (New York: Oxford University Press, 2014), S. 146.

34 Seneca, *Briefe an Lucilius* 57.3.

35 Seneca, *Briefe an Lucilius* 71.36.

36 Dazu, was Mark Aurel in seinen *Selbstbetrachtungen* erreichen möchte, siehe John Sellars, *Marcus Aurelius* (London: Routledge, 2021), S. 20–36. Wie William O. Stephens und andere hervorgehoben haben, wäre ein besserer Titel für die *Selbstbetrachtungen* von Mark Aurel »Memorandum«, da es aus Notizen für ihn selbst über die stoischen Prinzipien besteht, an die man sich

täglich erinnern sollte. Stephens, *Marcus Aurelius* (New York: Continuum, 2012), S. 2.

37 Seneca, *Über die Wut* 3.36.3–4.

38 Seneca, *Briefe an Lucilius* 1.1.

39 Seneca, *Briefe an Lucilius* 1.2.

40 Seneca, *Naturwissenschaftliche Untersuchungen*, Einleitung 1.2.

41 Seneca, *Von der Kürze des Lebens* 2.1 und 1.3.

42 Seneca, *Von der Kürze des Lebens* 2.1–2.2.

43 Seneca, *Briefe an Lucilius* 3.5.

44 Seneca, *Briefe an Lucilius* 106.1 und 22.8.

45 Seneca, *Über die Ausgeglichenheit der Seele* 12.2–3.

46 Seneca, *Von der Kürze des Lebens* 3.5.

47 Zenon, zitiert von Diogenes Laertius, *Leben und Meinungen berühmter Philosophen* 7.121–122.

48 Zu den stoischen Metaphern Sklaverei und Freiheit siehe die Einleitung von A. A. Long in *Epictetus, How to Be Free: An Ancient Guide to the Stoic Life* (Princeton: Princeton University Press, 2018). Deutscher Titel: Epiktet: *Über die Kunst der inneren Freiheit: Alte Weisheiten für ein Leben nach der Stoa*, FinanzBuch Verlag, 2019. Zu dem Gebrauch dieser Metaphern bei Seneca siehe Catharine Edwards, »Free Yourself! Slavery, Freedom, and the Self in Seneca's Letters«, in *Seneca and the Self*, hrsg. von S. Bartsch und D. Wray (Cambridge: Cambridge University Press, 2009), S. 139–159.

49 Seneca, *Briefe an Lucilius* 22.11.

50 Epiktet, *Unterredungen* 2.1.22.

51 Epiktet, *Unterredungen* 4.1.113.

52 Seneca, *Von der Kürze des Lebens* 9.1.

53 Seneca, *Von der Kürze des Lebens* 14.1.

54 Seneca, *Von der Kürze des Lebens* 14.1–2. Für mehr über Senecas Vorstellung einer zeitlosen Kommunikation von weisen Menschen siehe das Fazit von Catharine Edwards, »Absent Presence in Seneca's Epistles: Philosophy and Friendship«, in *The Cambridge Companion to Seneca*, hrsg. von Shadi Bartsch und Allesandro Schiessaro (New York: Cambridge University Press, 2015), S. 41–53.

55 Seneca, *Von der Kürze des Lebens* 15.2.

56 Seneca, *Briefe an Lucilius* 62.2. In seinem verschollenen Werk *De Matrimonio* (Die Ehe), von dem nur Fragmente überliefert sind, sagt Seneca, dass sich ein weiser Mensch niemals einsam fühlen wird, weil er oder sie so viele Freunde aus der Vergangenheit haben wird. Siehe Liz Gloyn, *The Ethics of the Family* in Seneca (Cambridge: Cambridge University Press, 2017), S. 222.

57 Seneca, *Von der Kürze des Lebens* 15.5– 16.1.

58 Seneca, *Briefe an Lucilius* 5.8.

59 Mark Aurel, *Selbstbetrachtungen* 4.7.

60 Seneca, *Briefe an Lucilius* 101.8.
61 Mark Aurel, *Selbstbetrachtungen* 12.26. Über Mark Aurels Lektüre von Seneca siehe John Sellars, *Marc Aurel* (London: Routledge, 2021), S. 12.
62 Seneca, *Briefe an Lucilius* 89.1.
63 Seneca, *Briefe an Lucilius* 13.13.
64 Seneca, *Briefe an Lucilius* 78.13.
65 Seneca, *Briefe an Lucilius* 44.7.
66 Seneca, *Briefe an Lucilius* 13.4.
67 Mark Aurel, *Selbstbetrachtungen* 7.8.
68 Seneca, *Briefe an Lucilius* 13.8–9.
69 Epiktet, *Handbüchlein der Moral* 5.
70 Quelle: https://de.statista.com/statistik/daten/studie/182616/umfrage/haeufigkeit-von-angststoerungen/
71 Zitiert in Donald Robertson, »The Stoic Influence on Modern Psychotherapy«, in *The Routledge Handbook of the Stoic Tradition*, hrsg. von John Sellars (London: Routledge, 2017), S. 375. Robertson ist ein kognitiver Verhaltenstherapeut, der Stoizismus intensiv studiert hat. Seine erste Veröffentlichung (2010) über die Zusammenhänge zwischen Stoizismus und kognitiver Verhaltenstherapie hat den Titel *The Philosophy of Cognitive-Behavioural Therapy (CBT): Stoic Philosophy as Rational and Cognitive Psychotherapy*, 2. Auflage. (London: Routledge, 2020). Sein aktuelleres Buch, *Denke wie ein römischer Herrscher: Die stoische Philosophie des Mark Aurel* (FinanzBuch Verlag, 2019), untersucht die Parallelen zwischen der Denkweise von Mark Aurel und der kognitiven Verhaltenstherapie in Ergänzung zu anderen Themen.
72 Seneca, *Briefe an Lucilius* 5.7.
73 Seneca, *Briefe an Lucilius* 5.8.
74 Epiktet, *Handbüchlein der Moral* 5.
75 Seneca, *Briefe an Lucilius* 92.18.
76 Seneca, *Briefe an Lucilius* 27.3.
77 Seneca, *Über die Wut* 1.1.2.
78 Die Webseiten der American Psychological Association (APA) zum Thema »Umgang mit der Wut« decken sich zu etwa 95 Prozent mit Senecas Rat in seinem Buch *Über die Wut*. Siehe »Control Anger Before It Controls You« (https://www.apa.org/topics/anger/control) und »Strategies for Controlling Your Anger: Keeping Anger in Check« (https://www.apa.org/topics/strategies-controlling-anger). Oder auf Deutsch: https://www.aok.de/bw-gesundnah/psyche-und-seele/tipps-gegen-wut
79 Seneca, *Über die Wut* 1.1.3–4.
80 Seneca, *Über die Wut* 2.36.6.
81 Seneca, *Über die Wut* 3.1.4.
82 Seneca, *Über die Wut* 3.1.5.
83 Seneca, *Über die Wut* 1.2.1.

84 Seneca, *Über die Wut* 2.36.5–6.
85 Seneca, *Über die Wut* 1.5.3.
86 Seneca, *Über die Wut* 1.19.1.
87 Seneca, *Briefe an Lucilius* 71.27.
88 Epiktet, *Unterredungen* 3.2.4.
89 Seneca, *Über die Güte* 2.5.3.
90 Seneca, *Über die Wut* 1.10.2. Meine Interpretation der vier von den Stoikern anerkannten Grundarten von Emotionen folgt der von John Sellars, »Stoicism and Emotion«, in *Stoicism Today: Selected Writings*, Volume 2, hg. von Patrick Ussher (CreateSpace, 2016), S. 43–48.
91 Chrysipp, einer der bedeutendsten und einflussreichsten frühen griechischen Stoiker definierte in seiner nicht erhaltenen Arbeit *Über Leidenschaften* die Leidenschaften als Folge falscher Urteile und als Formen von psychischen Krankheiten. Er beschrieb auch eine Therapie der Leidenschaften. Teun Tieleman, *Chrysippus' On Affections: Reconstruction and Interpretation* (Leiden: E. J. Brill, 2003), S. 13.
92 Margaret R. Graver, »Action and Emotion«, in *The Brill Companion to Seneca: Philosopher and Dramatist*, hrsg. von Gregor Damschen und Andreas Heil (Leiden: E. J. Brill, 2014), S. 272.
93 Für die wichtigste Studie zur stoischen Psychologie während der gesamten Tradition siehe Margaret R. *Graver, Stoicism and Emotion* (Chicago: University of Chicago Press, 2014).
94 Seneca skizziert den Drei-Schritte-Prozess der Wut in *Über die Wut* 2.4.1–2. Im Hinblick auf die drei Regungen folge ich der Interpretation von Robert A. Kaster, Einleitung zu Seneca, *On Anger*, in *Seneca, Anger, Mercy, and Revenge* (University of Chicago Press, 2010), S. 6–8, und Brad Inwood, *Reading Seneca: Stoic Philosophy at Rome* (New York: Oxford University Press, 2005), S. 61–63.
95 Seneca, *Über die Wut* 2.4.2.
96 Seneca, *Über die Wut* 2.29.1.
97 Seneca, *Über die Wut* 2.22.2.
98 Epiktet, *Unterredungen* 1.20.7.
99 Rollo May, *The Courage to Create* (New York: W. W. Norton, 1975), S. 100.
100 Seneca, *Über die Wut* 2.1.4.
101 Seneca, *Über die Wut* 1.8.1–2.
102 Seneca, *Briefe an Lucilius* 116.3.
103 American Psychological Association, »Controlling Anger Before It Controls You«, Abschnitt zu »Strategies to Keep Anger at Bay« https://www.apa.org/topics/anger/control.
104 Epiktet, *Handbüchlein der Moral* 30.
105 Mark Aurel, *Selbstbetrachtungen* 12.25.
106 Seneca, *Über die Wut* 2.10.7.

107 Seneca, *Briefe an Lucilius* 28.1.

108 Anm. d. Übers: Tatsächlich wurde schon vor gut 2000 Jahren bei den Römern die körperliche Fitness mit Geräten wie Hanteln oder dem eigenen Körpergewicht trainiert.

109 Am Anfang von Brief 104 beschreibt Seneca, wie er zu seiner Villa in Nomentum, knapp 30 Kilometer außerhalb von Rom floh, weil er an Fieber erkrankte. Aber sobald er aus dem verqualmten Rom hinaus war und an der Villa ankam, fühlte er sich gut.

110 Seneca, *Briefe an Lucilius* 17.12.

111 Seneca, *Briefe an Lucilius* 104.8.

112 Seneca, *Briefe an Lucilius* 104.7.

113 Seneca, *Briefe an Lucilius* 2.1.

114 Seneca, *Briefe an Lucilius* 2.2.

115 Seneca, *Briefe an Lucilius* 89.23.

116 Seneca, *Briefe an Lucilius* 16.9.

117 Seneca, *Briefe an Lucilius* 69.1.

118 Seneca, *Briefe an Lucilius* 35.4.

119 Eine Übersetzung finden Sie zum Beispiel in: Seneca: *De otio / Über die Muße. De providentia / Über die Vorsehung* (Stuttgart: Reclam 1996).

120 Seneca, *Über die Ausgeglichenheit der Seele* 2.14.

121 M. Andrew Holowchak, *The Stoics* (New York: Continuum, 2008), S. 185.

122 Daytona Beach ist vergleichbar mit dem Ballermann auf Mallorca. Es geht um den Einfall vieler Sauf- und Partytouristen, in Daytona Beach sind das die Studenten während der Semesterferien Spring Break.

123 Seneca, *Briefe an Lucilius* 28.4.

124 Seneca, *Briefe an Lucilius* 55.8.

125 Seneca, *Briefe an Lucilius* 23.7–8.

126 Seneca, *Briefe an Lucilius* 71.2–3.

127 Seneca, *Briefe an Lucilius* 71.2.

128 Seneca, *Briefe an Lucilius* 91.1.

129 Seneca, *Briefe an Lucilius* 91.6.

130 Jack Malvern, »Stuck at Home, Stoic Britons Get Philosophical«, *The Times*, 23. April 2020. https://www.thetimes.co.uk/article/stuck-at-home-stoic-britons-get-philosophical-b0h7jdnrb.

131 Der Begriff Dichotomie der Kontrolle wurde geprägt von dem Stoiker William B. Irvine in seinem Buch *A Guide to the Good Life: The Ancient Art of Stoic Joy* (Oxford: Oxford University Press, 2009), S. 86–89. Der berühmte Gelehrte der antiken Philosophie A. A. Long ging davon aus, dass dieser Gedanke als ethische Voraussetzung letztlich auf »Sokrates in Platons *Apologie* zurückgeht, wo er sagt, dass einen guten Mann kein Übel ereilen kann, weder im Leben noch im Tod, was bedeutet, dass die Tugend ›uns über-

lassen‹ und das Glück unempfindlich gegenüber dem Schicksal ist« (persönliches Gespräch).

132 Für Seneca ähnelte das Schicksal einer kosmischen Kraft.

133 Seneca, *Briefe an Lucilius* 76.16.

134 Seneca, *Briefe an Lucilius* 66.23.

135 Seneca, *Briefe an Lucilius* 74.1. Siehe auch *Briefe* 74.5–6.

136 Seneca, *Briefe an Lucilius* 98.2.

137 Epiktet, *Unterredungen* 3.24.112.

138 Anm. d. Red.: Ein Satyr ist ein halb menschliches, halb tierisches dämonisches Fabelwesen, das oft stupsnasig und glatzköpfig dargestellt wird.

139 Seneca, *Briefe an Lucilius* 44.2.

140 Seneca, *Briefe an Lucilius* 91.3–4.

141 Seneca, *Briefe an Lucilius* 24.15.

142 Seneca, *Briefe an Lucilius* 78.28.

143 Seneca, *Vom glücklichen Leben* 15.5.

144 Der frühe griechische Stoiker Chrysipp schrieb: »Ein unvorhergesehener Schlag trifft uns härter« (zitiert in Cicero, *Gespräche in Tusculum* 3.52). Für eine Analyse des Vorausdenkens von Widrigkeiten im Stoizismus und bei Seneca siehe Mireille Armisen-Marchetti, »Imagination and Meditation in Seneca: The Example of the Praemeditatio«, in *Oxford Readings in Classical Studies: Seneca*, hrsg. von John G. Fitch (Oxford: Oxford University Press, 2008), S. 102–113.

145 Mark Aurel, *Selbstbetrachtungen* 2.1.

146 Seneca, *Briefe an Lucilius* 76.35.

147 Seneca, *Naturwissenschaftliche Untersuchungen* 4B.13.11.

148 Seneca, *Über die Vorsehung* 5.9.

149 Seneca, *Über die Vorsehung* 3.3.

150 Seneca, *Briefe an Lucilius* 67.14.

151 Seneca, *Über die Vorsehung* 2.6.

152 Epiktet, *Unterredungen* 1.24.1–2.

153 Seneca, *Über die Vorsehung* 4.6.

154 Seneca, *Über die Vorsehung* 2.4.

155 Seneca, *Briefe an Lucilius* 85.41.

156 Epiktet, *Handbüchlein der Moral* 18.

157 Mark Aurel, *Selbstbetrachtungen* 6.50.

158 Seneca, *Briefe an Lucilius* 45.9.

159 Mark Aurel, *Selbstbetrachtungen* 5.20; Mark Aurel: *Selbstbetrachtungen: In einer Neuübersetzung von Gregory Hays*, FinanzBuch Verlag 2020.

160 Seneca, *Über die Wut* 3.6.3.

161 Zitiert von Peter Bregman, »The Next Time You Want to Complain at Work, Do This Instead«, *Harvard Business Review* (17. Mai 2018). https://hbr.org/2018/05/the-next-time-you-want-to-complain-at-work-do-this-instead.

162 Bregman, »The Next Time You Want to Complain at Work, Do This Instead«.
163 Will Bowen, »A Complaint Free World.« https://www.willbowen.com/complaintfree/.
164 Epiktet, *Unterredungen* 2.18.13.
165 Guy Winch, »How to Deal with Chronic Complainers: What They Want and What They Need Are Very Different Things«, *Psychology Today* (15. Juli 2011). https://www.psychologytoday.com/intl/blog/the-squeaky-wheel/201107/how-deal-chronic-complainers.
166 Siehe Arius Didymus, *Epitome of Stoic Ethics*: »live in agreement with nature« (6b) und »happiness is a smooth flow of life« (6e). Vergleiche auch Diogenes Laertius, *Leben und Lehre der Philosophen* 7.87–89.
167 In ihrem Buch *Determinism and Freedom in Stoic Philosophy* (Oxford University Press, 2001), hat Susanne Bobzien Belege und antike Quellen gesammelt, die das bestätigen. Siehe auch den Artikel von Mikolaj Domaradzki, »Theological Etymologizing in the Early Stoa«, *Kernos* 25 (2012), S. 125–148, insbesondere Seite 134. https://journals.openedition.org/kernos/2109.
168 Albert Einstein, »Religion and Science« (*New York Times Magazine*, 9. November 1930), Nachdruck in Albert Einstein, *Ideas and Opinions* (New York: Modern Library, 1994), S. 42.
169 Albert Einstein, »Science and Religion« (Ansprache auf dem theologischen Seminar in Princeton, 19. Mai 1939), in Einstein, *Ideas and Opinions*, S. 52–53.
170 Epiktet, *Handbüchlein der Moral* 8.
171 A. A. Long und D. N. Sedley, *The Hellenistic Philosophers*, Volume 1, 62A (Cambridge: Cambridge University Press, 1987), S. 386. Berichten zufolge wurde die Geschichte von dem Hund und dem Karren von Zenon und Chrysipp verwendet.
172 Kleanthes, zitiert in Seneca, *Briefe an Lucilius* 107.11.
173 Seneca, *Briefe an Lucilius* 96.1.
174 Seneca, *Briefe an Lucilius* 96.2–3.
175 Seneca, *Briefe an Lucilius* 107.2.
176 Seneca, *Briefe an Lucilius* 107.6.
177 Seneca, *Naturwissenschaftliche Untersuchungen* 3, Vorwort 12.
178 Mark Aurel, *Selbstbetrachtungen* 4.23.
179 Seneca, *Briefe an Lucilius* 19.9.
180 Seneca, *Briefe an Lucilius* 98.8.
181 https://www.newsweek.com/was-michael-jackson-debt-he-died-look-king-pops-finances-1349255.
182 Seneca, *Über die Ausgeglichenheit der Seele* 11.10.
183 Seneca, *Naturwissenschaftliche Untersuchungen* Buch 3, Vorwort 1.7.
184 Seneca, *Trostschrift an seine Mutter Helvia* 5.4.
185 Seneca, *Briefe an Lucilius* 90.18.

186 Seneca, *Briefe an Lucilius* 90.19.
187 Seneca, *Briefe an Lucilius* 90.40.
188 Seneca, *Briefe an Lucilius* 119.11.
189 Seneca, *Briefe an Lucilius* 119.12–13.
190 Epikur, zitiert in Seneca, *Briefe an Lucilius* 17.11.
191 Seneca, *Briefe an Lucilius* 36.1.
192 Anm. d. Red.: Nach C. G. Jung ist Inflation ein Zustand der »Aufgeblasenheit« oder Überschwemmung der Persönlichkeit mit überpersönlichen Inhalten. Quelle: https://dorsch.hogrefe.com/stichwort/inflation
193 Seneca, *Briefe an Lucilius* 36.1.
194 Seneca erzählt diese Geschichte in *Trostschrift an seine Mutter Helvia* 10.8–11.
195 Seneca, *Trostschrift an Polybius* 9.5 und 7.1
196 William B. Irvine, *On Desire: Why We Want What We Want* (New York: Oxford University Press, 2006), S. 31.
197 Seneca, *Briefe an Lucilius* 104.9.
198 Seneca, *Über die Ausgeglichenheit der Seele* 8.2.
199 Die Umfrage wurde im Februar 2019 durchgeführt. https://www.hrblock.com/tax-center/wp-content/uploads/2019/07/Lifestages-survey-results.pdf.
200 Quelle: https://de.statista.com/statistik/daten/studie/180147/umfrage/groesste-sorgen-der-deutschen/
201 Jeremy Kisner, »Why Rich People Worry about Money«. https://www.jeremykisner.com/rich-people-worry-money/.
202 Seneca, *Briefe an Lucilius* 19.6–7.
203 Seneca, *Briefe an Lucilius* 18.5.
204 Seneca, *Briefe an Lucilius* 18.7.
205 Seneca, *Briefe an Lucilius* 60.3.
206 Seneca, *Trostschrift an seine Mutter Helvia* XI.5.
207 Seneca, *Briefe an Lucilius* 74.4.
208 Anna Lydia Motto, eine der führenden Seneca-Gelehrten, wägte die Beweise ab, um zu sehen, ob Seneca der Scheinheiligkeit schuldig war. Ihr Urteil lautete: »Nein.« Siehe Anna Lydia Motto, »Seneca on Trial: The Case of the Opulent Stoic«, *The Classical Journal* 61, Nr. 6 (1966): S. 254–58. Siehe auch die Diskussion von Ward Farnsworth in seinem Buch *Der praktizierende Stoiker: Ein philosophisches Handbuch für den Verstand* (München: FinanzBuch Verlag, 2021), Kapitel 13, »Stoizismus und seine Kritiker«.
209 Seneca, *Briefe an Lucilius* 18.13.
210 Seneca, *Vom glücklichen Leben* 22.5.
211 Seneca, *Briefe an Lucilius* 7.2–3.
212 Seneca, *Briefe an Lucilius* 7.3–4.
213 Seneca, *Briefe an Lucilius* 7.5.
214 Seneca, *Briefe an Lucilius* 7.7.
215 Seneca, *Über die Ausgeglichenheit der Seele* 7.4.

216 Seneca, *Über die Wut* 3.8.1–2.

217 Für eine kurze Zusammenfassung verschiedener Studien siehe https://en.wikipedia.org/wiki/Herd_mentality.

218 Gustave Le Bon, *Psychologie der Massen*, (Hamburg: Nikol, 2009), S. 15

219 Le Bon, S. 16.

220 Siehe Tony D. Sampson, Virality: *Contagion Theory in the Age of Networks* (Minneapolis: University of Minnesota Press, 2012).

221 Siehe R. M. Joly-Mascheroni, A. Senju und A. J. Shepherd, »Dogs Catch Human Yawns«, Biology Letters 4.5 (2008): S. 446–448. https://www.ncbi.nlm.nih.gov/pmc/articles/PMC2610100/; und E. A. Madsen, T. Persson, S. Sayehli, S. Lenninger und G. Sonesson, »Chimpanzees Show a Developmental Increase in Susceptibility to Contagious Yawning: A Test of the Effect of Ontogeny and Emotional Closeness on Yawn Contagion«, PloS One 8.10 (2003). https://www.ncbi.nlm.nih.gov/pmc/articles/PMC3797813/.

222 Die Erkenntnis, dass wir manche falsche Überzeugung durch Nachahmung erlernen, geht mindestens zurück auf den Stoiker Chrysipp. Er schien jedoch nur die freiwillige Sozialisation bedacht zu haben, nicht die Art unbewusster Übertragung, die Seneca klar beschreibt. Siehe Teun Tieleman, *Chrysippus' On Affections: Reconstruction and Interpretations* (Leiden: E. J. Brill, 2003), S. 132 ff., und Graziano Ranocchia, »The Stoic Concept of Proneness to Emotion and Vice«, *Archiv für Geschichte der Philosophie* 94, Nr. 1 (2012): S. 74–92.

223 Am Anfang von Brief 60 liefert Seneca eine einfühlsame Erklärung, wie Lucilius durch seine Eltern und andere für seine Erziehung Verantwortlichen zu seinen Überzeugungen bezüglich des Wertes von Wohlstand gekommen ist.

224 Siehe zum Beispiel J. W. Bridges, »Imitation, Suggestion, and Hypnosis«, Kapitel 18, in J. W. Bridges, *Psychology: Normal and Abnormal, with Special Reference to the Needs of Medical Students and Practitioners* (New York: Appleton, 1930), S. 311–324. Zu beziehen über die American Psychological Association: https://psycnet.apa.org/record/2008-08475-018.

225 Seneca, *Briefe an Lucilius* 7.8.

226 Seneca, *Briefe an Lucilius* 94.69.

227 Seneca, *Über die Wut* 3.8.2.

228 Seneca, *Briefe an Lucilius* 109.1–2.

229 Für Aristoteles besaßen weder Frauen noch Sklaven die mentale Fähigkeit, um vom Studium der Politik zu profitieren. Außerdem, so schrieb er in seiner Politik 1260a11, verfügen »natürliche Sklaven« nicht über die Fähigkeit, zu denken. Frauen besitzen zwar die Fähigkeit zu denken, »aber in einer Weise, der es an Autorität mangelt«, was sie von der Teilnahme an der Politik ausschließt. Im Gegensatz dazu glaubte Platon, Aristoteles' Lehrer, dass Frauen Hüter des Staates sein könnten.

230 Daniel S. Richter, *Cosmopolis: Imagining Community in Late Classical Athens and the Early Roman Empire* (New York: Oxford University Press, 2011), S. 68. In Kapitel 4 betont Richter die großen Unterschiede zwischen den Ansichten von Aristoteles und den Stoikern bezüglich der Gleichheit der Menschen.

231 Lactantius, *Divine Institutes* 3.25, zitiert und übersetzt in Richter, *Cosmopolis*, 67. Für weitere Informationen zur Gleichheit der Menschen und Sklaverei im frühen Stoizismus siehe Lisa Hill und Prasanna Nidumolu, »The Influence of Classical Stoicism on John Locke's Theory of Self-Ownership«, *History of the Human Sciences* (Mai 2020): S. 6–7.

232 Zum Naturgesetz im Stoizismus und Cicero, siehe Maryanne Cline Horowitz, »The Stoic Synthesis of Natural Law in Man: Four Themes«, *Journal of the History of Ideas* 35, Nr. 1 (1974): S. 3–16; Elizabeth Asmis, »Cicero on Natural Law and the Laws of State«, *Classical Antiquity 27*, Nr. 1 (2008): S. 1–33; und Fernando H. Llano Alonso, »Cicero and Natural Law«, ARSP: *Archiv für Rechts- und Sozialphilosophie / Archives for Philosophy of Law and Social Philosophy* 98, Nr. 2 (2012): S. 157–168.

233 Cicero, *Vom Staat* 3.33.

234 Der Philosophiehistoriker Phillip Mitsis zog den Schluss, dass die Stoiker der »Vorstellung von den Grundrechten der Menschen Ausdruck verliehen«. Mit ihrer Vorstellung von Weltstadt lebten die Stoiker »in einem für die Anerkennung der Bedürfnisse und Rechte ihrer Bürger förderlichen Klima — Rechte, die wir nach Auffassung der Stoiker alle aufgrund der Tatsache teilen, dass wir Menschen sind«. Mitsis, »The Stoic Origin of Natural Rights«, in *Topics in Stoic Philosophy*, hg. von. Katerina Ierodiakonou (Oxford: Oxford University Press, 1999), S. 176–177.

235 Unsere heutige Vorstellung von Menschenrechten — zum Beispiel die von den Vereinten Nationen 1948 verkündete Allgemeine Erklärung der Menschenrechte — kombiniert Aspekte des universellen Naturgesetzes mit Bürgerrechten und Völkerrecht. Interessanterweise stellte das für Cicero eine wichtige Frage dar: Wie sehr kann das Bürgerrecht mit dem Naturgesetz in Einklang gebracht werden?

236 Paul Meany, »Why the Founders' Favorite Philosopher Was Cicero«, FEE (31. Mai 2018). https://fee.org/articles/why-the-founders-favorite-philosopher-was-cicero/. Ich danke Meany für seine Artikel zu Stoizismus, Cicero, Naturgesetz und Grundrechten, die mich ermutigten, dem Beitrag der Stoiker zur Entwicklung von Grund- und Menschenrechten nachzugehen.

237 Als Thomas Jefferson starb, hatte er tatsächlich einen Band von Senecas Schriften aufgeschlagen auf dem Nachttisch liegen, und Jefferson führte Cicero als einen wichtigen Einfluss bei seiner Ausarbeitung der Unabhängigkeitserklärung an. John Locke, der Jeffersons Haltung zu den Grundrechten beeinflusste, las ebenfalls die Stoiker und empfahl sie seinen Studenten.

238 M. Andrew Holowchak, »Thomas Jefferson«, Teil 2.2, »Nature and Society«, Stanford Encyclopedia of Philosophy. https://plato.stanford.edu/entries/jefferson/.

239 Wie der Historiker Charles McIlwan anmerkte: »Die Idee von der Gleichheit der Menschen ist der grundlegendste Beitrag der Stoiker zum politischen Gedankengut; diese Idee hat seine gesamte Entwicklung von damals bis heute geprägt, und ihr größter Einfluss liegt in der veränderten Rechtsauffassung, die teilweise daraus resultiert.« McIlwan, *The Growth of Political Thought in the West: From the Greeks to the Middle Ages* (New York: Macmillan, 1932), S. 8.
Siehe auch Kapitel 3, »The Cosmopolis in Human Rights«, in Tony Honore, Ulpian: *Pioneer of Human Rights*, 2. Aufl. (Oxford: Oxford University Press, 2002), das dokumentiert, wie die Stoiker zu den Ideen von Gleichheit, Freiheit und Würde des Menschen in der römischen Rechtstradition führten, vor allem in den Arbeiten des Juristen Domitius Ulpianus, kurz Ulpian genannt (ca. 170 – ca. 228 n. Chr.).

240 Joseph J. Ellis, *American Sphinx: The Character of Thomas Jefferson* (New York: Alfred A. Knopf, 1997), S. 53.

241 Marcelo Gleiser, »The Trouble with Tribalism«, Orbiter (18. Juli 2019). https://orbitermag.com/the-trouble-with-tribalism/.

242 Seneca, *Briefe an Lucilius* 95.52–53.

243 Seneca, *Briefe an Lucilius* 48.2.

244 Seneca, *Über die Wohltaten* 4.18.4.

245 Ilaria Ramelli, *Hierocles the Stoic: Elements of Ethics, Fragments, and Excerpts* (Atlanta: Society for Biblical Literature, 2009), S. xxxv.

246 Mark Aurel, *Selbstbetrachtungen* 4.3. Er wiederholt diesen »Grundsatz«, verfeinert ihn in seinen *Selbstbetrachtungen* und erforscht, wie wir »dazu geboren sind, einander zu helfen« (11.18).

247 Cicero, *De finibus bonorum et malorum, Liber Tertius* 3.62.

248 Cicero, *De finibus bonorum et malorum, Liber Tertius* 3.62–63.

249 Cicero, *De finibus bonorum et malorum, Liber Tertius* 3.63.

250 Ramelli, *Hierocles the Stoic*, S. 89–91.

251 John Sellars, *Stoicism* (London: Routledge, 2014), S. 131.

252 Epikur schrieb einem Freund: »Freude erfüllt meinen Körper, wenn ich von Brot und Wasser lebe.« In einem anderen Brief schrieb er: »Schickt mir eingelegten Käse, damit ich ein Festmahl habe, wenn ich will.« Siehe Cyril Bailey, *Epicurus: The Extant Remains* (Oxford: Clarendon Press, 1926), S. 131.

253 Der krasse Unterschied zwischen der stoischen Sichtweise der Rationalität in der Natur und einer zufälligen Welt kollidierender Atome lässt sich gut in wenigen Worten zusammenfassen, die Mark Aurel oft verwendete, um die Kluft zwischen den Stoikern und den Epikureern zu beschreiben: »Vorsehung oder Atome«.

254 Diese Aussage von Epikur, *lathe biōsas* oder »Lebe im Verborgenen«, war in der Antike sehr bekannt. Siehe zum Beispiel die Abhandlung von Plutarch, »Ob es eine richtige Vorschrift sei: ›Lebe im Verborgen‹. (Gegen Epikur.)« In Plutarch, *Moralia*, Wiesbaden: marix Verlag ein Imprint von Verlagshaus Römerweg, 2012, S. 866 ff.

255 Epiktet, *Unterredungen* 3.7.19.

256 Seneca, *Über die Ausgeglichenheit der Seele* 6.2.

257 Der römische Schriftsteller Cicero stellt die Ideen von Panaitios in den ersten beiden Büchern seines Werkes *Vom pflichtgemäßen Handeln* vor, einem wichtigen Werk der stoischen Ethik. Die Beschreibung der vier Rollen ist in Cicero, *Vom pflichtgemäßen Handeln* enthalten (1.107–115). In der folgenden Erörterung stütze ich mich sowohl auf die Ideen von Panaitios als auch auf die von Seneca, da Seneca in seinen Schriften dieselben Gedanken zum Ausdruck bringt.

258 Seneca, *Briefe an Lucilius* 11.6.

259 Einer der zuverlässigsten psychologischen Tests, die je entwickelt wurden, misst die »Big Five«-Persönlichkeitseigenschaften: Offenheit für Erfahrungen, Gewissenhaftigkeit, Extraversion, Verträglichkeit und Neurotizismus (und ihre Gegensätze). Interessanterweise kann man, wenn man Menschen auf diese Eigenschaften hin testet, mit hoher Genauigkeit vorhersagen, wo sie im politischen Spektrum stehen. Dies deutet darauf hin, dass sich viele oder sogar die meisten Menschen aufgrund ihrer Persönlichkeitsmerkmale mit politischen Orientierungen identifizieren, und nicht durch einen Prozess des kritischen Denkens.

260 Seneca, *Über die Ausgeglichenheit der Seele* 6.3.

261 Cicero, *Vom pflichtgemäßen Handeln* 1.110–111, berichtet über die Gedanken von Panaitios.

262 Seneca, *Briefe an Lucilius* 20.2.

263 Seneca, *Briefe an Lucilius* 37.5.

264 Seneca, *Briefe an Lucilius* 120.21– 22.

265 Seneca, *Briefe an Lucilius* 47.21.

266 Seneca, *Briefe an Lucilius* 20.3.

267 Seneca, *Über die Ausgeglichenheit der Seele* 17.1 und 17.2.

268 Seneca, *Briefe an Lucilius* 16.3.

269 Seneca, *Briefe an Lucilius* 75.4.

270 Seneca, *Briefe an Lucilius* 64.7 and 64.9.

271 Seneca, *Naturwissenschaftliche Untersuchungen* 7.25.4-5.

272 Seneca, *Briefe an Lucilius* 79.5.

273 Zur Kritik an Zenons Argumenten, siehe Seneca, *Briefe an Lucilius* 82.und 83.9. Seneca, *Über Wohltaten* 1.4.1, beschreibt Chrysipps Scharfsinn als so spitzfindig, dass er nicht bezwingend sei, sondern nur »Nadelstiche« beibringt.

274 Seneca, *Briefe an Lucilius* 80.1.
275 Seneca, *Briefe an Lucilius* 33.11.
276 Seneca, *Briefe an Lucilius* 81.1–2.
277 James Ker, Einleitung zu *On the Constancy of the Wise Person*, in Seneca, *Hardship and Happiness* (Chicago: University of Chicago Press, 2010), S. 143.
278 Seneca, *Von der Unerschütterlichkeit des Weisen* 9.4–5 und Epiktet, *Unterredungen* 3.25.4.
279 Siehe Seneca, *Über die Muße* 2.2. Wie Diogenes Laertius es ausdrückte: »Die Stoiker sagen, dass ein weiser Mensch sich an der Politik beteiligen wird, wenn ihn nichts daran hindert ... da er dadurch das Laster zurückhält und die Tugend fördert.« (*Von dem Leben und den Meinungen berühmter Philosophen* 7.121). Für eine eingehende Untersuchung von Senecas Ansichten über den öffentlichen Dienst und die Freizeit, siehe Kapitel 10, »The Philosopher on Political Participation«, in Mariam T. Griffin, *Seneca: A Philosopher in Politics* (New York: Oxford University Press, 1976).
280 Seneca, *Über die Muße* 6.4–5.
281 Seneca, *Über die Muße* 3.5.
282 Seneca, *Über die Muße* 8.1.
283 Seneca, *Über die Muße* 6.4.
284 Seneca, *Briefe an Lucilius* 8.2–3.
285 Seneca, *Briefe an Lucilius* 21.5.
286 Seneca, *Briefe an Lucilius* 79.17.
287 Seneca, *Briefe an Lucilius* 12.1.
288 William B. Irvine, einer der ersten Philosophen, die mit dem Stoizismus als moderne Lebensweise experimentiert haben, hat festgestellt, dass ein Hauptziel einer »Lebensphilosophie« darin besteht, dafür zu sorgen, dass man ein gutes Leben hat und nicht »falsch lebt«. Ein Zeichen für ein gutes Leben ist, dass man in den letzten Momenten seines Lebens nicht bedauert, sein Leben verschwendet zu haben. Siehe William B. Irvine, *Eine Anleitung zum guten Leben: Wie Sie die alte Kunst des Stoizismus für Ihr Leben* nutzen (München: FinanzBuch Verlag, 2020. Original: *A Guide to the Good Life: The Ancient Art of Stoic Joy* New York: Oxford University Press, 2009), S. 1–2.
289 Seneca, *Briefe an Lucilius* 78.2.
290 Platon, *Apologie* 30C–D.
291 Zum Prozess gegen Sokrates und seinen Tod siehe Platons *Die großen Dialoge, Die Apologie des Sokrates* (in der sich Sokrates selbst während des Prozesses verteidigt), *Kriton* (in dem Sokrates seinen Unwillen erklärt, aus dem Gefängnis zu fliehen) und *Der Phaidon* (in dem Sokrates, umgeben vo seinen Schülern, den Schierlingsbecher leert). Diese Dialoge sind alle Platon zu finden, *The Last Days of Socrates*, übersetzt von Hugh Treden und Harold Tarrant (New York: Penguin, 1993).
292 Seneca, *Briefe an Lucilius* 63.8.

293 Seneca, *Briefe an Lucilius* 22.16.
294 Epiktet, *Unterredungen* 3.26.38.
295 Seneca, *Briefe an Lucilius* 4.5.
296 Seneca, *Briefe an Lucilius* 26.6.
297 Seneca, *Briefe an Lucilius* 30.10–11.
298 Seneca, *Briefe an Lucilius* 24.18. Mark Aurel nutzt dieses Argument auch in *Meditationen* 8.58. Es geht sogar auf Sokrates zurück, der dieses Argument bei seinem Prozess verwendete. Siehe Platon, *Apologie* 40C–D.
299 Seneca, *Briefe an Lucilius* 54.4–5.
300 Wie Epikur schrieb, ist der Tod für uns nichts, weil »weil er nicht ist, wenn wir sind, und wir nicht mehr sind, wenn er ist«. (Diogenes Laertius, *Leben und Meinungen berühmter Philosophen* 10.125).
301 Seneca, *Briefe an Lucilius* 92.24–25.
302 Seneca, *Briefe an Lucilius* 77.20.
303 Seneca, *Briefe an Lucilius* 93.4.
304 Seneca, *Briefe an Lucilius* 12.4–5.
305 Seneca, *Briefe an Lucilius* 101.13–14.
306 Seneca, *Briefe an Lucilius* 101.15.
307 Seneca, *Briefe an Lucilius* 58.34.
308 Seneca, *Briefe an Lucilius* 58.32.
309 Seneca, *Briefe an Lucilius* 58.35.
310 Text der Rede von Steve Jobs vor den Absolventen an der Stanford University, 12. Juni 2005. https://news.stanford.edu/2005/06/14/jobs-061505/
311 Seneca, *Briefe an Lucilius* 101.7.
312 Seneca, *Briefe an Lucilius* 12.9.
313 Seneca, *Trostschrift an Polybius* 18.4. Bezüglich der Überzeugung der griechischen Stoiker, dass ein Weise keine Trauer empfindet, siehe: Diogenes Laertius, *Leben und Meinungen berühmter Philosophen* 7.118.
314 Seneca, *Briefe an Lucilius* 71.27.
315 Senecas *Trostschrift an Marcia* spricht Marcias extreme Trauer an, die drei Jahre nach dem Tod ihres Sohnes Metilius noch anhält, und wurde vermutlich während der Regentschaft Caligulas (37–41 n. Chr.) geschrieben. *Trostschrift an seine Mutter Helvia* war an Senecas Mutter gerichtet wegen ihres Kummers über die Verbannung Senecas auf die Insel Korsika. *Trostschrift an Polybius* spricht Polybius' Trauer über den Tod seines Bruders an und wurde geschrieben, während sich Seneca im Exil auf Korsika befand (41–49 n. Chr.). Senecas Brief 63 ist eine Trostschrift an Lucilius nach dem Tod von dessen Freund Flaccus. Senecas Brief 99 an Lucilius beinhaltet den Text eines Briefes, den Seneca an Maurullus schrieb, nachdem dieser einen kleinen Sohn verloren hatte. Senecas Briefe wurden in der Zeit zwischen 63–65 n. Chr. geschrieben.
316 Seneca, *Briefe an Lucilius* 99.18–19.

317 Seneca, *Briefe an Lucilius* 99.19.
318 Seneca, *Briefe an Lucilius* 99.18 and 99.20.
319 Oxytocin ist ein Hormon, das in Zusammenhang steht mit Bindung, Liebe, Sex und Stressreduktion. Endorphine sind Opioide im Zusammenhang mit Schmerzreduktion, Stressreduktion und Gefühlen von Euphorie. Es ist kein Wunder, dass Menschen sich oft besser und ruhiger fühlen, nachdem sie geweint haben.
320 Seneca, *Trostschrift an Marcia* 1.5. Senecas *Trostschrift an Marcia* wurde während der Regentschaft Caligulas geschrieben, wodurch es vermutlich zum ältesten erhaltenen Prosawerk wurde.
321 Seneca, *Briefe an Lucilius* 99.16.
322 Für diese beiden Erörterungen siehe Seneca, *Trostschrift an Polybius* 18.6 und *Trostschrift an seine Mutter Helvia* 16.1.
323 Seneca, *Trostschrift an Polybius* 18.5.
324 Seneca, *Briefe an Lucilius* 63.12.
325 Seneca, *Trostschrift an Polybius* 11.1.
326 Seneca, *Trostschrift an Marcia* 9.2.
327 Seneca, *Briefe an Lucilius* 63.14–15.
328 Seneca, *Trostschrift an Marcia* 10.1.
329 Seneca, *Trostschrift an Marcia* 10.2–3.
330 Epiktet, *Handbüchlein der Moral* 11.
331 Seneca, *Trostschrift an Polybius* 11.3.
332 Seneca, *Über die Ausgeglichenheit der Seele* 11.1.
333 Für eine ähnliche Sichtweise, die ebenfalls damit experimentiert hat, das Leben aus der Perspektive der Stoiker zu betrachten, siehe Scott LaBarge, »How (and Maybe Why) to Grieve Like an Ancient Philosopher«, in *Virtue and Happiness: Essays in Honour of Julia Annas*, hrsg. von Rachana Kamtekar (Oxford: Oxford University Press, 2012), S. 320–342.
334 Seneca, *Briefe an Lucilius* 99.4.
335 Seneca, *Briefe an Lucilius* 99.4.
336 Seneca, *Trostschrift an Marcia* 3.4.
337 Seneca, *Trostschrift an Marcia* 5.3. Marcias Sohn Metilius hatte zwei Töchter; zum Zeitpunkt seines Todes war er also kein Kind mehr. Aber wie Seneca veranschaulicht, können selbst sehr kleine Kinder eine Quelle glücklicher Erinnerungen sein.
338 Seneca, *Über die Wut* 2.31.7.
339 Anna Lydia Motto, »Seneca on Love«, *Cuadernos de Filologia Clasica. Estudios Latinos* 27, Nr. 1 (2007): S. 80.
340 Mark Aurel, *Selbstbetrachtungen* 6.39.
341 Mark Aurel, *Selbstbetrachtungen* 1.9.
342 William O. Stephens, *Stoic Ethics: Epictetus and Happiness as Freedom* (New York: Continuum, 2007), S. 154.

343 Cicero, *Pro Plancio* 80.
344 Seneca, *Über die Wohltaten* 1.1.2.
345 Edward J. Harpham, »Gratitude in the History of Ideas«, in *The Psychology of Gratitude*, hrsg. von Robert A. Emmons und Michael E. McCullough (New York: Oxford University Press, 2004), S. 22.
346 Seneca stand diesem System kritisch gegenüber. Aber er war auch Teil davon: Seine Beziehung zu Nero kann als eine Schutzherr-Klient-Beziehung beschrieben werden.
347 Ashraf H. A. Rushdy, *Philosophies of Gratitude* (New York: Oxford University Press, 2020), S. 46–47.
348 Der einzige wissenschaftliche Beitrag, den ich zur Dankbarkeit im Stoizismus finden konnte, stammt von meinem Freund Aldo Dinucci, einem Gelehrten für Stoizismus in Brasilien. Es geht um die Dankbarkeit bei Epiktet und ist auf Portugiesisch verfasst. Siehe Antonio Carlos Rodrigues und Aldo Dinucci, »A eucharistia em Epicteto«, in *Epistemologias da religiao e relacoes de religiosidade*, hrsg. von Celma Laurinda Freitas Costa, Clovis Ecco und Jose Reinaldo F. Martins Filho (Curitiba: Editora Prismas, 2017), S. 17–44.
349 Donald Robertson, »Stoicism and Love«, Vortrag auf der Stoicism Today Conference 2014. Video auf https://youtu.be/W4sawA20hdE.
350 Zum Ansatz der Stoiker, andere im Bewusstsein ihrer Sterblichkeit zu lieben, siehe William O. Stephens, »Epictetus on How the Stoic Sage Loves«, *Oxford Studies in Ancient Philosophy* 14 (1996): S. 193–210.
351 Mit diesem Thema haben sich zahlreiche moderne Philosophen beschäftigt. Im Folgenden ein paar der Texte, die ich während der Arbeit an diesem Kapitel gelesen habe, aufgeführt in der Reihenfolge ihrer Erscheinungsdaten. Über die Dankbarkeit gegenüber der Natur, aber nicht gegenüber den Göttern bei Epikur: N. W. De Wit, »The Epicurean Doctrine of Gratitude«, American Journal of Philology 58, Nr. 3, (1937): S. 320–328. Darüber, warum die Erfahrung »kosmischer Dankbarkeit« oder »transpersonaler Dankbarkeit« nicht das Glauben an Gott erfordert: George Naknikian, »On the Cognitive Import of Certain Religious States«, in *Religious Experience and Truth: A Symposium*, hg. von Sidney Hook (New York: New York University Press, 1961), S.156–164. Über nicht persönliche Dankbarkeit, Dankbarkeit gegenüber der Natur und »frei fließende Dankbarkeit«: E. R. Loder, »Gratitude and the Environment: Toward Individual and Collective Ecological Virtue«, Journal Jurisprudence (2011): S. 383–435. Über Dankbarkeit gegenüber der Natur: Nathan Wood, »Gratitude and Alterity in Environmental Virtue Ethics«, *Environmental Values* 29, Nr. 4 (2020): S. 481–498. Eine aktuelle Diskussion der kosmischen Dankbarkeit: Kapitel 8, »Cosmic Gratitude«, in Ashraf H. A. Rushdy, *Philosophies of Gratitude* (New York: Oxford University Press, 2020), S. 219–253.
352 Mark Aurel, *Selbstbetrachtungen* 7.27.

353 Robert C. Solomon, Vorwort, in *The Psychology of Gratitude*, hg. von Robert A. Emmons und Michael E. McCullough (New York: Oxford University Press, 2004), S. v.

354 Philip C. Watkins, *Gratitude and the Good Life: Toward a Psychology of Appreciation* (Dordrecht: Springer, 2014), S. 3.

355 Watkins, *Gratitude and the Good Life*, S. 5.

356 Watkins, *Gratitude and the Good Life*, S. 7.

357 Watkins, *Gratitude and the Good Life*, S. 8.

358 Robert A. Emmons, »The Psychology of Gratitude: An Introduction«, in *The Psychology of Gratitude*, hrsg. von Robert A. Emmons und Michael E. McCullough (New York: Oxford University Press, 2004), S. 5.

359 Im Internet existieren viele Namenslisten, die berühmte Pantheisten aufführen. Philosoph Michael Levine glaubt, dass »es vermutlich mehr (Basis-) Pantheisten als Protestanten gibt oder Theisten im Allgemeinen, und dass Pantheismus weiterhin eine traditionelle Religionsalternative zum Theismus für jene ist, die die klassische theistische Vorstellung von Gott ablehnen«. Levine, *Pantheism: A Non-Theistic Concept of Deity* (London: Routledge, 1994), S. 14.

360 Carl Sagans Sohn Dorion Sagan, Autor verschiedener wissenschaftlicher Bücher, schrieb: »Mein Vater glaubte an den Gott von Spinoza und Einstein, einen Gott nicht hinter der Natur, sondern als Natur, als ihr Äquivalent.« Lynn Margulis und Dorion Sagan, *Dazzle Gradually: Reflections on the Nature of Nature* (White River Junction, VT: Chelsea Green, 2007), S. 14.

361 Siehe die Erörterung in David Fideler, *Restoring the Soul of the World: Our Living Bond with Nature's Intelligence* (Rochester, VT: Inner Traditions, 2014), S. 32.

362 Zu »Natur« als Bezeichnung für »Gott« siehe Seneca, *Über die Wohltaten* 4.7.1–2 und 4.8.3 und *Naturwissenschaftliche Untersuchungen* 2.45.3.

363 Diese Worte finden sich am Anfang von Rumis Diskursen. Jalaluddin Rumi, *Signs of the Unseen: The Discourses of Jalaluddin Rumi*, übersetzt von W. M. Thackston, Jr. (Boston: Shambhala, 1994), S. 1.

364 Seneca, *Über die Wohltaten* 4.25.2. Auf ähnliche Weise, als Mark Aurel die Götter als »sichtbar« bezeichnete, bezog er sich auf die Himmelskörper (*Selbstbetrachtungen* 12.28).

365 Für einige Beispiel hierzu siehe Mikolaj Domaradzki, »Theological Etymologizing in the Early Stoa«, *Kernos* 25 (2012): S. 125–148. https://journals.openedition.org/kernos/2109.

366 Wie der Philosoph Michael P. Levine betont, ist Pantheismus keine Form von Theismus und auch keine Form von Atheismus. Es ist vielmehr eine Alternative zu beiden. Während Pantheismus nicht die Existenz eines Gottes als Person voraussetzt, weist er auf eine vereinende Kraft in der Natur hin:

Alles, was existiert, bildet eine Einheit, und diese allumfassende Einheit ist in gewissem Sinne göttlich. Siehe Levine, *Pantheism*, S. 25.

367 Seneca, *Über die Wohltaten* 4.7.1.

368 Seneca, *Über die Wohltaten* 2.29.5.

369 Friedrich Nietzsche, *Ecce Homo: Wie man wird, was man ist.* (Hamburg: Nikol, 2017) S. 7.

370 Richard Dawkins spricht auf der Intelligence Squared Debate, »Atheism Is the New Fundamentalism«, November 2019. Ein Videoclip von Dawkins findet sich auf: https://youtu.be/lheDgyaItOA, 1:44.

371 Robert C. Solomon, Vorwort, in *The Psychology of Gratitude*, hrsg. von. Robert A. Emmons und Michael E. McCullough (New York: Oxford University Press, 2004), S. ix.

372 Solomon, Vorwort, in *The Psychology of Gratitude*, S. x.

373 Epiktet, *Unterredungen* 3.5.11. Die Metapher, das Leben als Fest zu sehen, für das wir dankbar sein sollten, wenn unser Ende naht, taucht verschiedene Male in den Unterredungen auf. Siehe auch Epiktet, *Unterredungen* 3.5.10–11 und 4.1.105–106.

374 Mark Aurel, *Selbstbetrachtungen* 4.48.

375 William O. Stephens, *Stoic Ethics: Epictetus and Happiness as Freedom* (New York: Continuum, 2007), S. 154.

376 Epiktet erläutert: »Wenn die Tugend dieses Versprechen gibt – Glück, Freiheit von Leiden und Gelassenheit –, dann ist der Fortschritt in Richtung Tugend sicherlich auch ein Fortschritt in Richtung dieser Geisteszustände.« Epiktet, *Unterredungen* 1.4.3.

377 Seneca, *Briefe an Lucilius* 17.7.

378 Zusammenfassung eines kurzen Dialogs in Epiktet, *Unterredungen* 4.1.52.

379 Seneca, *Briefe an Lucilius* 75.18.

380 Seneca, *Briefe an Lucilius* 15.9.

381 Seneca, *Briefe an Lucilius* 42.8.

382 Seneca, *Briefe an Lucilius* 45.9.

383 Seneca, *Briefe an Lucilius* 23.2.

384 Seneca, *Briefe an Lucilius* 32.5 und 32.3.

385 Seneca, *Briefe an Lucilius* 44.7.

386 Stephens, *Stoic Ethics*, S. 141.

387 Seneca, *Briefe an Lucilius* 56.6.

388 Seneca, *Briefe an Lucilius* 59.16.

389 Seneca, *Briefe an Lucilius* 87.3.

390 Seneca, *Vom glücklichen Leben* 3.4.

391 Seneca, *Briefe an Lucilius* 92.17.

392 Anm. d. Red.: Die deutsche Übersetzung der im Buch genannten Zitate orientiert sich an der englischen Originalausgabe.

INDEX

T

U

V

W